邓荣霖◎著

论企业

ON ENTERPRISES

中国人民大学出版社
·北京·

出版说明

从 1978 年开始“摸着石头过河”到进入新时代，我国的经济发展取得了举世瞩目的成就。由此带来的经济学核心命题是，中国经济发展的动力到底是什么？换言之，始于 1978 年的改革开放到底做对了什么？回答这个问题，经济学者责无旁贷。在整个国家开始“摸着石头过河”的伟大实践的同时，学者们自然也在进行着对这一伟大实践的研究总结、对经济发达国家的学习借鉴和在理论上的深度思考。其中，中国人民大学的邓荣霖先生在当时直接抓住了决定“摸着石头过河”这一伟大实践能否成功的关键，即能否培育和发展壮大“公司制企业”这一微观经济主体，以及由此决定的社会主义经济体制改革的方向，并开创了社会主义公司理论的系统化研究，此后被称誉为“邓公司”。

经济体制要解决的核心问题是，一定的资源配置方式下社会生产的微观经济主体及其生产效率。现在回过头来看，我国改革开放的核心问题是如何从传统的计划经济体制向社会主义市场经济体制转变，而决定这一转变能否成功的关键在于，如何从传统计划经济体制下微观经济主体以工厂组织形式为主，逐步转变为以公司制企业为主，并推进市场化改革。

从 1961 年毕业留校到 1978 年改革开放，邓荣霖先生长期从事工业企业管理教学和研究工作，对传统计划经济体制下工厂组织形式的弊端了如指掌。1979 年，作为改革开放之后国家首批公派国外的高级学者，邓先生前往改革开放已有 20 年的南斯拉夫留学，详细研究南斯拉夫工业企业管理。1982 年回国后，他在全国率先开设“公司概论”课程，并开创性地提出中国企业的主要组织形式将是公司，系统提出“建立并发展具有中国特色的社会主义公司体系”的设想、框架及内涵。1984 年，邓先生在《合理组建工业公司，提高经营管理水平》一文中指出，中国合理组建工业公司必须“实行政企分开，实行自愿互利，采用多种组织形式”，应当特别重视提高经营管理水平对公司建设的重要作用。1985 年，邓先生在《公司的地位和作用以及清理和整顿公司问题》一文中提出，公司是依法成立、从事经营活动、自负盈亏的法人企业，理解公司的特征必须坚持“公司是企业，公司是法人企业，公司是依法成立的企业”三个要点。1984 年 9 月和 1986 年 12 月，邓先生参加了公司法起草工作及研讨，认为应该尽快制定并实施公司法，规范我国公司法律形式和公司经营行为。1987 年，邓先生提出我国公司发展的趋势是，股份有限公司和有限责任公司将成为我国社会主义公司体系中两种最基本的公司责任形式。1987 年和 1989 年，邓先生先后出版了《工业公司概论》和《公司经营学》两本著作。

1989 年以后，邓荣霖先生进一步以公司理论为核心，对企业的制度形式、企业的组织形态、企业的经营管理、现代企业制度的建立、与国有企业公司化改革改制相关的整个经济体制改革和政府职能转变、企业立法、以公司理论为核心的企业集团研究、公司治理结构、董事与经理制度、企业家的作用、内部人控制、经营者激励与约束、独立董事制度、民营企业建制和发展、中小企业改革和发展、企业战略、企业的国际化、企业的并购和重组、企业的文化建设等问题进行了全方位的深入研究。由此，邓荣霖先生也被誉为我国现代企业制度理论的奠基者之一。

纵观邓荣霖先生的研究历程，有这样几个特点。一是科学性。他的研究不会赶时髦，不会为了迎合而研究，而是抓住公司理论和现代企业制度在经济体制改革中的核心地位和作用这一问题的本质进行系统研究，经得起历史的检验，40 年前的研究成果放到现在也不过时。二是实践性。他的研究紧紧抓住了中国如何实现工业化这一大的时代命题，从实践中来，又到实践中去，研究的目的是为了解决实际问题，很多研究成果被政府决策和公司立法所采用，体现了他作为经济学家和管理学家的责任担当。三是前瞻性。他的研究抓住了公司这一市场经济的核心命题，自然就能对我国社会主义市场经济体制改革和公司发展的方向做出前瞻性的研究和预见，并在此后为我国企业改革和发展的实践所证明。

2019 年，世界 500 强企业里中国企业上榜数量达到 129 家，首次超过美国成为全球第一，蓬勃发展的中国企业已经成为国家竞争力的坚强磐石。这一发展成果，离不开当初的那场伟大实践，包括邓荣霖先生在内的研究者在其中发挥了重要的作用，怎么赞誉都不为过。为了庆祝新中国成立 70 周年，为了庆祝这一伟大的新时代，中国人民大学出版社将邓荣霖先生毕生的研究成果汇集成册并出版，分别是《论公司》《论企业》《论管理》，忠实再现改革开放以来邓荣霖先生在不同阶段所做的开创性和系统性研究，以飨读者。

最后，用邓荣霖先生一位老友的诗作为结束语："经天宏论开心钥，济世良方破霹雷。娓娓清言疑尽释，迷花深处不思回。"这首诗道出了先生毕生理论研究的执着和担当。

李琦　赵宝华

2019 年 9 月 16 日

前 言

如果说《论公司》反映了邓荣霖教授在国内开创并系统研究公司理论和奠基现代企业制度理论的学术历程,《论企业》则在此基础上对企业成长和发展所涉及的企业制度理论和企业管理理论及其在中国的具体运用进行了全面、深入和独到的研究。作为《论公司》一书的姊妹篇,《论企业》主要收录了邓荣霖教授多年来紧密结合中国实际对企业制度和企业管理进行理论研究的最新进展,研究内容涉及中国企业成长和发展的多个方面,是对《论公司》一书的扩展和深化。

《论企业》立足于中国企业发展的现实,采用理论与实践相结合、国内与国外相结合的研究方法,分析问题与解决问题,紧密把握各个历史阶段的中国企业现状和发展趋势,提出了新的思路和对策来推动中国企业理论研究和企业实践的发展。本书内容按时间顺序排列,既反映出中国企业的时代脉搏,也展现了邓荣霖教授在各个时期对中国企业改革与发展现实问题的认识和研究成果。

进入新世纪以来,中国企业成长和发展的实践发生了重大变化。首先,国有企业以建立现代企业制度为方向的改革出现了许多新的情况,国有企业改制依然任重道远。最初成长于体制之外并逐渐成为社会主义市场经济重要组成部分的民营企业,如今也面临着建立现代企业制度这一影响企业生死存亡的根本任务。其次，中国政府在国有企业改革过程中所采取的“抓大放小”政策，使其将注意力更多地放在了国有大型企业和企业集团身上，而数量上占绝大多数的中小企业特别是民营中小企业与大企业和企业集团比起来始终难以获得政策上的更多支持。最后，企业成长和发展的外部环境也发生了重大变化。随着我国加入WTO和我国市场的日益开放，我国企业面临的竞争压力越来越大，需要在制度创新的同时全面提升企业的经营管理水平。在这样的时代背景下，邓荣霖教授在自己建立的系统的公司理论和现代企业制度理论的基础上，将研究的视角扩展到更广的范围，紧密结合中国企业成长和发展的实践，全面、系统、科学地论述了企业的本质、成长机制和发展趋势。主要思想包括如下12个方面。

1. 关于企业的实质、地位和作用

邓荣霖教授认为，企业是集合经营要素并在利润动机和承担风险条件下为市场提供产品或服务的组织。其中，“集合经营要素”，包括对生产要素、营销要素、无形资产、信息流、资金流、人员流、物流的自主利用及其组合；“利润动机和承担风险”，是企业的基本功能和实质内容；“为市场提供产品或服务”，包括有形商品和各类服务；“组织”，则是集合在企业中的出资者、经营者、管理者、作业者及各类人员的总称。正是在这一概念的基础上，邓荣霖教授展开了对企业相关问题的研究。由“集合经营要素”的方式，产生了对企业制度的需要；将经营要素投入生产转化为产品和服务以获取利润，则产生了对企业管理的需要；同时，企业在经济体系中具有重要的地位和作用，它是社会物质财富创造的基本单位，是社会生产力发展的载体，因此任何一个国家都需要为企业成长和发展提供良好的外部环境。在对企业实质认定的基础上，邓荣霖教授进一步指出现代企业是指拥有现代技术和现代管理的企业。以上成为理解邓荣霖教授关于现代企业制度理论和企业管理理论的基本出发点。

2. 关于企业制度创新的现实价值及其深远意义

与市场经济发达国家中的企业比较起来，我国企业无论是在制度方面还是在管理方面都存在着不小的差距。与我国经济体制转轨相适应，企业制度需要进行相应的创新，发展成为与社会主义市场经济相适应的企业制度类型。尤其是在我国加入 WTO 和国内市场日益国际化的情况下，只有进行制度创新的企业才有可能更好地应对激烈的市场竞争。因此，如何根据实践的发展对企业制度从经济上和法律上进行规范，以促进我国企业的健康成长和发展，便成为亟待解决的课题。邓荣霖教授认为，要规范企业制度，首先需要破除传统计划经济体制划分企业的标准，建立与社会主义市场经济相适应的企业制度分类标准。要破除按所有制划分企业的标准，因为它会导致各种类型企业市场地位的不平等；要破除按行政块块划分企业的标准，因为它会造成地区分割和市场分割；要破除按行政级别划分企业的标准，因为它会使企业领导人因追求行政级别而不把精力放在企业发展上。关于建立与社会主义市场经济相适应的企业制度分类标准，邓荣霖教授提出应按照企业资产所有者形式的不同来划分企业制度，即中国未来的企业制度在经济上和法律上主要包括三种基本类型：个人独资企业制度、合伙企业制度和公司制度。其重要意义在于，按照企业资产所有者形式的不同来划分企业制度，可以使企业资产责任明确，谁出资，谁负责，谁受益，特别是承担风险和责任，必将在实践中有利于企业制度的规范、提高企业的市场竞争力、促使有实力的企业进行跨国经营和合作。

3. 关于国有企业改制

在我国，由国有企业在整个经济体制中的地位所决定，国有企业改革一直都被定位为经济体制改革的中心环节。多年来，我国对国有企业改革采取了多种政策，取得了一定成效，但并没有达到预期效果。邓荣霖教授长期以来始终关注国有企业的改革问题，从最初论述国有企业如何改组为工业公司，到后来研究国有企业如何建立现代企业制度和转换经营机制等，从理论和实践结合的角度提出了很多独到的看法。针对国有企业目前主要还是依靠政府扶持而不是通过制度创新来求得生存，邓荣霖教授明确提出，国有企业依靠优惠倾斜政策已走到尽头，靠推广经验或单纯换企业领导也不行，国有企业现阶段的改革应是改制，改制是改革的延续和发展。他认为，国有企业改革的方向是建立现代企业制度，具体来说就是对国有企业进行公司制改造。他特别强调了国有企业进行公司制改造需要注意的问题：必须改成两人或两人以上出资的法人企业而不能仅仅改为国有独资公司；不能把若干国有企业拼凑成一个所谓的有限责任公司；也不能把几十家国有企业、集体企业拼凑成一个集团公司等。他认为国有企业改成公司可以采取的方案有：整体改为公司，整体不能改为公司的切块改制，上述两种方式都不行的情况下则可以出售，改为个人独资企业或合伙企业，最后实在不行的先改为股份合作制企业作为过渡的形式。针对实践中大量的国有企业改成了国有独资公司，而国有独资公司实际是国有独资企业的翻版的情况，他提出了国有独资企业产权如何多元化的问题，并进行了详细论述。他认为，国有独资企业要实现产权多元化，从公司形式上来看，可以选择有限责任公司、股份有限公司和上市公司等形式；从股权的种类来看，产权多元化要求对其进行规范，改变目前 A 股和 B 股、流通股和非流通股并存的情况；从股本结构来看，不能过分强调国有控股；从改制的形式来看，可以采取多种企业制度形式；另外，产权多元化还需要规范企业集团母子公司体制，解决好经营者、技术人员和职工持股的问题等。

4. 关于民营企业建制，提出现代企业制度是国有企业改制和民营企业建制的共同方向

我国的民营企业，已经由最初的补充成分，发展为社会主义市场经济的重要组成部分。依靠企业家个人能力、家族管理发展起来的民营企业，随着其不断成长及其规模的扩大，企业制度问题已经成为制约其发展和决定其生死存亡的根本性问题。在这一背景下，邓荣霖教授深刻地指出了民营企业需要建立和完善现代企业制度。他提出，民营企业的封闭性产权要向开放性产权转化，产权制度要规范化；民营企业的规模大了，要靠制度来管理人，要建立现代企业组织制度；要解决人才市场化、社会化问题；财务、营销、生产、人力资源、科技开发等各项管理制度要建立和完善，要创造良好的体制环境等。

将国有企业改革和民营企业发展所面临的共同任务结合起来，邓荣霖教授提出了“现代企业制度是国有企业改制和民营企业建制的共同方向”这一命题。所谓“改制”，是指国有企业通过产权改革、组织重构和规范管理，来实现对传统国有企业制度的创新。所谓“建制”，则是指民营企业由原来的初级的、不规范的企业制度，从产权、组织和管理等多个方面发展为现代企业制度。这样，邓荣霖教授将他关于现代企业制度的研究扩展到了所有企业，指出了现代企业制度对我国所有企业成长和发展的重要性，并且给出了解决我国企业制度创新的根本方向和合理措施。

5. 关于企业制度建设

企业是一个系统，企业制度建设应该包含企业系统的全部内容。总体来看，企业制度主要包括企业产权制度、企业组织制度和企业管理制度。与通常只注重研究企业制度的某一方面内容不同，邓荣霖教授早在建立系统的现代企业制度理论时已经提出了完整的理论框架，内容涵盖上述三个方面，并且对这三个方面进行了深入和详细的研究。此后，随着我国企业建立现代企业制度实践的发展，他将自己以往的研究与我国企业制度创新的现状结合起来，针对其中存在的难点和问题，从可操作性的角度，在产权、组织和管理等三个方面提出了我国企业制度建设的具体内容。首先是产权制度创新，包括：在规范股东的基础上实现股权多元化，未来的股东应提倡和发展个人股东与社会法人股东，股权结构要合理，实行股东所有权与公司法人财产经营权分离的产权制度。其次是组织制度创新，包括：企业内部的组织结构要变革；建立和规范公司法人治理结构；处理好集团公司作为母公司与子公司的关系。最后是管理制度创新，包括：建立战略管理与业务管理相结合的制度，建立综合的、系统的、科学的业务管理制度，处理好管理工作中的制度建设和人本管理的关系，一是要提高个人素质；二是要有团队精神、协调能力和凝聚能力；三是人的作用要体现在管理制度创新过程中。他一向强调制度与人之间的关系，指出：人的作用体现在制定出先进的企业管理制度，体现在有了好制度必须由人去执行，体现在及时修改过时的落后的企业管理制度。他认为，人是暂时的，制度是永恒的，好的经营者应该是那些为企业留下好的制度的经营者。

6. 关于企业文化与企业制度是企业发展的两大支柱

企业作为一种由人组成的以利润为目的的组织系统，其组成要素主要包括制度、文化、战略和组织等。其中，战略决定了企业发展的目标，组织决定了每个人在企业中的位置，而制度和文化则起着约束和规范企业中人的行为的作用。邓荣霖教授不仅看到了企业制度对企业发展的重要作用，而且能够准确理解企业文化的本质及其对企业发展的重要作用，明确提出企业文化和企业制度是企业发展的两大支柱。他认为，企业制度是企业发展的动力和保证，但企业制度的建立与实施是通过人的作用来体现的，而人的品质、意识、观念及诸多要素从各个层面上影响着企业制度的形成与完善，这就体现为企业文化对企业发展的重要作用。企业文化是为实现企业发展目标而具有凝聚力的全体员工认同的共同的价值体系。与国内一般对企业文化模棱两可的认识比较起来，他从管理学研究对人性假设的基本前提出发来理解企业制度和企业文化对企业发展的重要作用，深刻地指出，企业制度抑制人的恶的一面，企业文化提倡人的善的一面，企业制度解决他律问题，企业文化解决人的自律问题，企业制度规范人的有形的行为问题，企业文化则解决人的无形的伦理问题。建立在共同信任和道德规范基础上的企业文化，可以使各项企业制度真正成为全体员工的自觉意识和共同行为；因此，企业制度和企业文化是相辅相成的关系，二者共同促进企业的健康发展。邓荣霖教授进一步指出了培育企业文化以及使企业文化和企业制度发挥作用的核心问题，即注重人的素质培养和提倡团队精神，其中人的素质主要包括诚信、尊重、责任、公正、关怀和公德等。

7. 关于中小企业与大企业之间的关系以及中小企业的成长和发展

在任何一个经济体系中，中小企业都是重要的组成部分，研究企业必然会涉及不同规模和形态的企业的成长和发展情况。早在 20 世纪 80 年代，邓荣霖教授通过比较市场经济发达国家的情况，研究了不同的企业组织形态及其相互关系问题。他指出，中小企业和大企业各有各的作用，相互之间可以形成配套和互补。他认为，中国要建立现代企业制度，要发展跨国公司（大企业的高级形式），也要重视中小企业的作用。

关于中小企业的成长和发展，邓荣霖教授首先指出了其存在和发展的根本原因及其重要作用，然后从企业的内部条件和外部环境等全面分析了中小企业的成长和发展情况。他指出，纵观近现代经济发展史，它不仅是一部企业规模不断扩大的历史，也是一部中小企业大量存在、不断提高素质、逐步与现代企业体系融合的历史，这正是中小企业存在和发展的根本原因。关于中小企业的作用，除了繁荣市场和解决就业问题之外，他特别指出了中小企业是我国企业家产生和成长的场所。针对中小企业存在的问题，他详细研究了中小企业改制和建立现代企业制度的情况。他指出，无论是国有中小企业，还是集体企业和乡镇企业以及民营企业，中小企业改制最终将归于三种形式，即公司制、个人独资企业和合伙企业，而在我国改革过程中出现的股份合作制是过渡的形式；中小企业改制需要产权清晰，要有明确的股东，企业应该拥有独立支配法人财产的权利；中小企业要建立合理的组织机构等。他还指出，我国中小企业的成长和发展必须打破两个框框，一个是所有制的框框，另一个则是行政级别的框框，因为这会造成企业社会地位的不平等，从而在融资和获得人才方面处于劣势，最终影响中小企业的成长和发展。因此，国家应在政策方面对中小企业成长进行支持，为中小企业成长提供良好的环境。他认为，我国中小企业发展的方向是拥有现代技术和现代管理的现代企业。

8. 关于企业发展的内部条件和外部环境的结合

企业作为一个系统，包括制度、文化、战略和组织等多个方面的内部要素。同时，企业又总是处于一个更大的系统当中，企业的成长和发展离不开适宜的外部环境。邓荣霖教授始终能够将企业的内部条件和外部环境结合起来对企业进行研究。在研究企业改制时，他除了强调政府职能的转变和人事制度的改革，同时又注意到了技术信息化和经济全球化对企业改制的深刻影响。他认为，中国的企业现在仍然大量存在着小农式的管理方式，即既有计划经济当中的大而全、小而全，又有家族式企业落后的管理，不适应工业化和生产社会化的要求。因此，我国的企业在迎接信息化挑战、搞信息化管理的同时，还要补上工业化的课，建立起合理的制度。经济全球化的特点是市场的统一和全球化，但传统的企业制度造成了条块分割和诸侯割据，因此需要企业进行改制，建立起规范的、与国际接轨的企业制度。在研究中小企业的成长和发展时，他认为影响中小企业发展的因素除了这些企业没有建立起现代企业制度之外，市场供求关系发生本质变化是造成中小企业成长两极分化的重要原因，同时企业所有制和行政级别的框框造成了中小企业在融资和选择人才方面的劣势，因此政府应采取更多的扶持政策。

9. 关于企业发展的国内市场和国外市场相结合

在改革开放和经济全球化的今天，企业竞争已经不能仅仅局限于国内市场，企业发展应该着眼于将国内市场和国外市场结合起来。邓荣霖教授认为，我国一部分产业的优秀企业已经具备国际化的市场竞争优势，如果这些企业仅仅局限于国内市场，则会成为他们进一步发展的樊篱；在国际化浪潮的冲击下，一些优秀的企业率先到海外办企业和从事跨国经营活动，进行企业资源的优化整合，有利于中国企业管理创新并提升自身的国际市场竞争力。在研究中小企业成长和发展的时候，他强调将分析国内市场和国外市场相结合；对国内市场的分析，要打破地、市、县区域观念和形成统一的国内市场；对国外市场的分析，注重中国加入 WTO 对中小企业的影响，包括对农产品市场的影响、动植物检疫方面的影响、有关反倾销的影响、关于补贴和反补贴的影响、对金融服务业和电信服务业的影响等。

10. 关于企业发展过程中的经济、管理和法律关系

企业作为营利性组织，其存在的意义就在于为社会提供价值和创造财富，因而首先需要经济上和管理上的合理性。为了促进企业的成长和发展，在全社会建立一个稳定的财富创造机制和财富积累机制进而上升到法律规范便成为内在要求，其中首要的问题是企业制度规范的问题。从市场经济发达国家企业成长和发展的历史来看，企业自产生以来，在其长期的发展和演变过程中产生了多种企业制度形式，但最终因经济上和管理上的合理性和合意性而稳定下来并上升为法律规范的企业制度形式主要有三种，即个人独资企业制度、合伙企业制度和公司制度。邓荣霖教授敏锐地观察到了市场经济发达国家企业制度规范的基本情况，通过将经济、管理和法律关系结合起来对企业进行综合考察，明确提出了应从企业资产所有者形式以及企业法律形式的角度来划分企业制度，并指出了市场经济发达国家中规范的企业制度形式即为上述三种企业制度形式。此后，他在不同的论述中和不同的

场合下不遗余力地强调，应该用上述三种企业制度形式来规范我国社会主义市场经济中的企业制度形式，从而为促进我国企业的健康成长和在企业制度形式方面与国际接轨，做出了突出的贡献。事实上，我国后来相继出台和实施了《公司法》、《合伙企业法》和《个人独资企业法》，这在经济、管理和法律实践上证实了邓荣霖教授的理论判断。

11. 关于企业自主创新道路

经过 30 年的改革发展，现在的中国经济已经取得长足进步。经济增长的重要推动力来自长期推行的科技创新政策。在充分肯定科技进步对推动经济发展的同时，也必须清醒地看到，我国企业自主创新仍然存在诸多亟待解决的难题，为此中国企业应当有危机感、紧迫感和忧患意识。邓荣霖教授指出："一个具有忧患意识的民族，必将是走在时代前列的民族。"他根据自己长期的实践认识和体会，提出企业必须成为我国自主创新体系的主体，成为研发主体、投资主体、应用主体。唯有企业成为主体，才能使创新保持永恒的推动力和生命力。然而现在中国企业在实现自主创新时，还存在一系列的问题。邓荣霖教授将其归结为 10 个根本问题，指出其中最为重要的原因是思维障碍和体制落后，为此必须进行观念变革和体制创新。观念变革是自主创新的切入点，企业在经营活动中需要坚持解放思想，破除传统计划经济体制下的僵化思想和思维定式，确立市场经济条件下的竞争观念和发展理念。同时，还需要认识到企业制度创新是保证企业持续创新的根本保障。在企业自主创新过程中，需要处理好管理创新与技术创新的互动关系和交替进步，技术创新会对管理变革提出更高要求，而管理创新是以组织变革方式来保证技术创新的顺利实施。此外，还需要处理好创新过程中的市场需求、企业发展、政府职能、科研教育机构、社会中介组织等诸多方面的利益关系。为此，企业必须从长计议，加强自主创新的立法与执法工作，要避免急功近利和短期行为。

12. 关于企业作为经济体与承担社会责任的认识

现在很多企业把“追求合理利润，回报社会”作为经营理念，通过全面履行社会责任，进一步完善各项经济指标，提升了市场竞争力。然而在这个过程中又出现了一些问题：企业经济责任和社会责任的平衡，企业利益与社会利益的冲突等，这又导致了对现有企业责任认识的困惑。为此，邓荣霖教授明确指出，“企业社会责任是市场经济与企业实践的产物。企业社会责任的目标是有利于企业生存与发展。企业是社会的细胞，企业发展是社会发展的基础”。企业社会责任的实质是处理好企业利益与社会利益的关系，包括企业内外各种利益关系。企业要承担社会责任，但前提条件是企业必须是利益体。如果没有利益体，只拿钱捐款，不创造利润，这不是企业社会责任。作为企业来说，需要做好经营战略，把企业效益搞好，这也是承担社会责任。企业经济责任是企业社会责任的基础，企业如果不承担经济责任，更谈不上承担社会责任。而企业社会责任是市场经济与企业实践的产物，只有企业承担社会责任，企业才能发展，企业社会责任的实质是企业与社会的关系，企业取之于社会，又要回报社会。为此企业需要拥有自主权，能决定自己做什么和不做什么。履行企业社会责任是企业的自愿行为，不应过多采用行政手段，但是也不能将企业社会责任无限扩大化。

邓荣霖教授在国内开创并系统研究了公司理论和现代企业制度理论，对企业进行了全面、深入、系统的研究和论述，是对市场经济发达国家和中国企业在成长和发展过程中进行制度创新和管理创新实践的深刻理解和系统总结。

邓荣霖教授的研究，注重专与博、历史与现实、理论与实践、国外与国内的相互促进。研究企业基本理论，不是就制度研究制度、就管理研究管理、就组织研究组织，也不是就文化研究文化，而是将诸多方面结合起来进行系统思考，从中发现一般规律，同时又促进了对企业制度、企业管理、企业组织和企业文化等的深刻理解。研究企业，不仅仅研究企业的经济特性、管理特性、法律特性，而是将三者结合起来，从企业成长和发展在经济上和管理上的一般规律上升到法律规范的角度来研究，不但揭示了企业成长和发展本身的基本规律，还发现了与企业成长和发展相关的外部环境变化的规律。研究企业基本理论，既遵循我国企业成长和发展的历史沿革和现实情况，又借鉴市场经济发达国家企业成长和发展的规律，将二者有机结合起来，通过对中外企业发展历史和现实的比较，他揭示了企业成长和发展的规律，强调中国企业发展更需要在企业制度方面进行创新。

邓荣霖教授注重研究的前瞻性，不仅始终注重解决现实问题，还始终着眼于未来发展，为我国社会主义市场经济的发展和我国企业的改革和发展在实践上和理论上都做出了很大贡献。

李桂荣　徐佳宾　赵宝华　王涛

2010 年 9 月

目 录

企业理论

制度创新

国企改革

民企发展

企业经营

附录

企业理论

On
Enterprises

● 中国企业管理学科建设面临的形势和任务

1997年国务院学位委员会学科评议组审核授予学位的学科目录，与原目录相比，最大的变化是增加了管理学学科门类。按照科学、规范、拓宽的原则，逐步规范和理顺一级学科，拓宽和调整二级学科。在管理学学科门类中，工商管理列为一级学科，企业管理列为工商管理学科中的二级学科。管理学列为独立的学科门类及企业管理学科的确立，既为今后的学科建设创造了有利的条件，又对企业管理学科建设提出了更高的要求。

企业管理学科建设面临的突出形势是现代企业管理理论的新发展。国外从19世纪末到20世纪初形成系统的管理理论，历经各种管理理论与学派的演变和发展过程，从泰罗、法约尔、韦伯为代表的古典管理理论到梅奥、马斯洛、赫茨伯格为代表的行为科学理论，再到第二次世界大战后出现的多种管理理论与学派并存的局面，包括巴纳德的社会系统学派、西蒙的决策理论学派、卡斯特和罗斯茨韦克的系统管理学派、德鲁克的经验管理学派、伯法的管理科学学派以及权变理论学派和美国管理学家孔茨提到的组织行为学派、社会技术系统学派、经理角色学派等。20世纪60年代以后，随着信息技术的进步和计算机辅助信息系统在企业管理中的建立，管理理论的发展表现为信息技术工程及管理信息系统理论的兴起，全面研究计算机辅助管理对企业的影响日益重要。80 年代后期开始的企业结构重建、流程再造突破了传统的企业管理职能分工理论，不再按照原有的职能划分论述企业管理，而是从组织变革入手去改革企业管理。总之，在企业管理中体现出种种新思维、新概念、新做法，已逐渐被认为是新型的企业管理理论。

《孙子兵法》《史记·货殖列传》《三国演义》等书中记载和体现了我国早期一些朴素的管理思想，但远未形成科学的管理体系。20 世纪 50 年代初，我国大学里开始出现的企业管理课程全盘照搬苏联的管理学教科书，虽然后来对教科书内容做了一些适合国情的必要调整，但未摆脱计划经济模式的理论体系。70 年代末和 80 年代初开始的改革开放，使企业管理教学和研究工作焕发出新的生机，学界全面、系统地引进了国外现代企业管理理论，并立足于实际，出版了一系列企业管理著作、教材、论文，提高了企业管理实际工作水平。但从总体上看，企业管理学科的发展还是任重道远。

企业管理学科的建设在吸收国外已有管理理论、管理思想精华的过程中，面临着信息技术、知识经济社会的到来对企业管理的影响。这既是企业管理学科建设的机遇，可使学科建设达到当代最前沿的水平，又是对企业管理学科建设的挑战，使学科建设处于世纪之交的最复杂境地。因此，研究信息技术、知识经济社会条件下的企业管理，是企业管理学科建设的重要任务。

在信息技术条件下，企业管理过程是对各种与企业有关信息的采集、处理分析及传达的过程。而大量的管理信息处理分析工作逐渐由电脑取代人手去完成，以往的下情通过层层组织上达和上情通过层层组织下达的金字塔式组织结构受到挑战，导致扁平式组织结构的出现，管理层次大大压缩，中层管理人员精简，从而引起企业的结构重建（restructure）。

在企业的结构重建过程中，企业管理的任务是使企业组织结构具有可重塑性（reconfigurable），企业的组织结构每年、每月乃至每周或每日都能随需要而改变。面对企业管理中的各类问题，在打破原有的部门界限和工种界限的基础上建立的小组（team），是直接对客户和企业管理目标负责的一种组织形式，它使生产者与消费者间的距离缩短、鸿沟缩小，企业与客户双方可以直接联系和接触，相互掌握对方信息。

企业的流程再造（reengineering），就是对企业的业务流程（process）进行脱胎换骨的重新构建，以适应市场多变和客户期望值不断提高的要求，解决企业管理中日益突出的成本与效率的问题。在信息技术的支持下，计算机系统执行企业的流程再造，包括设计理想的业务流程、构建一套与新的业务流程相匹配的信息模型、采用计算机集成技术形成一个完整的企业计算机管理系统，并由该系统来管理未来的企业业务流程。

在企业管理中，企业信息系统的建立，包括信息的采集、管理和利用，日益成为一个企业是否具有市场竞争力的重要因素。因此，原先的企业主管（chief executive officer，CEO）就发展为CEO+CIO（信息主管，即chief information officer）。由于企业信息网络的形成，企业总部趋向精简和收缩，一些事务性工作和后勤性服务包括工资发放、法律事务、文书、保健等正在尽可能地甩给日益完善的社会化服务业，以使企业既降低成本和增强市场竞争力，又提高服务业的社会化水平。同时，与企业管理变革和信息技术进步相对应的是，对管理者与作业者的素质要求大大提高了，其工作的灵活性和主动性远高于以往的状态。在企业管理过程中，在重视企业规章制度建设的基础上，形成自己的文化，用一种共同的价值观来凝聚全体员工，是企业取得成功的必要条件。

随着企业管理信息化程度的提高，知识在企业管理中的地位和作用日趋重要。在开办企业时，由股东提供的货币资本和实物资本是财富创造的前提，构成股东权益，占据绝对重要的地位。但到管理企业并产生盈利时，财富创造已不再单纯是股东的投入，而是股东、管理者、作业者共同投入的结果。企业创造财富的多寡与快慢，更多地取决于利益方的共同努力。未来的企业越来越成为利益方的一个共同体。企业是各种利益方所达成的一个契约。企业利益是所有参与签订这个契约的各个利益方的共同利益。企业管理不仅为股东谋取利益，还必须为相关的利益方服务。不仅如此，在开办企业时，除了股东资本的投入外，知识产权一类也可以作为资本投入，而且企业管理的信息化程度越高，企业管理中的物质资本地位相对下降，人力资本地位相对上升。这是信息技术、知识经济社会条件下的企业管理发展的必然趋势。

在信息技术、知识经济社会条件下，不仅是知识在一般企业中越来越重要，而且还涌现出越来越多的以知识生产、转移、应用为对象的知识型产业，包括芯片、软件、网络企业；新型的金融业、咨询服务业等。这类知识型企业管理的理论与实践，使世界范围的企业管理学科发展到一个新时代。对于传统的制造业企业管理来说，更是面临着许多新的挑战。制造业企业管理的知识化，要求企业管理的内容不仅是对原料、设备、厂房之类物质资本的管理，而且更重视产品的知识化价值和人力资本的作用以及对知识资本的管理；实现企业管理的知识编码化，把企业内部分散的知识和企业外部（包括客户、供应商、经销商、政府、社会中介机构等）的相关知识进行编码化，减少知识零散与消失，促进知识积累和再创造，实现企业的知识化管理和企业管理中的知识共享；建立企业的知识网络，包括在竞争与合作中与供应商、经销商的战略联盟，在国内外的研究开发机构与专家网络，在长期发展中的忠诚客户网络；开展企业的虚拟运作，把传统运作中的机器、厂房、车间的一部分管理打包转移到企业外部，使企业管理人员把精力放到价值含量更高的知识管理上，由橄榄式管理转向哑铃式管理。

我国现阶段的企业管理实践，不仅面临着信息技术、知识经济社会条件下的当代企业管理体制的挑战，而且还面临企业管理的自身制度性转变，包括从与计划经济体制相适应的企业管理制度转变到与市场经济体制相适应的企业管理制度，从传统国有工厂管理制度转变到现代公司管理制度。企业管理不仅要加强，而且要改革，这样才能使企业管理这个老生常谈的话题焕发出新的青春活力。这是企业管理学科建设的重大任务。

企业管理教学和研究工作自 20 世纪 70 年代末 80 年代初以来取得了突破性的进展，但在培养目标、教学要求（包括本科、硕士、博士）、课程设置、教学内容、教学方法、教材使用等诸多方面的学科建设任务仍然十分艰巨，有待深入研究和全面发展。工商管理硕士（MBA）作为培养职业企业家的基本教育方式，其成功率取决于 MBA 教育质量和企业人事制度改革，取决于企业家生存与发展的政治、经济、社会环境。从教育的角度来看，从国外市场竞争和面向 21 世纪的需要出发，应当在小学和中学阶段注入企业家能力和素质的教学内容，培养企业家精神，包括培养人的独立性、自主意识、动手能力、首创精神、成就感、承担风险和确定目标的能力、自信心、自我表现力、讲信誉、守约、韧性、自我控制能力等。

（原载《“跨世纪两岸高等教育学者”学术研讨会论文集》，1999）

● 中国企业管理的现状与展望

随着21世纪的到来，会计学科在管理学、经济学领域起着越来越大的作用。管理学科的建设需要会计学科的发展，会计学科的建设需要管理学科研究的发展。

中国企业管理的现状是处于从计划经济体制转向市场经济的变革时期。这种变革从企业组织形态考虑，即要从单一工厂型管理转变为公司型管理。现代企业制度是以公司制度为主体的市场经济体制的基本成分。中国要建立市场经济体制，首先要处理好三个成分的关系：消费者（市场）、企业、政府。在市场经济体制下，企业围着市场转，政府围着企业转。然而，现阶段中国的大多数企业仍然围着政府转。这个问题依然没有得到解决，影响着建立起面向市场的现代企业制度。

现代企业制度以公司制度为主体。21世纪中国企业发展趋势包括三种形态：个人独资企业、合伙企业、公司。现行一些企业形态的划分和法律界限不明确，如集体企业、乡镇企业、民营企业，这种划分使得会计没有企业形态的基础，产权界定不清。只有以资产所有者形式的不同来划分企业的形态，不再以所有制来划分企业形态，打破所有制的界限，调整所有制的结构，会计才会有基础。现行国有企业比例过大，这使会计学科的发展难上加难。

从企业管理的内容来看，20 年来的改革，改变了国有企业的封闭式单纯生产管理和坐等顾客上门的状况，按照现代公司管理的要求确立了“市场第一，用户第一”的经营观念，从过去无视市场、轻视销售转变为高度重视市场调查和市场预测，建立市场销售网络和售后服务体系，实现生产管理和市场营销的有效结合，而且在生产管理中，强调把质量管理和成本管理作为生产管理的生命线，贯穿于生产管理的全过程，建立起生产、营销、人力资源、科技开发、财务等几个方面的综合型的企业管理。现在中国企业也开始讲究名牌效应，树立名牌意识，今后应该将企业管理带入一个新的阶段，按照现代企业管理的准则改进管理。

企业的管理面临着更激烈的国内外市场竞争的挑战，市场竞争是实力竞争，是企业管理水平的竞争，是科学技术水平的竞争。目前，中国企业仍然存在管理基础薄弱、管理秩序混乱、管理制度僵化、组织结构刚性、生产活动封闭、资源浪费严重等诸多问题。

中国企业如何增强企业市场竞争力？首要的是明确企业市场竞争力的标志。本文提出四个标志：

（1）财务数据。财务指标要真正反映市场竞争力；财务数据要真实、可靠、及时，会计很重要。

（2）用户满意程度。

（3）企业内部员工工作效率。

（4）企业不断创新的精神，包括技术创新、组织创新、人才创新。应注意如何将科技成果转换成盈利的商品，将单个盈利商品转换成批量、规模、市场占有率。

以上这些问题都与会计学科建设有关。

国外市场经济发达国家的现代企业管理水平实际是几十年乃至上百年的企业管理理论与实践发展的结果。从现代企业管理理论与实践的发展规律来看，中国企业管理也要经历由低到高、由小到大、由弱到强的过程，但严峻的市场竞争现实不允许中国企业也像国外那样用上几十年、上百年去分阶段达到。按现代企业制度的要求，中国企业要在尽可能短的时间里实现规模效益、成本效益、价格效益、质量效益的企业管理目标。

中国企业管理的发展趋势是：立足于中国企业的现实状况，在扎扎实实做好企业管理的基础工作的同时，必须加快企业管理工作的改革步伐，尽快实现规模、成本、价格、质量的市场竞争优势和综合经济效益。企业管理不仅要加强，而且也要改革。

当中国企业管理逐步向国际接近时，要认识到国外企业管理又在向更高层次发展。信息技术的进步和企业管理中计算机辅助信息系统的建立，在企业管理理论中的发展表现为信息技术工程以及管理信息系统理论的兴起，全面研究计算机辅助管理对企业管理的影响日益重要。80 年代，重视企业结构重建、流程再造，从企业组织变更入手以适应信息技术、知识经济条件下的市场需求。90 年代，以对客户最佳服务为企业管理的首选目标，重视分析技术变革对管理工作的影响，重视分析客户的需求变化和购买行为，以求得最短的产品开发时间及对市场作出最快的反应，交货期成为市场竞争的焦点。新世纪，企业管理工作的不断创新，包括以高新技术、新产品去开拓新市场，以调整企业内部组织结构为主要内容的组织创新，以重组企业内外关系为重点的管理创新，将成为现代企业管理工作的灵魂。

中国企业管理将面临以客户为中心的更加激烈的市场竞争的挑战，但企业与政府深层次的关系仍然没有理顺，所以中国企业管理的发展趋势是在认真有效地改革企业内部管理工作的同时，加快企业外部的体制改革和为企业创造公平、公正、公开的市场竞争环境，使各类企业在市场竞争中求得生存与发展。

为迎接日新月异的以技术变革为中心的信息技术和知识经济的挑

战，研究信息技术、知识经济对企业管理的影响，包括对会计学科的影响，这是中国企业管理界的重要任务。

中国企业管理未来的变革和发展要想赢得持久的市场竞争力，必须解决以下三个问题：

（1）企业要拥有一批高素质人才，包括企业内部各类人员在观念、文化、技能、行为各方面均能适应市场竞争的要求。特别要形成一批职业企业家，提倡和培养企业家精神，包括人的独立性、自主意识、自己动手能力、首创精神、成就感、承担风险和确定目标的能力、自信心、自我表现力、讲信誉、守约、韧性、自我制约能力等。人的素质是关系企业管理的一个极其重要的问题。

（2）企业管理制度建设是企业科学管理的起步。要变企业当前的无序管理为有序管理。中国的“质量第一”的口号非常响亮，推广国外企业质量管理的方法不下几十种，但质量问题一直是困扰中国企业产品久治不愈的顽症，关键是缺少一套健全有效的质量管理制度。因此，必须建立责、权、利相结合的企业管理制度，激励机制和约束机制相结合的企业管理制度。企业的管理制度要和企业的产权制度结合起来，要和企业的组织制度建设结合起来，要做到产权明晰，要建立公司法人治理结构。公司法人治理结构是公司制度的核心，而董事会又是法人治理结构的核心。要处理好董事会和股东会（股东大会）的关系，处理好董事会和公司经理的关系，这有利于保证企业管理的组织机构作用的发挥。

（3）要处理好制度与人的关系。科学管理制度要有高素质的人来制定，也要靠人去执行，因此人是最重要的。要实行以人为本的管理，同时，人本管理要强调在科学管理制度条件下发挥人的作用。中国企业如何处理好制度与人的关系？这个问题尚未解决。我认为人是暂时的，制度是延续的。中国企业有些老总在位时业绩显赫，离任后企业管理迅速下滑，原因在于没有建立一套管理制度延续下去，或是没有使管理制度坚持下去。制度要变革，但变革制度不是不要制度，恰恰是要完善制度，使制度发挥先进的作用。制度安排是由生产力决定的。制度好，坏人难以得逞；制度坏，好人变坏人。制度和人的关系融合在企业管理的每一项活动中。企业管理工作，包括会计工作，每一项都应该有制度，又要发挥人的作用，这是企业管理中必须解决的问题。

（原载魏明海、谭劲松主编：《新世纪中国会计改革与发展研究》，北京，中国财政经济出版社，2000）

● 改革先于管理

中国企业管理的进步，得益于自 1978 年以来的改革大环境。但眼下却有人说："只要加强管理，就能办好企业。"此言差矣！因为中国企业改革的任务远未完成。中国企业管理的出路首先在于毫不动摇地坚定不移地深化企业改革。从当前企业实际状况来看，只有深化企业改革，才能促进企业发展，提高企业管理水平。企业改革是企业发展的动力，是提高企业管理水平的前提条件，所以，必须坚持"改革先于管理"的指导思想。

笔者近来参与一些企业案例的分析与研究，深感企业改革的迫切性与艰巨性。

案例一：青春宝集团从一个中药小作坊发展成为全国药业的领军者，是因为以冯根生为代表的改革者进行了一次又一次的制度性改革，以企业制度改革为原动力而带动了企业管理水平的提高。但是，正当深入企业改革的关键时刻却遇到了"青春宝困局"，使冯根生感到痛心并流泪。(详情参见《中外管理》杂志 2005 年第 7 期。)

案例二：作为老牌国有企业古井集团领军人的王效金，虽然在企业管理工作中采取了一些"批判与再造"的措施，使企业处于全国白酒行业的前列，但在国有企业待了 20 年的他深感这些措施只是一种改良，不能真正挽救在市场竞争中的不利地位。因为改良是有限的，只有改革才是根本的。(详情参见《财经界》杂志 2005 年第 7 期。)

这些活生生的事实表明，20 多年来的国有企业改革虽然取得了一些成效，但毋庸置疑的是这些成效是不理想的，未能达到预期的改革目标。企业改革的实质是企业制度创新。在以往情况下是容易改的已经改了，现在是遇到深层次的难改问题，例如国有企业的产权制度改革问题、人事制度改革问题、干部职工身份置换问题等诸多难题。20 世纪八九十年代的一些改革措施难以适应 21 世纪企业发展的要求，如靠优惠、倾斜、扶持的做法，只能解决国有企业的一些临时困难，不能解决在公开、公平、公正的市场竞争中的长期发展问题，用行政性手段推广一些企业管理方法经验，虽然改善了一些具体管理工作，但不能满足企业管理制度创新的整体要求。因此，今后企业改革，应包含对以往一些过时的改革措施进行改革，这是企业改革的发展。企业改制是企业改革的延续和发展，企业改制过程就是建立现代企业制度的过程。现代企业制度是国有企业改制和民营企业建制的共同方向，有利于提升中国企业在信息化管理与全球化管理条件下的国内外市场竞争力，促进社会生产力的发展。现代企业制度包括现代企业产权制度、现代企业组织制度、现代企业管理制度的创新内容，其中产权改革是管理工作的前提，组织变革是管理工作的保证。

现阶段企业改革存在的问题是垄断性行业的企业改制滞后于竞争性行业的企业改制，中央企业改制滞后于地方企业改制的步伐，政府改革滞后于企业改制的要求，因此，加快政府改革和转变政府职能，为企业改革特别是中央企业和垄断性行业的企业改制创造良好的体制条件和外部环境，消除计划经济体制存量所导致的掣肘，减少改革进程中的失误与曲折，是推进企业改革并以改革为动力来提高企业管理水平的基本要求。

（在“企业改革与发展研讨会”的发言，2005-09-21）

● 中国企业改革和发展的最新动向

一、现代企业制度是国有企业改制和民营企业建制的共同方向

中国企业改革和发展是分两条线来进行的：

一条线是国有企业改制。最早可以追溯到1978年改革开放伊始，迄今已有27个年头，发展到今天的最新动向是国企改制。改革与改制仅一字之差，但区别很大：国企改制是国企改革的延续和发展。所谓延续，是肯定27年来国企改革的成效。没有27年来国企改革的成绩，就不可能有今天提到的国企改制这个议题。改制是在改革的基础上提出来的。所谓发展，是说明改制不同于改革，因为改革所采取的措施虽然收到一定的效果，但没有解决国有企业的根本性问题。

20多年来的国企改革措施，归纳起来有三类：第一类是70年代末至90年代国企债务免除、减税免税、拨改贷、亏损注资、不良资产注销、债转股等一系列优惠、倾斜、扶持的政策。到1998年债务降低了，国企三年脱困任务完成了，但是国企清了旧债又欠新债，而且有些企业新债比旧债还多。造成这种状况的原因是什么呢？是因为这些临时的改革措施只能解决国企的表面问题，解决不了国企的根本

问题。国企的根本问题是制度弊端、制度危机、制度缺陷。所谓改制就是制度创新，不同于临时的改革措施。第二类是靠推广经验来进行国企改革。这种由政府出面自上而下推广经验的做法收效甚微。国企问题的解决不是靠推广一种管理经验就能奏效的，而是应该进行制度创新。我们经常说学习国外先进企业经验但不能照抄照搬，同样国内企业之间的学习经验也不能照抄照搬，更不能由政府出面用行政手段去推广经验，那是计划经济的一元化做法，而市场经济是以企业为主体的多元化做法。第三类是单纯换企业领导人。有一种说法是国有企业搞不好就是领导人问题，这种说法把国企问题看得太简单了。实际上，国企深层次是制度问题，只有改制才有出路，而不能单纯靠换几个企业领导人。当然，有的国企领导人有问题，有的甚至违反法律，不仅必须换掉，而且还应依法判罪，但这是个别现象。大多数厂长、经理、董事还是好的。那么为什么国企搞不好呢？从根本上就是国企制度问题。因此，国企改革的下一步方向就是改制，即建立现代企业制度，用现代企业制度取代国有企业制度，国企从头到脚、从里到外要进行脱胎换骨的改变，这是 20 多年来国企改革的延续和发展。

另一条线是民营企业建制。民营企业面临什么问题？这里我举个例子。浙江是民营企业的大本营，民营企业起步最早。我在杭州给民营企业家讲课时，有一位老总给我提了个问题，他说："邓教授，我在创业的时候，只有 30 个人，每天早晨 8 点到车间转一趟，他们怎么干活，心中都有数，哪个好，哪个差，看在眼里，记在心里，到了年末，怎么发奖金，一个人说了算。但是到现在，企业有 5 000 人，管不过来，怎么办？"我回答："现在的民营企业要制度管理人，不能人盯人，不能人管人。"这就是民营企业面临的建制问题。民营企业长期正常的健康发展要靠制度。民营企业是从无到有，由小到大，由弱变强，要由原来家族式管理、人盯人管理、个性管理发展到制度化管理，即建立现代企业制度。

所以，国有企业是改制，民营企业是建制，它们的共同方向是建立现代企业制度。这里有必要再解释一下“共同”这两个字。中国从1956年开始取消私人企业、个体企业、民营企业。因为1956年搞了一场运动，叫对资本主义个体工商业的社会主义改造运动。一直到1978年，最后消灭了私人企业、民营企业。当时有个说法，个体企业要过渡到集体企业，集体企业要过渡到全民企业，全民高于集体，集体高于个人，这是1978年以前的概念与政策。1978年以后，因为改革开放，允许多种经济成分并存，又出现了个体企业、私人企业，而且有生命力。因为国有企业的手脚被政府捆住，而民营企业的手脚是放开的，在市场竞争中民营企业显得比国有企业更有活力，于是就有全民不如集体、集体不如个体的说法。但是经过20多年的改革开放，现在国有企业改制了，增强了市场竞争力，而民营企业也面临着一个企业制度的建设问题。所以，现在讲“共同方向”，更深刻的含义是指划分企业不以所有制为标准，要打破企业的所有制界限。目前社会上还在争论是国企好还是民企好，是国进民退，还是国退民进，写在文件上是“有进有退”，但在理解上却是两种思路。正在北京召开的“两会”上，有的代表提出，要坚定不移地执行国退民进的方针，但政府有关部门负责人说国有企业再退要退出“麻烦”了。所以，现在社会上对国有企业、民营企业的看法还是分歧很大。我觉得还是按邓小平同志讲的思路——“不争论”。2004年7月在人民大会堂召开的纪念邓小平同志诞辰一百周年大会上，我提出“现代企业制度是国有企业改制和民营企业建制的共同方向”。就是从企业本身来说，不问“姓公姓私，姓社姓资”。作为现代企业制度表现形式的股份制企业，既可以通过国企改制来形成多元化的股份制企业，也可以通过民营企业吸收新股权来建立股份制企业，殊途同归，方向是共同的。股份制可以既有国有股又有个人股，但只有国有股而没有个人股的企业不能叫股份制企业。股份制企业可以没有国有股，但不能没有个人股。股份制的实质是公司资本的社会化，与社会化大生产相适应，使资本关系有利于促进社会生产力发展。

二、企业制度和企业文化是企业发展的两大支柱

未来的中国企业制度创新反映在三个方面：

第一，产权制度创新。国有企业产权制度改革涉及国有资产管理体制改革；1993 年我参加了当时《国有资产法》起草工作组召开的座谈会，并提出“国有资产法是国有企业产权制度改革的准绳”。2005 年 2 月《中国经营报》记者采访我时，问 12 年过去了怎么办？我主张通过立法来解决国有企业产权制度改革问题。民营企业产权要突破个人或家族的封闭性与局限性，也有很多问题需要解决。

第二，组织制度创新。最重要的是要解决三个问题：（1）无论是国有企业改制还是民营企业建制，都要建立合理的企业组织结构，即处理好企业内部的组织关系；（2）要建立规范的公司法人治理结构，解决好董事会、股东会、经理的职责、权限划分及其相互关系问题；（3）要规范企业集团的母子公司体制，处理好母公司与子公司的组织关系。

第三，管理制度创新。国有企业改制和民营企业建制过程中，不能只抓产权而忽略管理。管理是企业的永恒主题。但中国企业管理的根本出路在于制度创新，包括：（1）建立战略管理与业务管理相结合的制度。首先要有战略，还必须坚定地执行，重视业务管理。管理就是细节，管理就是行动，管理就是具体，管理就是实干。（2）要建立系统的、科学的业务管理制度。包括生产管理、营销管理、科技开发管理、人力资源管理、财务管理、设备管理、定额管理、现场管理以及其他各项业务管理制度。不能片面，不能极端，不能刮风。（3）要处理好管理工作中制度建设和人本管理的关系。以人为核心，以人为本的管理体现在三点：1）提高个人素质是提高管理水平的关键；2）培

养团队精神，协调能力，不搞个人英雄主义；3）要处理好制度与人的关系，制度是永恒的，人是暂时的，但制度是死的，人是活的。所以，人的作用应体现在制度建设过程中，具体表现在三方面：一是通过人把先进的制度制定出来；二是有了制度要通过人来执行；三是一旦制度过时又要通过人来修改制度，使制度延续下去。

企业文化的实质是人的问题。从上面讲到制度与人之间的关系可以看出，企业发展除了要有企业制度，还要有企业文化。因此，企业制度与企业文化是企业发展的两大支柱。目前的企业文化有两个倾向：一个倾向是把社会上一些口号拿过来，如“拼搏、奉献、奋斗”，就等同于企业文化。当然，“拼搏、奉献、奋斗”是对的，但那是社会文化，不是企业文化。企业文化是社会文化的亚文化。另一个倾向是搞些文艺活动、体育表演，到年末工作总结时，说本年度企业文化很活跃。当然，文艺、体育、娱乐活动属于大文化的范畴和形式，但不是企业文化的实质。所以，未来的企业文化既要防止抽象化、空洞化、雷同化，又要避免简单化、庸俗化、短期化。企业文化的实质是什么？企业文化是为实现企业经营目标而塑造的具有凝聚力、全体员工认同的价值观。企业文化是企业价值的表现，而且这种价值观是全体员工认同的。所谓认同，就是融入员工思想中，凝结在员工血液中，表现在员工行为中，使全体员工具有凝聚力，不搞离心力，不搞人际关系。

企业制度是抑制人性恶的一面，企业文化是引导人性善的一面。企业发展的难点就在于怎样看待人。从孔夫子开始就说人之初性本善，但企业有这么多丑恶复杂问题，所以有人就说人之初性本恶，但这也不准确。所以必须使企业制度与企业文化结合起来，两者相辅相成，促进企业长期、稳健发展。企业制度是硬性的，企业文化是软性的；企业制度是有形的，企业文化是无形的；企业制度是物质的，企业文化是精神的；企业制度是外在的，企业文化是内在的；企业制度是他律的，企业文化是自律的。在企业制度创新的过程中，企业文化的作用越来越重要，就是因为只有制度没有文化不行；当然，只有文化没有制度也不行。

（原载《在北京人文大学听讲座》，北京，中国文联出版社，2005）

● 企业制度与战略管理

中国自1978年实行市场化改革和对外开放以来，企业管理的发展取得了很大成效。但是，与市场经济发达国家相比，中国的企业管理仍然存在着较大的差距。其中，最重要的是两个问题：一是制度创新，二是战略管理。中国的企业管理，从现象上进行关注的比较多，如产品管理、营销管理、生产管理、财务管理等，但为什么中国企业管理同国外先进企业管理还存在着较大的差距？从企业管理的本质来看，如果把企业比作一棵树，那么这棵树由三个部分构成：第一个部分是这棵树上的树叶和果实，这一部分相当于企业的产品、业务、技术等看得见的东西；第二个部分是这棵树的树干，相当于战略管理，企业管理里面的战略管理；第三个部分则是树根，相当于企业制度。中国现在抓企业管理，抓的是一些末端的问题，如开发一种新的产品或业务、采用一种新的技术，这个当然很重要。但是中国的企业管理相当多是短期行为，昙花一现。为什么呢？是因为它的树干不行，战略管理没有到位，企业的使命感不强。那么它的树干为什么不行，是因为它的树根没有水分，没有营养，不能吸收新鲜的东西，因而战略管理也是缺乏根基的，是动摇的。

因此，企业制度在一定程度上决定了战略管理，中国企业与国外企业的差距是制度性差距。中国的企业创新基本上表现在三个方面：理论创新、制度创新、科技创新，而其核心是制度创新。因为理论创新最终要落实到制度建设上，制度是保证。科技创新也很重要，但也需要有制度来保证。科技创新不是科技本身的问题，实质是人才的问题，而人才的背后则是体制问题，体制本身就是一个制度问题。从我国民营企业、国有企业的实际情况来看，目前面临着一个越来越突出的共同问题：制度建设和战略管理。

制度创新本身要解决的问题，首先是企业制度的划分。在计划经济条件下，企业制度的划分表现出四个特点：

第一，按所有制来划分企业。分为全民所有制、集体所有制、个人所有制。由于这种划分企业制度的标准与方法会导致企业法律地位的不平等，因此这种观念必须打破。

第二，按行政条条来划分企业。如机械厂由机械部来管，化工厂由化工部来管，这个问题又与政府有关，计划经济条件下的政府正是按部门来设置的。因此，计划经济条件下存在着行业行政化、政治化的问题，而行业应该是一个经济概念。这样，企业的战略管理由于隶属关系的存在，需经过批准才能付诸实施，因而也就没有战略了。因此，民营企业有战略管理，但国有企业没有真正的战略管理。国有企业的战略管理流于形式，这是由于国有企业不是利益体，没有自主权，没有制定战略管理的权力所导致的。

第三，按行政块块来划分企业。中国的地方保护主义极其严重，甚至在一定程度上国内的省际壁垒超过了国际壁垒，使中国企业的战略管理缺乏全国市场化的支撑。为什么地方保护主义如此严重，这就涉及体制问题了。由于企业归地方管，而地方有财政，要开支，那么再落后的产品也都会保护，否则它就没有办法过。因此，它与企业制度按行政地区划分有关，必须破除。

第四，按行政级别来划分企业。中国的企业是按行政级别划分的，很多企业领导人是在追求行政级别，并没有把精力用于企业的发展战略。虽然中共十五届四中全会已经明确了企业没有行政级别、企业领导人没有行政级别，但实际的人事调动还是按行政级别执行的，这就不配套。因此，中国的企业战略管理发展到今天还是一个体制问题，人事制度必须改革。

中国企业战略管理发展到今天，存在着三大难题：第一是产权问题，实际上是所有制问题仍然束缚着企业；第二是人事问题；第三是员工身份问题，国有企业是全民的，说他们是主人，但到了民营企业，又感到受剥削。企业发展中的许多问题都与行政级别有关，人的地位不是按照创造财富的价值来衡量，而是按照行政级别来衡量的。因此，必须破除上述四个划分企业制度的计划经济标准，立一个按企业资产所有者形式来划分企业制度的市场经济标准。所有者与所有制是两个不同的概念。按所有者形式的不同来划分企业制度，其最主要的优点是资产责任明确，谁出资，谁负责，谁受益，尤其是承担风险与责任。所以，资产所有者的概念是企业资产责任明确的概念。谁来创造财富，谁来积累财富，谁来对这个企业负责，跟他的直接利益相关。但国有企业不是这样的，它的资产责任与利益是脱钩的。因此，所有者与所有制是两个概念，所有制是资产责任不明确的概念，全民所有制企业、集体所有制企业到现在仍然没有人来负责；所有者是落实到个人、法人，由个人、法人来负责，因此企业资产所有者又是一个法律概念。

因此，研究企业战略管理，既要从经济学的角度进行，也要从管理学的角度进行，还要从法学的角度来进行，并且要将这三者结合起来。过去的情况是，搞经济的强调经济因素决定企业战略，如投入、产出、利润等；搞管理的强调资源配置组合，人、财、物、产、供、销等；但市场经济条件下的企业首先是一个法律问题，是一个法律概念。企业的法律意识要增强，因为市场经济是法治经济，企业问题是一个法律问题，按企业资产所有者来划分企业制度是一个法律概念。法律是保证，再赋予其经济学、管理学的内容，这三者相结合应该是我们研究企业制度与战略管理的创新点，是一个新的亮点、突破点。

那么，怎样按企业资产所有者形式的不同来划分企业制度？我认为未来的企业制度基本上朝着三类企业制度来建设：第一类，个人独资企业制度，即其资产归个人，责任由自己负责；第二类，合伙企业制度，如合伙的高新技术企业、律师事务所、会计师事务所等，由合伙人共同出资，共同管理，它的战略管理由合伙人共同来决定，不是个人说了算；第三类，公司制度，其战略管理要建立法人治理结构，组织机构要完善，要有股东机构、董事机构，要聘任总经理、职业经理。这三类企业的战略管理是有特点的，要区分开。因此，研究企业战略，要分别针对不同类型的企业来研究。

在各类企业制度中，最有代表性的、最复杂的，是公司制度。当然，个人独资企业、合伙企业都很重要，但个人独资企业、合伙企业发展到一定的规模就形成公司。个人独资企业、合伙企业发展到公司，它的战略管理必然要调整，否则就不能适应公司发展的要求。如浙江杭州，有很多民营企业正面临着寻找接班人的难题。这些企业原来是个人说了算或家族成员商量着办，即所谓的家族管理。但现在，这些企业发展为具有相当规模的有限责任公司和股份有限公司，原来的家族管理很难适应企业发展的需要。当然，对于家族管理，不能一概否定，但到了公司阶段，它的战略管理就需要调整，在组织上、管理上，就需要形成一套制度。浙江省的民营企业家提出，当初还管得过来，但现在由于资产多、人也多，精力顾不过来，用人又出了问题，非常困惑。实际上，是中国企业的战略管理没有过关。我的看法是，一个企业没有到三十年、五十年，不能对它下一个炒作性的论断。中国现在有许多经验是昙花一现，经不起历史的检验。因此，研究战略管理应建立在企业制度的基础上。战略管理本身具有战略性、长远性，研究战略管理本身也要有战略性、长远性。

研究企业战略管理，除了这三类企业制度之外，国有企业也是非常重要的。国有企业改制和民营企业建制，都是研究企业战略管理的组成部分。国有企业改制，应该着重解决如下四个问题：第一，股权多元化。解决这个问题就要大力发展个人股东即自然人股东和法人股东即真正的法人股东，而且股权种类要规范。第二，股权结构要合理。这个问题也是一个大难点，非常重要，因为股权结构决定了战略结构。第三，处理好所有者与经营者的关系，实行公司所有者与经营者分离的制度。第四，建立公司法人治理结构，这就是建立谁来制定战略和谁来实施战略的制度，这是个核心问题，这里面涉及公司与股东的关系、公司与消费者的关系，以及公司与社会各界的关系等。

国有企业改革要朝现代企业制度这个方向发展。就战略管理本身而言，需要解决如下几个问题：第一，发展与市场经济体制相适应的战略管理。目前，很多企业仍然是计划经济体制下的思维方式，仍然是眼睛盯着政府，忽略市场的作用，不能适应市场的要求。这个问题的实质是处理好企业内部条件与外部环境的关系。第二，处理好主营与兼营的关系。这里涉及专业化与多样化、单一经营与多种经营的发展关系问题。第三，处理战略管理同业务管理的关系。业务管理即具体的管理工作应该以战略管理为指导，但战略管理又必须落实到具体的业务管理过程之中。战略管理不能落空，成为不可捉摸的空洞口号。有了战略管理，还必须扎扎实实地做好企业各项管理工作。企业就是实干，就是行动，就是具体，就是细节，再好的战略没有细节也不行。第四，处理好战略管理中的制度建设与人的因素的关系，说到底是对人本管理，即以人为核心的管理怎么理解的问题。

以人为核心的管理应该重视三个方面的基本内容：第一，人的素质是决定战略管理的关键。第二，要有团队精神，要有企业文化。企业不应该搞个人英雄主义，不提倡突出个人。企业应该表扬具有团队精神的人，不要片面突出个人。单纯树立几个标兵是计划经济体制下的做法，市场经济强调企业所有个人的团队精神。第三，人的作用体现在制度建设上。制度与人的关系，我认为，制度是永恒的，人是暂时的；制度是持久的，人的作用是有限的；但人又是非常重要的，因为制度是由人来制定、由人来实施的。所以，制度与人的关系体现在两个方面：第一，制度是永恒的、延续的，人是暂时的；第二，制度是人来制定的，人来执行的，问题在于如何处理好这两个方面的关系，不可偏废。从总体上来看，中国企业管理上的问题是制度混乱、人的素质跟不上，这两个方面的因素都有，再加上这两方面的关系没有处理好，导致企业战略管理制定与实施过程中一些问题的出现。

另外，民营企业发展的一个关键问题是，怎么发展、怎么壮大，这里面有股权问题，即怎样突破个人股权的局限性，实现同生产社会化相适应的股权社会化；还有就是由谁来制定企业发展战略，民营企业也存在这个问题。

（原载《管理评论》，2003（6））

● 企业制度与企业管理

一、企业制度与企业组织形态

对中国企业管理来说，企业制度是一个基本问题和前沿课题。中国企业管理与世界企业管理的差距，主要是制度性的差距，不是一般的管理方法上的差距。几十年来，中国抓企业管理，主要是靠推广管理经验和管理方法来解决。这种做法走到了今天有很大的局限性，主要是因为中国企业管理需要制度性的转变，首先需要解决在市场经济条件下企业制度如何划分的问题。

1. 企业制度划分的依据及形式

（1）企业制度划分的依据。企业制度划分是我国目前尚未解决的一个理论问题、法律问题和实践问题。我认为，企业制度划分的法律标准是依据企业资产所有者形式的不同来划分企业。

在中国要破除传统计划经济体制划分企业的四大标准：

1）破除按所有制划分企业的标准。把企业按照所有制划分为公有制企业和私有制企业，为企业打上“姓资”“姓社”的烙印，这是与市场经济规律背道而驰的，无形中造成了企业在市场竞争中的不平等，不利于企业的市场行为。所有的企业在法律面前都是平等的，如果按所有制来划分，就使企业地位有高低了。

2）破除按行政条条划分企业的标准。我们每个企业都有隶属关系、主管部门。但是部门分割、部门林立、条条专政这些现象终归要取消的，以后的企业就没有隶属关系，没有主管部门。公司将来要面对的是市场，用法律来管它，市场经济是法制经济，要形成依法治国的观念。

3）破除按行政块块划分企业的标准。我们每个企业都受行政块块的约束，现在中国企业的行政块块导致地区分割、保护落后、“诸侯经济”，地方保护主义盛行。市场经济应是全国统一的大市场，更是全球化的市场，而不是分割的。企业以后没有行政块块，企业不属于哪个政区，它可以跨地区、跨部门、跨行业从事经营活动。

4）破除按行政级别划分企业的标准。严格来说，企业没有行政级别，现在级别是暂时的、是过渡的，迟早要取消。尽管中央已经提出今后企业和企业领导人不按行政级别来划分，但实际的一些做法，比如干部调动，却仍然依据行政级别，如果不打破这一套计划经济体制下按行政级别划分企业的做法，企业就很难适应市场的要求。市场经济提倡职业的观念，经理是一种职业，医生、教授、技术人员都是一种职业，每个人在这个职业上创造成就就是最大的成就。

我们要按照市场经济体制下的标准来划分企业，即按照企业资产所有者形式的不同来划分。按照企业资产所有者形式来划分，基本上可以分为三类企业：个人独资企业、合伙企业、公司。这是21世纪中国企业制度的三种基本形式。

（2）21世纪中国企业制度的三种形式。这三种企业的根本区别就在于企业资产所有者形式不同：1）个人独资企业的资产归个人所有，由此产生的利益归其所有，风险也由其承担。个人独资企业在中国的意义，首先在于解决了一个财富创造机制、财富积累机制的问题。如果不承认个人价值、个人财富、个人利益，社会发展的基本动力将是非常脆弱的。所以，个人独资企业不能仅仅看做是拾遗补阙、无关紧要的，应以长期社会发展战略的眼光来看待个人独资企业的战略意义。2）合伙企业由若干合伙人出资，因此合伙企业的资产所有者是合伙人。合伙企业对于搞风险投资、发展高新技术产业很有优势。我们现在有两方面状况：一方面有技术无资本；另一方面有资本没项目。在这两种情况下，合伙企业就是一个很好的企业制度，在中国应该得到大的发展。3）公司是两人或两人以上集资组成的法人企业，因此公司资产所有者形式是两人或两人以上，而且是集资组成了法人企业；公司实行有限责任制度；公司实行所有者与经营者分离的制度，所有者是股东，经营者以经理为代表；公司必须建立法人治理结构。

国有企业改革的方向是建立现代企业制度，具体说就是对国有企业进行公司制改造，要解决如下问题：

1）国有企业公司制改造必须改成两人或两人以上出资的法人企业。我们现在大量的国有企业改成国有独资公司，这是很不规范的，它只是国有独资企业的翻版。

2）把若干国有企业拼凑成一个所谓的有限责任公司，这也是不规范的。我们从80年代中期就开展了所谓国有企业之间相互持股的做法，而且把它作为股份制企业的一种，所以股份制企业这个概念也很混乱、不规范。

3）把几十家国有企业、集体企业拼凑成一个集团公司，这种集团公司里面全部都是国有独资企业和集体企业，实际上都是国有资产，这种集团公司也是不规范的，需要进一步改制。

国有企业改成公司，又有以下几种方案：

一种是整体改为公司。我的看法是有效益的国有企业先改为公司。但是有效益的国有企业改为公司之后，政府认为应该把利润交给政府，企业职工认为企业能发工资能发奖金为什么要改，企业领导人又想要保持相对的稳定，因此，一般有效益的企业改制动力不大。但是如果等企业没有效益时再改为公司，就没有人愿意投资、出资了，因为改成公司至少要吸收一个新的股东进来，所以说有效益时就要改为公司，这是第一步。

整体不能改成公司的，我认为可以切块改制，但切块改制当前最大的问题就是当它改为公司时，比如改为上市公司，这一公司与其母体的关系相当混乱复杂。我认为改制之后，一定要规范母公司与子公司的关系。

如果整体改不成公司，分块也改不成，则可以出售，改为个人独资企业或者合伙企业。现在全国有很多这样的例子。

如果以上方案均不可行，我认为可以先改为股份合作制企业，把它作为过渡形式，因为股份合作制企业现在也面临着很多新问题。股份合作制企业与国有企业相比有进步意义，但时间长了，股份合作制企业会产生两个矛盾：一个是全员平均持股，造成新的平均主义，现在国有企业和集体企业的内部平均主义思潮就比较突出，搞市场经济，就要承认差别，承认效率优先原则，所以股份合作制企业的全员平均持股受到挑战；第二个问题就是一个人两个身份，既是股东又是职工，企业由职工股东会议决定重大问题，但是职工股东会有两个缺陷：一个是由职工股东会选举企业的厂长、经理，不能把能人选上来而是会把老好人选上来，因为职工投票主要看候选人对他如何。我认为企业的厂长、经理只能聘任，而不能搞职工民主选举，也不能由政府行政任命。另一个缺陷是由职工股东会表决重大问题，一开职工股东会时，他们比较关心的是眼前利益，诸如奖金、福利之类的问题，一旦涉及每个人的切身利益时就会争执不休，没有人考虑企业的长远发展，最终的结果是为眼前利益把企业吃光分光，没有长远发展后劲。所以股份合作制企业还面临着二次改制的任务，要改为公司制。

公司制与股份合作制有两个区别：第一，公司制不要求一个人两个身份，公司制是职工和股东分开的，股东不一定是职工，职工也不一定是股东。第二，股份合作制改成公司，股东持股差距必然拉大，而且公司的最高决策机构是股东会或股东大会，不是职工大会。

2. 企业的组织形态

（1）企业组织形态的分类、特点及作用。企业组织形态主要有三种：1）小企业，包括个人独资企业、合伙企业以及某些小型公司。2）大企业，其典型代表是公司，但并非所有公司都是大企业。一般来说，股份有限公司规模大一些，有限责任公司多是中小企业，因为其股东人数受限制，法律上既有下限又有上限。股份有限公司股东人数不受限制，集资范围也较广，集资额大，把社会分散的游资集中到企业中，形成规模效益。3）大企业的变形体，包括企业集团或企业联盟。

这三种企业形态有各自不同的特点。比如，小企业比较灵活，美国每一天都有成千上万的小企业倒闭，但也有成千上万的小企业兴起。小企业可以适应市场变化的要求，但有弱点，力量单薄。大企业规模效益好，实力雄厚，但大有大的难处。这些不同形态的企业之所以能生存和发展，其基本原理是利用了各自的优点，克服了各自的缺点。

这三种企业形态各有各的作用。小企业的作用主要有：第一是繁荣市场，小企业能否生存与发展，关键在于找准市场定位。第二是有利于解决就业问题，小企业是解决就业的蓄水池。在美国，中小企业提供的就业机会占到了服务业的 60%，制造业的 50%，工业的 70%，而在我国，在中小企业就业的人数达 1.07 亿人，占全部工业就业人数的 83.2%，而资产仅占全部工业企业规模的 48.2%，实现了全国工业企业74%的销售收入。第三是小企业有利于增加国家的税收。第四是企业家产生和成长的场所。第五是小企业可以跟大企业配套，大企业的业务可以分包给小企业，实现成本节约。大企业的作用主要有：大企业有利于社会化大生产的形成，提高专业化协作水平；大企业可以做到生产与科研的结合，有利于科学技术的创新和发展；大企业有利于资本运作的形成，使产业资本与金融资本有机结合。企业集团和企业联盟是在大企业基础上发展起来的，也有自己的作用，它们可以实现在竞争中合作，在合作中竞争。

（2）我国企业组织形态的状况。我国将年销售收入在5亿元以下的企业称为中小企业，5亿元以上的企业称为大型企业。截止到1999年底，我国共有中小工业企业792万户，在所有大中小工业企业中，中小企业的销售收入占了54%的比重，就业人数的比重更是达到95%。

但是这样一个数目庞大、作用举足轻重的队伍，其成长与发展却长期面临种种制约。中小企业要成长发展必须打破两个框框，一个是所有制的框框，另一个是行政级别的框框。按照所有制划分企业的做法实际上对中小企业的发展是不公平的。应该不论所有制，所有的政策法规对各类企业都一视同仁，促进各类企业在市场中公平竞争，在竞争中求得发展。按照行政级别划分企业的做法对中小企业也很不公平，因为中小企业的行政级别很难上去，社会地位因此不高，无法得到公平发展。

中小企业在发展中除了要打破以上两个框框的限制外，还面临着种种困难亟待解决。其中最突出的就是融资难。美国中小型高新技术企业的发展，在很大程度上得益于美国有专门的为高新技术和新经济企业融资的纳斯达克市场。而目前，我国对公司上市仍然有严格的限制。除了要求连续三年盈利以外，5 000万元资产规模的要求对大多数中小企业来说门槛相对较高。与国有大型企业相比，中小企业获取银行贷款更难。在中小企业的发展中，另一个问题就是人才问题，由于传统的国有企业是按行政级别划分的，习惯了计划经济的中国人，大多愿意选择级别高的国有企业，与中小企业人才短缺的局面形成强烈反差。

（3）三种企业组织形态的发展思路。政府对这三种企业形态的政策应是不同的。特别是对大企业，更多的是监督，对小企业多采取扶植支持态度。例如，美国联邦政府没有太多的工业管理机构，但有一个机构叫小企业管理局。这个机构帮助小企业发展，使小企业获得贷款。美国对小企业有专门贷款，低息，条件优惠。英国现有企业 1 400 多万家，小企业占 80% ～ 90%，而真正的公司形态只占 10% ～ 20%，跨国公司数量有限。这三者相互补充、相互促进，如果小企业都被挤垮了，对大公司也不利。

中小企业的发展水平，是市场经济体系完善与否的重要标志。因此，需要将大企业的强项与中小企业的强项结合起来，利用中小企业灵活的机制，加上大企业原有的技术基础、管理技能和技术人才，把国内的市场和国际的市场结合起来。

（4）现代企业的内容及形式。关于现代企业，不能简单地以企业组织形态作为判断的标准。实际上，小企业、大企业都可以成为现代企业。国内现在研究现代企业制度有种偏向，似乎都要搞成大公司，这不现实。当然，讲到小企业时，不能把它与传统的“小土群”概念等同起来，认为它们都是落后的、杂乱的、全能的。过去的“小而全”“大而全”都影响企业的效益。因此小企业也应该是专业化程度高、技术水平高的企业。小企业本身并不能代表它是先进的还是落后的，它只是一种企业组织形态。因此小企业可以是现代企业，大企业不一定都是现代企业。

现代企业的内容有两个轮子：一是现代技术；二是现代管理。建立现代企业制度，产权清晰，财产关系明确，当然是重要的。但是，现代管理也不能忽略，不重视管理，我们仍会很被动。现代企业不是固定的概念。“现代”随着时代的发展赋予它新的内涵。所以，我们对现代企业的理解不能僵化。

现代企业的主要形式，一是跨国公司，二是小企业。因为如果仅仅是一般公司，要么不具有小企业的灵活性，要么不具有跨国公司的规模和实力。中国要建立现代企业制度，一要发展跨国公司，二要重视小企业的作用。我们必须有一批大的跨国性的公司在国际市场上显示出实力。市场竞争是实力的较量，科技的较量，人才的较量，而所有这些都必须融合在一个企业里面。所以，要使中国经济发展，人民生活提高，跨国公司必须发展，但不可能把所有公司都变成跨国公司。应重视小企业的作用，它能满足广大市场的需求，也可以补充配合跨国公司的发展。

二、企业制度和组织形态与企业管理的关系

企业管理在企业中具有重要的地位，它是企业永恒的主题，是企业效益的源泉之一。当前，中国企业管理的加强和完善要注意与企业制度和组织形态结合起来。

1. 企业管理要和企业制度结合起来

企业按照资产所有者形式的不同划分为个人独资企业、合伙企业与公司。企业管理制度建设要与这种划分联系起来，即不能笼统地讲企业管理，而要看企业是什么样的产权制度。比如个人独资企业，可以搞家族管理；而合伙企业管理制度则是合伙人商量着办，所有者与经营者不分。企业管理制度必定与产权制度有关，产权是前提，离开了产权讲管理，管理就是抽象的。若是个人独资企业或合伙企业发展为公司，则需要按公司制度的要求进行企业管理。

中国企业目前一大问题就是国有独资公司或国有控股公司的管理上不去，根本原因在于一股独占或一股独大，所以产权要多元化或分

散化。产权多元化的方向包括实行经营者持股和技术人员持股以及必要的职工持股，形成新的利益主体。产权分散化是要减少国有股的比重。我们现在的国有企业管理本身目标不明确，因为它不是一个利益主体，不知为谁管理。因此，管理制度要和产权制度紧密联系，而且产权制度是前提，是管理的动力。

2. 企业管理制度的建设要与企业组织形态结合起来

如前所述，企业组织形态可以分成三大类：一是小企业；二是大企业，以大公司为代表；三是企业集团或企业联盟。企业集团是中国的称谓，国外称作跨国公司。中国的企业集团应该瞄准跨国公司来发展。跨国公司的管理与小企业管理不同，这是差别很大的不同企业形态。企业联盟是在跨国公司基础上的结盟，它在竞争中有合作，在合作中有竞争。我们研究竞争与合作应该考虑企业组织形态的不同。小企业面临激烈的竞争，但是小企业发展到跨国公司之后，其管理就要讲究合作，否则会受到损失。因此，我们不能把双赢原则、竞争、合作等都套到所有企业的管理中，那就忽略了企业组织形态的区分，要依据企业组织形态采取不同的企业管理制度。

3. 企业组织制度是管理制度的保证

要搞好企业管理制度，企业组织制度至关重要。组织和管理这两个概念是相互联系的。过去把组织作为管理的一个职能，是管理的四大职能（即计划、组织、指挥、控制）之一。现在实际上组织越来越重要，因为你有什么样的组织制度，就有什么样的管理制度。组织是保证，因为企业的管理再好，如果没有组织制度来保证，这个企业的管理还是搞不好。我们的企业现在最大的问题是组织混乱，责任不明确。

企业组织制度有诸多异同。个人独资企业的组织，个人说了算；合伙企业的组织是合伙人说了算。公司的组织制度相对比较复杂，我认为现在要解决两个问题：第一是公司组织结构要合理，最主要的是公司是法人，公司内部单位不是法人，不能搞二级法人、模拟法人、委托法人。如果是集团公司，那么母公司与子公司之间的管理是法人与法人之间的关系，但不能叫一级、二级、三级，因为法人没有行政级别。第二是要建立规范的公司组织机构，也就是法人治理结构。这样公司才有股东会或股东大会，选举产生董事会，董事会聘任总经理，但这种治理结构不能搬到个人独资企业中。公司法人治理结构最重要的一个问题是要解决公司外部四种人和内部四种人的关系。外部四种人包括客户、债权人、政府、社会公众；内部四种人包括股东、董事、经理、员工，这是八个利益体。管理的实质就是协调这八种人的利益关系，保持一种利益的平衡，这样企业管理才能稳固下来。侵害任何一种人的利益，企业管理都是不成功的。

三、企业管理制度与人本管理

人本管理是以人为核心的管理。但在一些国有企业管理中，“以人为本”建立在抽象的人性论的基础上，高悬在半空中，忽略了人的利益、物质等需要，这种人在现实中是不存在的。以抽象的人性为基础来研究管理问题是没有基础的，因为市场经济是建立在个人基础上的，即个人利益、个人财产、个人责任、个人风险、个人权利的基础上。国外企业管理中强调以人为本，并不是讲抽象的人，而是建立在一种制度的基础上，包括责任制度、利益制度、激励制度、约束制度等等，并由此产生了一系列的理论，如 X 理论、Y 理论。

要处理好企业管理制度与人本管理的关系，需要强调以下几点：

1. 人本管理的关键是提高人的素质

人的素质是决定企业管理工作好坏的因素。人的素质包括企业内部的各类人员在观念、文化、技能和行为等各个方面均能适应市场经济的要求。企业要拥有一批高素质的人才，特别是要形成一批具有市场经济素质的企业家，倡导企业家精神，应该具有责任感、成就感、敢于开拓、要有风险意识、讲究信用等。

提高人的素质的方向是按市场经济规则提升人的素质。目前选择国有企业经理人的标准仍然停留在计划经济时代，不适合市场经济。市场经济下的人的素质最重要的特质包括：第一是诚信，包括诚实、不欺骗、忠诚老实。第二是敬重，最主要的是尊重别人，容忍差异，用比较平和的方式解决管理中的争议和冲突，宽以待人、严于律己，取人之长、补己之短。第三是责任，管理要强调每个人做好本职工作。管理者要带头，要强调自控自律，要谨慎可靠。管理不能离开责任。管理是通过别人做好工作的过程。管理者是对别人工作负责的人。推脱责任的人不是好管理者。管理者不能将功劳归自己，把利益归自己，责任归别人。第四是公平，管理要照章办事，不存偏见，不推诿过失，要倾听别人意见。第五是关怀，包括善良、热情、宽容、助人。第六是公德，强调参与，要和睦，要尊重年长的人，要遵纪守法、保护环境。

总的来说，管理应该讲究对每个人素质的培养，使之自立、自重、自尊、自强、自律。自立，就是要有自主意识，自己动手。自重，就是要强调自信心，要有确定目标的能力，要有承担风险的能力。自尊，就是要有责任心。自强，就是要有创新意识、开拓精神和表现能力。自律，就是要讲信誉、信用，具有自我控制能力。以人为本的管理就是要重视个人，要尊重人性、体现个性，以个人素质为基点。

2. 人本管理要强调团队精神和企业文化

企业中所有员工的最高目标应该是企业的利益，不是个人利益。联想集团原总裁柳传志曾经说过："我宁愿要一流的团队，二流的技术，也不要一流的技术，二流的团队。"这是柳传志多年创办企业得出的经验之谈，它完全说明了团队精神的重要性。我们的一些企业搞不长时间就瓦解了，主要是因为没有团队精神，企业中人际关系复杂，离心力大于凝聚力，表现为企业外部没有竞争力。

这里的团队与传统的集体概念不完全一样。传统的集体概念，牺牲了个人利益，完全为了集体利益。这里的团队恰恰是建立在承认个人利益和尊重个人利益的基础上，但是个人利益要服从企业的利益和团队的利益。

团队精神又靠什么？是靠企业文化。目前，对企业文化的认识有很多扭曲的地方，最主要的有两个倾向：一是把社会上的口号拿来变成企业文化，内容雷同使企业文化走了样。二是把它庸俗化了，搞点什么活动、表演、比赛，就称为企业文化。这些虽然也是企业文化，但只是企业文化的浅层表现，不是实质。企业文化最本质的内容是什么？企业文化是为了实现企业目标而提炼的具有凝聚力的全体员工认同的价值观。企业必须要有企业文化，管理没有企业文化是不行的。

3. 人本管理要处理好人与制度的关系

处理好人与制度的关系，是中国企业管理的核心问题。科学制度要由高素质的人来制定，科学制度也要靠人去执行。因而要实行以人为本的管理，但是，人本管理不仅不会削弱制度的威力，恰恰是强调在科学制度的前提下发挥人的作用。制度安排是由生产力决定的，当然制度也要变革，但变革制度不是不要制度，恰恰是为了完善制度，使制度发挥更先进的作用。

人和制度的关系应该是：制度要由人来制定，制度是死的，人是活的。有了好制度，还要靠人执行，所以人是很重要的。但是人需要具备两个素质：一是个人素质好；二是要有团队精神。我们不能离开这两个前提笼统地讲人，否则，这个人是扭曲的。

制度与人的关系还体现在：人是暂时的，制度是永恒的，制度反映在企业管理的每一项工作中。比如产品质量管理工作，它不仅仅是质量管理方法问题，关键是质量管理制度。海尔的质量管理，是制度性管理，是维护一种质量管理制度。人不是机器，人是有思想的，需要用制度来规范人的行为。所以人是暂时的，制度是永恒的、延续的。中国一些企业的老总，在位时将企业搞得红红火火，一旦这个老总离开了，企业的管理就急剧滑坡，这就说明这个老总并不是依靠制度来管理企业的，这种老总不值得表扬。值得表扬的老总应该是其走了以后，这个企业的管理还延续下来。为什么？因为他延续了制度，他不强调个人凌驾于制度之上。任何有才能的人，要把他的精力、才能放在研究建设一个好的制度上，并使其延续下去。企业管理要靠几代人解决，要靠制度延续，而且制度安排是一个决定性的安排。制度设计非常重要，一个企业如果制度不完善、不规范，我们就无法相信这个企业的管理是好的。管理工作好是暂时的，管理制度好是永恒的。

因此，制度与人的关系寓于每项管理工作中，每项企业管理工作都应该既有制度，又能充分发挥人的作用。这是中国企业管理必须解决的一个难题。

四、现代企业制度的内涵及其组成部分

（一）现代企业制度的内涵

现代企业制度是以公司制度为主体的市场经济体制的基本成分，其含义有两层：

1. 现代企业制度是市场经济体制的基本成分

只有建立现代企业制度，才能建立市场经济体制。而要建立市场经济体制，必须建立现代企业制度。两者是不可分割的。如果离开市场经济体制来理解现代企业制度，就不可能建立规范的现代企业制度。因此，现代企业制度决不单纯是企业自己的事情，更不是企业内部的事情。现代企业制度的实质是体制问题，实质是建立市场经济体制。

以对国外市场经济发达国家的研究为基础，结合国内实际情况的考察，我认为，市场经济体制的成分有三个：一是消费者；二是企业；三是政府。建立现代企业制度的实质就是要处理好这三个成分的关系。不久前，有关部门召开会议研究现代企业制度的标准。我认为，现代企业制度的基本标准就是要处理好这三个成分的关系，现在我国实际离这个标准相差很远。围绕这三个成分的关系，下一步我国要着重解决的问题是：

（1）三个成分的定位要明确。

1）消费者是首要的、第一位的成分。消费者的需求反映了社会生产力的发展方向，满足了消费者的需求就促进了生产力的发展；消费者构成了市场的核心，找到了消费者就找到了市场，面向市场就是面向消费者。此处消费者是广义的概念，消费者既包括生活资料的消费者，又包括生产资料的消费者。消费者是相对的概念，在市场经济条件下，企业既是生产者，又是消费者。社会上任何一个人、企业、组织都可以处于消费者的地位。消费者也是发展的、变化的概念。

2）企业是基本成分。企业是社会生产力发展的载体，是创造物质财富的基本单位，搞好企业就能为社会创造更多的物质财富；企业作为供给者与消费者作为需求者之间的关系构成了市场经济的基本关系，市场经济的基本规律是供求关系的规律，企业只有研究供求关系的规律，按照供求关系的变化来建立现代企业制度，才能增强竞争力。

3）政府是不可缺少的成分。政府的作用是两方面：一是制定规则、执行规则，规则包括法律、规定、政策，现代企业制度本身是一种规则，市场经济是一种游戏，要有秩序地进行，必须有一定的规则，市场不能自发地形成规则，只能由政府来制定；二是政府要起到市场和企业起不到的作用，解决企业和市场解决不了的问题，如社会治安、社会稳定、社会保障、社会公平、社会文化、社会教育等问题，对于市场和企业能解决的问题，就应该由市场和企业解决。政府如果解决不好这六大社会职能，会影响现代企业制度的建立，不利于企业集中精力开拓市场，会分散企业的精力。

政府目前存在两大问题：一是该做的事做得不得力，如规则不完善，规则不科学，政出多门，执行规则不严格。现在地方分割、地区封锁、“诸侯经济”相当严重。政府该做的事很多转嫁给了企业，企业承担了很多不应该承担的责任。二是不该做的事又在大量地做。计划经济下的某些政府工作还在延续，对企业的干预很严重。

（2）三个成分的关系要处理好。这三个成分不是孤立存在的，每时每刻都在发生关系。三者的关系用通俗的语言来概括就是：企业围绕消费者转，政府围绕企业转。

企业要以消费者为中心，利用维护消费者权益来建立现代企业制度。现在存在大量侵犯消费者权益的问题，不能完全按照消费者的要求办事，这不是某一个部门的问题，而是整个社会的问题。社会把消费者的利益摆在第一位的时候，企业就正常了。

政府要为企业面向市场、面向消费者创造良好的外部条件。政府围绕企业转，不是围绕企业的内部运营转。政企分开也不是政府和企业孤立存在，没有关系。政府围绕企业转又要避免政府将手伸到企业内部，导致政企不分。中国政企关系是困扰企业的一大问题，不是喊两句口号就能解决的。政企分开是在政府过多干预企业的情况下提出来的。单纯停留在政企分不分开还只是浅层次，关键问题是处理好政府与企业的关系。

2. 现代企业制度是以公司制度为主体的

公司制度是现代企业制度的具体表现形式。1994 年开始进行的现代企业制度试点，就是做一件事，即对国有企业进行公司制改造。现在，国有企业公司制改造取得了一定成绩，但存在一定的问题，最大的问题是公司制改造的形式没有选择好。

（1）公司制改造的形式选择。总的要求是按照公司法来进行。规范的公司制改造的形式基本有三种：有限责任公司、股份有限公司、上市公司。三者的区别就在于对外承担债务责任形式的不同，即有限责任公司承担有限责任，股份有限公司按股份承担社会责任，上市公司按照资本市场的运作承担责任。

形式选择中要考虑以下因素：

1）各种公司形式的优缺点。有限责任公司的优点是比较简单，几个人出资符合出资要求就可以成立有限责任公司。缺点是股东人数受到限制，如果要搞职工入股，就会受到此限制，变通办法是采用基金的形式。有限责任公司是人合和资合结合的公司。

股份有限公司的优点是股东人数不受限制。缺点是公司法对其要求严格，并且要把资本分成等额的股份。股份是公司资本的成分，公司资本要分成等额的股份，每股金额必须相等，股东按股份来出资认购。股份是股东权利和义务的全部表现，因此，股份有限公司是严格的资合公司。股份是股票的价值基础，股票是股份的证券表现形式。

公司制与股份制是两个概念。有限责任公司是公司制，但不是股份制。公司制是指现代企业的组织形式，股份制是指现代企业的资本形式。公司制包含了有限责任公司和股份有限公司，但是有限责任公司的集资形式与股份有限公司的集资形式不同。规范的提法是对国有企业进行公司制改造，包括对国有企业进行有限责任公司制改造。现在中国股份制包括了有限责任公司，有的还认为包括股份合作制，这种提法不科学。

上市公司也称股份有限公司，与一般的股份有限公司的区别就是要到资本市场上公开筹集资金，这也是其最大的优点，另外还可以树立广泛的公众形象。缺点是要求特别严格，企业达不到一定水平不能贸然上市。

三种形式各有优缺点。公司形式的选择不能搞一刀切，要根据自己企业的情况来进行公司制改造，选择合适的公司形式。

2）本企业的实际情况。脱离本企业的实际，则公司制改造可能失败，或走过场而流于形式。

3）国有企业公司制改造是逐步进行的。国有企业可以先改为有限责任公司，待条件成熟，再改为股份有限公司。

（2）国有企业公司制改造中要避免的偏向。

1）翻牌为国有独资公司。大量的国有独资公司是不规范的公司，是走过场。有些地方已经宣布，从现在起不再把国有企业改为国有独资公司，已经改为国有独资公司的，要逐步改造为有限责任公司、股份有限公司、上市公司。当然，极少数的特殊产品、特殊行业的企业可以改为国有独资公司，但问题是国有独资公司太多、太滥，而且这些国有独资公司重蹈国有独资企业的老毛病，存在所谓改制不转制的现象。

2）把若干个国有企业拼凑成一个有限责任公司。某地将当地一家国有企业、省里的一家国有企业、外贸系统的一家国有企业拼凑成一家有限责任公司，现在处于困难的边缘。国有企业相互参股、持股的提法是不规范的。因为国有企业的资产是国有资产，是同一股权。国有企业法人股概念不确切，因为国有企业不是法人，国有企业法人股的实质是国有股。因为机制没有改变，所以状况不好。改成公司制，要有一个新股权进来，投资主体多元化，否则机制不可能改变。有的企业条件不成熟，改不成公司制。改制必须做到股权多元化。

21 世纪的国有企业制度基本上有三种：个人独资企业、合伙企业、公司。国有企业能够改为公司的，尽量改为公司。国有企业公司制改造是国有企业改制的主体，不能改为公司制的，可以卖掉，改为个人独资企业，也可以改为合伙企业。

过渡的改制形式可以是股份合作制，但股份合作制不是终极形式。山东诸城搞的股份合作制现在正在进行二次改制：有的改为公司制，职工持股原来平均化，一人一票，现在将职工之间的持股差距拉大，一股一票。搞得不好的股份合作制卖给了个人，改为个人独资企业，或卖给了几个合伙人，改为合伙企业。合伙与合作是两个概念，前者是资本关系，后者是劳动关系。

（二）现代企业制度的组成部分

现代企业制度是由现代企业产权制度、现代企业组织制度、现代企业管理制度三个部分组成的。现代企业产权制度是要按照公司产权制度的内容解决国有企业产权不清的问题，实现产权清晰的要求。现代企业组织制度就是要按照公司组织制度的内容来解决国有企业权责不明的问题，实现权责明确的要求。现代企业管理制度就是要按照公司管理的内容来解决国有企业管理落后的问题，实现管理科学的要求。1993 年 6 月我向国务院委托国家经贸委成立的“现代企业制度课题组”作的专题报告中讲到了这三个组成部分的内容。

1. 现代企业制度三个部分内容之间的关系

（1）相互联系：任何一个部分的内容都不能离开其他内容而孤立存在；

（2）相互补充：任何一个部分的内容都不能取代其他内容；

（3）缺一不可：缺少任何一部分内容都不能建立现代企业制度；

（4）统一整体：要将这三个内容统一起来，才能形成整体的现代企业制度概念。

要处理好以上三个部分内容的关系，不是件容易的事。从现代企业制度试点以来，有过一些曲折、反复。1994 年以前，国有企业改革从未涉及产权制度。1994 年，中央文件谈到要进行产权改革，有人就认为产权是唯一的问题，解决了产权就可以解决国有企业的所有问题，但我认为三个部分缺一不可。1996 年底 1997 年初，因为 1994 年产权改革到了 1996 年出现国有资产流失问题，另外产权是一个敏感的问题，所以有的地方就出现了只提管理、不提产权的偏向，但我认为中国大面积的产权改革出现一定问题是不可避免的，不能因为出现了一些问题就回避产权问题。1997 年 9 月十五大报告中重申要重视产权制度，而且国有资产可以出售。2000 年上半年，中石油和中石化改制时，我讲到三部分内容具体化，这就是“产权是前提、组织是保证、管理是基础”。2000 年 5 月中国石油工业出版社出版我的《国有企业公司制改造》一书中就谈到了这个问题。

所谓产权是前提，是指产权涉及人们的财产关系，利益关系，是管理的动力。不解决产权问题，管理就没有动力，管理就搞不好。组织是管理工作的保证，因为组织涉及分工与协调，要落实产权制度的内容，分工要明确，协调要有效。管理是基础，因为管理涉及大量的日常性基础工作，是每时每刻要涉及的问题。

2. 产权清晰、权责明确、管理科学与政企分开的关系

现阶段我们研究企业管理是在建立现代企业制度这个企业改革的总体方向上进行的，现代企业制度的基本内容就反映出了以上三方面的关系：“产权清晰”（产权制度要解决的问题），“权责明确”（组织制度要解决的问题），“管理科学”（管理制度要解决的问题）。另外，“政企分开”是以上三部分的起点。政企分开是产权清晰、权责明确、管理科学的总要求，没有政企分开，企业产权就不清晰，企业内部权责利就不能明确，企业科学管理就更无从谈起了。产权清晰、权责明确、管理科学是政企分开的具体表现，如在产权制度方面表现为政资分开，即国有资产管理的政府行政机构与国有资产经营的股东机构分开；在组织制度方面表现为企业要有自己独特的组织机构和组织系统，不能套用政府的机构设置方法；在管理制度方面则表现为适应企业特性的科学管理。

实现政企分开，要进行两方面努力：一是政府本身要努力，转变政府职能并精简与改革政府机构，做到政企分开；二是企业不能等待，要努力促进政企分开，也就是要从产权、组织、管理制度上进行改革。企业不能被动消极地等待，政府改革总体上是滞后的，跟不上现代企业制度的要求。

（三）建立现代企业制度要解决的问题

1. 建立现代企业产权制度要解决的问题

（1）股权多元化。从公司形式上说，要选择股权多元化的公司形式，基本是三种：有限责任公司、股份有限公司、上市公司。要避免国有企业之间相互参股组成的所谓“公司”，这样仍然是股权单一化，不是股权多元化。

从公司内容上说，股权多元化就是除了国有股权之外，要吸收新的股权。新的股权形态包括：一是以自然人为主体的股是公司外部的自然人，也可以是公司内部的自然人，公司内部可以搞职工入股、职工持股、技术人员持股、经营者持股。二是以法人为主体的股权形态，如证券投资基金、风险投资基金、创业投资基金、产业投资基金(如投资铁路、航空、航天)、机构投资者等基金形态。美国上市公司60% 以上的股权都是法人持有。三是外资的股权形态，将来外资大量的要走股权投资的形态，现在外资主要以合资的形式存在，存在很大问题，将来要规范。

（2）股权分散化。中国国有企业改制的上市公司虽然做到了股权多元化，但 1/3 以上的上市公司业绩不佳，问题包括：上市公司资产剥离不规范，改制未能有效进行，法人治理结构不规范，管理存在问题等。造成这些问题的根本原因是上市公司中国有股比重过大，导致一股独大，机制不能适应上市的需要。目前，1 000 多家上市公司中国有股的平均比重为 65% 以上，实践证明，上市公司国有股比重越大，效益越差。效益好的上市公司，一般不是国有股控股。

上市公司在做到股权多元化的同时，要做到股权分散化，股权分散化就是要减少国有股的比重。国有股减持是一项复杂的系统工程，需要时间，需要耐心，需要实践，需要探索。国有股和国有法人股的全流通是国有股改革的方向。要解决流通股与非流通股的股权分置问题。我认为，第一步可将国有股比重从现在的平均65%减到30%左右或更少一些。国际上，控股的大股东的比重也在趋于降低。股权分散化可以避免某个大股东操纵公司，建立良好的机制，在中国还可以避免政企不分。合理的股权结构是若干个（如三五个）大股东再加上众多的中小股东，而且大股东之间避免过分悬殊。

（3）要明确国有股的股东，建立国有资产的出资人制度。国有资产的突出问题是国有股的股东不明确，国有资产的出资人缺位。方方面面的政府机构甚至一些社会机构都可以宣布它代表国有股。这个问题涉及国有资产管理体制的改革，是一个系统工程，非常复杂。

在国有资产股东不明确的情况下，有四句提法：国家所有、分级管理、授权经营、分工监督。但这本身就是股东不明确的表现，含糊不清。因为国家是一个虚拟体，分级管理后哪一级政府都有权管理，而且授权经营的环节太多，结果还是无人负责。

要解决这些问题，必须立法，颁布国有资产法。国家抓100多家大企业，但是管理权力分散，各部门分别管理一块，肢解了股东权利，最后只有派驻稽查特派员，这只是过渡方法，很快就改为外派监事，但外派监事也只是查账，因为他不是股东。

（4）要实行股东所有权与公司法人财产经营权分离的产权制度。总的来说，要实行股东所有权与公司法人财产经营权分离的制度。所有者与经营者的分离是公司制度的基本特征，首先表现在产权的分离。股东拥有所有权，公司拥有法人财产经营权，这是规范的公司产权制度的基本内容。

现在问题是国有股的股东与公司法人的关系没有处理好。深圳和上海建立了国有资产的股东制度，但是国有股的股东与公司法人的关系也没有处理好。深圳和上海的国有资产管理制度有三个层次：一是政府；二是国有资产的股东机构；三是企业。政府不直接干预企业，但是，问题是企业对国有股东不满，认为是婆婆加老板，是“二政府”。

股东所有权表现在：一是投票权，投票选举董事的权利、投票表决公司重大问题的权利；二是分红权；三是转移权，股东不能退股，但是可以转移；四是认股权，公司一旦发行新股，原有股东拥有优先认股权，防止公司脱离原股东，从而稀释股权；五是知情权，股东有权知道公司一切信息、情报、情况。

公司法人财产经营权表现在：

一是公司拥有独立支配法人财产的权利，因为公司法人是独立的，独立于股东，以公司法人财产对法律负责，不能将股东凌驾于公司之上。单纯强调国有控股公司是不确切的，实质上是国有股东凌驾于公司之上。

二是公司拥有统一支配法人财产的权利，这是公司与合伙企业的重要区别，股东拥有原始产权，即所有权，公司拥有派生产权，即法人财产经营权。

三是公司法人拥有价值形态和实物形态相结合的经营权，可以去购买材料、招工人，生产产品，出售后再转为价值形态的财产，因此，公司法人可以进行产权流动、资产交易、资产重组、资本运作，而股东只拥有价值形态的股权。保值增值的概念应该在流动中实现，不动不等于保值，而现在看保值只从账面上看，这不合理。

四是公司法人拥有股权与债权相结合的支配权利，股东只拥有股权。公司法人可以以股东的股权为基础去举债经营，股东不得直接干预。资产与资本是两个概念，资产是公司法人的财产，资本是股东的股权。国家对国有企业混淆了投资与贷款的界线，如国有资产投资某项目，过去是无偿全部拨款，但从拨改贷后，国家不投资或少投资，而是让企业去银行借款，项目经营得好，除了交税之外，国家还拿走利润，经营得不好，由企业承担债务。实际上，企业拥有决定是否借款的权利。

五是公司法人拥有税后利润的分配权。税后利润可以分为公积金、公益金、股东分红。股东拥有分红权，但分不分红，分红多少，由公司法人决定，不能由股东自己决定。美国上市公司对税后利润的分配要保证每个股东都有分红，公积金提取比例取决于来年上项目的情况。上项目时首先考虑内部资金来源，包括利润留成和折旧提成，二者一般不少于项目投资的 60%；其次是发行债券或向银行贷款，一般占 30% 左右；再次是发行新股，比重不超过 10%。

总之，国有企业改制为公司后，必须做到政企分开，政资分开，股东与公司法人分开，投贷分开，税利分开。只有做到这五个分开，企业管理才能走上健康的良性发展轨道。

2. 公司法人治理结构要解决的问题

在公司实行所有者与经营者分离之后，如何从组织制度上处理好所有者与经营者之间的利益关系，是公司法人治理结构要解决的问题。

在国外，公司法人治理结构要解决的主要倾向就是防止内部人控制。内部人控制就是董事串通经理和员工来牺牲股东的利益，为这些内部人创造利益。美国公司突出的问题就是董事、经理的薪金过高，与股东的收益不相称。现在，国外公司正采取各种措施，对内部人控制实施反控制。

在中国，要建立和规范公司法人治理结构相对复杂得多。首先，也要防止内部人控制；其次，中国上市公司更严峻的问题是国有企业改为上市公司后，所有者与经营者不分，政企不分，这是导致中国公司法人治理结构不规范的主要原因。具体地说，我国在建立公司法人治理结构过程中，主要应解决以下问题：

（1）维护股东的利益。最主要的是建立公司股东机构，在我国就是建立股东会、股东大会。非上市公司建立股东会，上市公司建立股东大会，两者性质相同，都是公司最高的权力机构、决策机构。股东的权益在股东会、股东大会上得到维护。

（2）平等地对待所有股东。国有企业公司制改造后，应该实行股东多元化、投资主体多元化。股东不分大小、不分当地股东和外地股东，一律平等。在股东地位平等方面要解决的问题是：不按所有制划分股东，不按姓社、姓资划分股东。我国现在划分为流通股、非流通股、个人股、国有股、外资股、法人股、A 股、B 股、H 股，这种划分不规范，要在以后加以解决。

国际上非常重视平等对待股东。美国的法律要求上市公司重视两类股东：1）小股东，避免大股东操纵公司，以损害小股东利益的方法获取自己的利益，如采用累积投票法（cumulative voting）。2）外国股东。美国是世界投资环境最好的地区之一，是吸引外资最多的国家。

（3）处理好公司内外利害相关者之间的利益关系。外部的利害相关者包括客户、债权人、社区、政府。公司要维护客户的权益，按时还债，同时要对公司所在的社区负责，不能破坏、污染所在的社区。公司要对政府按时交税，做政府的好公民，遵纪守法。公司处理好同利害相关者的利益关系，就会给公司发展创造良好的外部条件。内部的利害相关者包括股东、董事、经理、员工。

公司是以上八类利害相关者的利益的平衡体。公司损害了任何一类人的利益，都会最终受到损失。

（4）维护公司信息的透明度。信息透明度是公司制度的一项重要原则。所有者与经营者分离后，会导致所有者与经营者的信息不对称。所有者出资后，公司交给经营者经营，公司经营活动的信息掌握在经营者手中，所有者不直接掌握信息。信息不对称可能导致经营者对所有者隐瞒信息。因此，公司必须明确规定，经营者不得对所有者隐瞒信息，不得黑箱操作。现在国有企业改成上市公司后，发行股票很积极，拿了几十个亿，但是拿到资金后就改变资金用途，重复原来国有企业对政府的那一套。信息透明要按照公司法的要求进行。非上市公司要拿到股东会上披露，上市公司要定期公布财务数据。公司商业秘密之外的信息，都应该披露给公司相关者，包括股东、客户、债权人、员工、政府、社会公众等。

（5）发挥董事会的作用。

1）董事会的作用。公司法人治理结构必须建立董事会。董事会的作用在于：董事会是公司法人的代表，董事长是法定代表人。但是要明确，董事长的法定代表不是个人行为，而应视董事会这一组织机构是公司的法人代表。

公司是法人是指公司组织体在法律上的人格化。法人是没有生命的概念，必须落实到有生命力的个人身上，但董事长是代表董事会机构的。除了董事长之外，还可以由董事会确定一个或两个董事作为公司的法人代表，他代表公司进行贸易谈判，他的行为由公司负责。但不是每一个董事都能代表公司。

2）董事会的职权。董事会的职权有两方面：一是董事会拥有公司法人财产经营权。法人财产是股东出资后，公司进行注册的财产。二是董事会拥有公司重大经营活动的决策权，如市场决策权、投资决策权、技术决策权、财务决策权、人事决策权等。

3）如何发挥董事会的作用。

第一，董事的素质决定了能否发挥董事会的作用。首先，结合中国的实际，董事应该是股东利益的代表。其次，董事应该具备企业家素质。企业家精神归纳起来是创新意识、开拓精神。再次，董事应该具有管理学和经济学的理论基础和相关的专业知识。最后，董事应该具有决策能力，应该敢于决策、善于决策，对决策承担责任。

第二，董事会的结构要合理。首先，董事会的人数要恰当，不能太少，也不能太多。要在公司法规定的范围内确定公司董事会人数，同时，要根据公司实际情况确定，不能变成荣誉机构，不能成为照顾机构。其次，要增加外部董事、独立董事、非执行董事的比例。现在有的董事会全部都是执行董事，在公司内部担任具体业务工作，开董事会将自己的业务拿到会上争吵，对重大问题讨论不足。

第三，董事会要实行集体决策原则。好处在于：一是科学决策，因为集体决策的信息量大；二是民主决策，集体决策可以集思广益。做到集体决策，首先要求每个董事要敢于决策、善于决策。其次，董事长要尊重每个董事的决策权利，避免垄断决策。董事长与董事是民主的关系，平等的关系，是一票的关系，不是领导与被领导的关系。

第四，要处理好董事会与股东会、股东大会的关系。两者的关系是委托信任的关系，就是股东出于信任，通过股东会、股东大会选举董事组成董事会，股东会、股东大会委托董事会来行使公司的法人权限。因此，董事会对股东机构负责，两者之间是组织关系，不是对个人负责。任何股东无权指挥董事的行为。股东对董事有意见，要通过股东会或股东大会提出，按照少数服从多数的原则决定。董事无须向某个股东汇报工作。国有独资公司不可能建立规范的董事会，由若干个国有企业拼凑的有限责任公司也不可能建立规范的董事会。建立规范的董事会的前提是公司的形式选择要规范。

股东机构与董事会不是领导与被领导的关系，因此，任何股东无权直接对董事发号施令。公司称为组织制度，不称为领导制度、领导机构、领导班子。如果股东直接干预了董事会，董事会就名存实亡。

（6）发挥经理机构的作用。

第一，经理机构必须单独设置，不能与董事会等决策机构混合。单独设置有利于维护董事会的决策职能，董事会不受经理机构的干扰，否则，就削弱了其决策职能。单独设置也有利于董事会决策执行的坚定性、彻底性。经理机构的职能就是执行董事会的决策，决策与执行分开可以保证决策的独立性和执行的有效性。

厂长负责制的缺陷是含义不清，这是其制度缺陷。厂长是负决策的责，还是负执行的责，含义不清，结果是既不负决策的责，也不负执行的责。厂长担心决策有缺陷，找几个人开碰头会，并且人员随意性很强，决策后还会在执行中任意修改决策。现在国有企业改制后决不能将厂长负责制那一套搬到公司制度中。

第二，经理机构要实行个人负责制。因为经理机构是执行董事会的决策，执行只能是个人执行，集体执行就会无人负责。集体概念只能用于决策机构上，经理机构不能用集体执行。经理机构实行个人负责制，是指以总经理或经理为首的执行机构系统中层层都实行个人负责制，比如说，中层经理也实行个人负责制。

因此，执行机构应实行一元化领导制。领导意味着权力的不均匀分布，只允许领导者领导被领导者，被领导者只能服从领导者。一元化领导意味着一个下级只有一个上级领导，不存在多头领导。经理与副经理的关系是领导与被领导的关系，在经理指挥系统实行直线指挥，保证指挥的统一性。

第三，经理实行聘任制，由董事会聘任总经理。聘任制的好处：一是按照条件来聘任，可以因事设职，因职设人，人事相符，权责相当。国有企业现在是人浮于事。二是有利于人才脱颖而出，可以在更大范围内公开聘任，建立经理人才市场，避免暗箱操作。要实行聘任制，必须取消任命制，任命制导致暗箱操作等各种问题。经理也不能搞选举制，选举就会将一些没有能力的老好人选上，一些有能力的人落选。

第四，经理要实行无任期制。聘任后经理将公司搞得好，可以无限期地搞下去，搞得不好，就要走人。厂长负责制的缺陷就是有四年任期限制，刚来一两年熟悉情况，第三年要做出业绩，需要职工的好评，就努力给职工增加福利。国有企业留下一任一任的问题，绝对是制度问题，因为有任期问题，厂长命运掌握在上级和职工手中，所以厂长必须讨好上级和职工。

经理的无任期制和期权激励就会使经理的行为长远化。经理不实行政府官员的退休制，年龄是经理的必要条件，而不是绝对条件。

第五，要处理好总经理与董事会的关系。董事会与总经理是委托代理关系，董事会委托总经理代理行使公司日常的经营管理工作，在董事会授权的范围内，总经理有很大的权限，可以做出一些小决策。因此，不存在董事会领导总经理的概念，它们之间不是领导与被领导的关系。

所有权与经营权在公司法人治理结构中进行了两次分离，第一次分离就是股东与董事的分离，主要是法人财产权的分离，股东拥有所有权，董事会拥有法人财产经营权，处于经营者的地位；第二次分离是董事会与总经理的分离，董事会作为所有者的代表，有重大问题的决策权，又是所有者的代表。

总经理与董事长应该分开，现在的问题是一些公司两者由一人兼任，这是变相的厂长负责制，最终削弱了两者的职能。至于总经理能否兼任董事，这是无所谓的问题。总经理、董事长不存在谁是一把手的概念，不能将国有企业的一把手、二把手弄到公司中，不存在领导班子一词。

董事兼任经营业务工作的问题很普遍，很多董事兼任副总经理、部门经理，开董事会就讨论具体事务，重大问题无法讨论，另外经理也无法领导这些董事兼任的副经理。因此，总经理应该单独设置，不能由董事长兼任。公司 CEO（首席执行官）就是为了更好地协调董事会与总经理的关系。

以上六项内容归纳起来就是股东机构、董事机构、经理机构的关系。这三类机构的关系就是相互制衡。经理以上的关系是治理，经理以下的关系是管理。治理就是公司组织中的权力结构，这些权力的特点一是分割，二是受约束，没有不受约束的权力。因此，合理的公司法人治理结构有利于权力的约束。国有企业的权力的特点是集中在一个人身上，并且这个人的权力不受约束。

（原载中国工业经济联合会学术委员会编《中国新型工业化道路》，北京，中国经济出版社，2004）

● 企业薪酬激励论略

一、企业经营者薪酬制度的特点及其必要性

企业改革已经进行二十多年了，采取了一系列改革措施，但尚未解决企业的根本问题。企业的根本问题是企业的经营机制，经营机制首先是利益机制，利益机制的根本内容是报酬制度。现在已经到了必须改革报酬制度的时候了。

1. 企业经营者的薪酬制度与原有的工资制度的区别

（1）考核标准不同。以工人为例，工资制度的标准是个体绩效，而经营者的薪酬衡量标准是团体绩效，即企业的整体经营效益。国有企业的问题就是用一个标准衡量所有的人，这用在薪酬上不合适。

（2）发放方式不同。工人工资的发放方式是计件工资和计时工资。而企业经营者的薪酬以年薪计算。工资和薪金是两个词，英文分别是 Wage 和 Salary。薪酬是以年薪为代表的报酬制度。以年薪为发放方式是因为企业的业绩是以年为单位计算的。

（3）范畴不同。工人工资计入成本，经营者的薪金与利润挂钩，与工人工资不是一个范畴。过去企业搞工资总额，这是不科学的。工

资总额确定后，就将经理的薪金和工人的工资对立起来。在薪酬制度下，经理的薪酬与工人的工资没有直接的必然联系。

市场经济条件下的企业工人工资确定的依据有以下几点：1）竞争性工资率。在市场经济条件下，符合企业要求的工人也是企业竞争的对象。工资也要参考竞争企业的出价，即劳动力的市场价格。因此，要建立完善的劳动力市场。但现在国有企业没有确定工资的权力。2）岗位工资。工人的工资要考虑其所在的岗位。岗位是影响工资的一个基本因素。3）劳动生产率。很多企业劳动生产率没有提高，但工资不断增长，这样的企业经常是亏损的。4）生活指数。工资的变动不应该使工人的实际生活水平下降，应该考虑物价上涨的因素。5）企业的财务支付能力。企业的财务支付能力是一条警戒线，工资的发放不应该超出企业的财务支付能力。

2. 企业经营者的薪酬与政府官员工资的区别

（1）来源不同。经营者薪酬是企业自己创造的财富的一部分，企业已经向政府交纳了税款，剩余部分可以考虑向经营者分配。而官员的工资来源于财政收入，来源于纳税人的税款。因此，纳税人有权监督政府官员的政绩。

（2）衡量标准不同。官员工资的标准是行政级别，而企业经营者薪酬的标准是企业的经营业绩，同时考虑其他因素，与行政级别无关。因此，企业要破除行政级别，经营者不是干部，而是职业经理人。薪酬制度的实行必须首先破除企业的行政级别。

（3）风险不同。政府官员的工资基本上是随行政级别而改变，没有风险。但企业要面临市场风险，因此，企业经营者的薪酬会随企业经营状况的变化而变化，存在一定的风险。实行薪酬制度要有风险观念。

在企业改革与发展过程中，实行薪酬制度是必要的。中国入世后面临的最大挑战是人才流失。跨国公司的人才战略是人才本土化，国有企业不实行薪酬制度会导致大批人才流失。从已经实行薪酬制度的国有企业来看，效果是不错的。国有企业的“59 岁现象”、内部人控制、在职消费失控及其他诸多问题都和没有实行薪酬制度有关，企业改革中逐步暴露出的矛盾促使我们必须实行薪酬制度。

二、企业经营者薪酬制度的组成及其内容

经理薪酬包括：基本薪金、年度奖金、长期奖励。

1. 基本薪金

基本薪金在招聘经理时就应该事先公布，有透明性、制度性、延续性。

前几年对经营者的激励相当多的部分是搞重奖重罚。这种激励方式的缺点一是随意性强，二是政府直接行政干预，导致忽冷忽热，流于形式主义，没有制度化。

基本薪金的水平应在本企业人员平均工资的中上水平。

2. 年度奖金

年度奖金是在规定的业绩基础上提成。确定的提成指标应该真正反映企业的业绩。提成没有上限，但指标要科学，数字要真实，才能使年度奖金起到激励作用。企业搞得好，经理可以拿到年度奖金，搞不好，有基本薪金作保障。

实行年度奖金必须改革财务会计制度，如果沿用现在的财务会计制度，会使薪金制度流于形式：一是考核对象不清晰。现有的考核指标一般只是考核企业的业绩，无法对企业经营者进行独立的考核。恰当的做法应该将考核指标分为两类，一类考核企业业绩，表现在盈利能力、资产增值能力、后续发展能力；另一类是考核企业经营者的业绩。二是考核指标不全面。现在一般是考核企业经理

任期内业绩，特别将重点放在短期的业绩，容易助长经理的短期行为；反映企业当年盈利能力的指标较多，而反映企业资产长期运营能力的指标较少；过于注重短期偿债能力、保值增值能力，导致企业资产挂账，资产不实，资本结构不合理，偏重于反映企业过去的业绩，不能反映企业未来的发展前景。三是考核过程不严密。一般采用对比分析，用当年的数字与上年的数字对比，只考核增长幅度。要改革考核过程，建立严密、公正的考核过程，考核对象应该回避考核。

企业财务会计制度的改革方向应该是：

财务的基本指标与补充指标相结合。现有的指标太少，应该细化。比如财务效率的指标有：销售利润率、成本利润率、净资产利润率；反映资本运营能力的指标有：流动资产周转率、应收账款增长率等。

财务指标与非财务指标相结合。财务指标以会计信息表现，注意对过去、当前业绩的评价；非财务指标以企业整体信息表现非财务系统的状况。非财务指标应该衡量企业的市场占有率、市场交易的效率、企业的信誉度、企业文化凝聚力等。财务指标与非财务指标相结合可以避免经理的短期行为。

量化指标与非量化指标相结合。非量化指标包括企业员工素质、企业制度建设、企业长期发展战略等。在改革企业财务会计制度的同时，要保证会计信息真实，中国企业会计的最大问题是会计信息失真。同时，企业会计信息需求的主体混乱，政府成为企业会计信息的主体，企业实行薪酬制度，必须做到企业会计信息的主体是市场，是企业的客户。

3. 长期奖励

对经理的长期奖励是实行经理股票期权制度。

三、经理股票期权制度的特点和实施

经理股票期权制度是对经理实行长期奖励的激励制度，即给予经理一定数量的认股权，在一定期限内以当时的价格购买一定数量的股票，在未来的一定期限内可以兑现的制度。

经理股票期权制度最早产生在20世纪70年代的美国，到90年代后发展很快，这是对经理激励制度的新发展。经理的薪酬制度是由低到高的结构，其基本结构是：第一部分为维持因素，即基本薪金；第二部分为调动因素，即年度奖金；第三部分为激励因素，即股票期权制度。

1. 美国经理股票期权制度的特点

（1）经理股票期权的收益在整个报酬中的比例增长越来越快。经理的报酬主要有基本薪金、年度奖金、期权收益，其中期权收入增长最快。以美国规模最大的前200家企业来说，经理的期权收入平均为830万美元，而年薪平均为75万美元，尚未实现的期权还有5 000多万美元。收入最高的CEO的平均年收入已达3亿美元，其中股票期权收入占84%。80年代中期期权收入占总收入的比例为2%，1994年比例达26%，现在一半以上是期权收入。

（2）经理股票期权制度的实施范围不断扩大。美国几乎所有的大公司，包括一些小公司都已经实行了经理股票期权制度，而且实施的范围不断扩大，扩大到一般的经理。

（3）经理股票期权的数量在公司总股本中的比重增大。80年代，经理股票期权的数量占公司总股本的3%左右。实行10多年来，证明实行经理股票期权制度对股东也有好处，会激励经理更好地工作。现在股票期权占总股本的比重已经增长了15%。

（4）经理股票期权的种类不断增多。

（5）经理股票期权制度的执行方式灵活多样。早期主要是现金方式，现在有很多非现金方式，如期权交换、委托经纪人买卖期权、允许经理转让期权等。

2. 美国经理股票期权制度的问题

（1）经理股票期权的数量与公司业绩缺乏相关性。美国人认为经理股票期权的增长超过了公司业绩的增长。但公司业绩单纯凭借市场指数来考核，也有问题。公司业绩下降，但由于公司在证券市场上的价格升高，经理就拿了高额的股票期权，这是不合理的。

（2）经理实行股票期权制度后与公司员工收入差距扩大。经理股票期权制度主要在最高层实行。1998 年，经理收入增长 36%，股票期权收入增长 61%，而同期白领职员收入增长不到 4%，蓝领工人收入增长 2.7%。可以看出，经理收入与公司员工收入差距扩大。

3. 美国经理股票期权制度的发展趋势

自 2001 年 12 月美国安然能源公司和 2002 年 3 月美国世界通信公司的会计丑闻暴露之后，人们对股票期权未能列入公司经营开支而虚报公司收益的泡沫现象提出了质疑，因此，美国经理股票期权制度面临着改革与完善。如可口可乐公司自 2002 年第四季度开始把股票期权作为公司成本开支计算，尽管此项会计改革将使当年每股收益降低 1 美分，但不会影响公司经营的整体状况，反而使公司会计更加真实、透明。同时，美国各界正在启动纠错机制，加强对公司会计的监管力度。对这些问题的处理，美国政府把解决方案主要留给了企业。

四、中国企业经营者薪酬制度的几个问题

1. 基本状况

目前，我国大多数企业仍然实行传统的工资制。就上市公司而言，70% 多的上市公司仍实行工资制。在已经实行年薪制的企业中，

只有 4% ～ 5% 的企业实行了经理股票期权制度。上海某公司从 1997 年起实行经理股票期权制度，具体做法如下：(1) 先设立条件作为经理股票期权制度的基础。条件是长期的业绩指标，达到条件才能兑现期权。(2) 采用内部结算的方法。授予经理期权时以股票数量来计算，签约时以未来兑现的价格来计算；期权兑现时股票数量不变，但股票价格变化。(3) 资金预算的来源是上年度净余的奖励基金，由董事会批准，作为专门奖励经理的期权基金。(4) 成立股票期权专用基金的专门管理委员会。(5) 对公司的财务会计制度进行改革。

1998 年 9 月，联想集团让其六位经理以每股 1.12 港元的价格购买了 820 万的股票认股权，在未来 10 年内兑现。深圳某公司经理股票期权制度的做法是：由经理在期权授予 2 年后，以约定的价格在 3 年内兑现。

国家已经决定，在一些企业进行股票期权的试点，联通、美的等公司都开始实行。我国实行股票期权制度的最大问题是法律问题。美国实行股票期权制度可以采用新发股票回购的方法。而我国公司法规定，公司不得收购本公司的股票，建议增加公司库存的股本。国外通行的以股票为基础和以现金为基础这两种股权激励方式，目前在中国实行还有一些法律障碍。因此，法律建设要跟得上。现阶段可以采用虚拟股票增值赠予方式来制订方案，以避免与法律冲突，减少对证券市场的影响。

另外要规范证券市场，打击庄家操纵市场的行为，而且信息披露机制要健全。

2. 股权激励的形式

(1) 现股激励。公司拿出一部分股票出售或奖励经理，经理直接获得这些股票。

(2) 期股激励。如深圳某公司的做法是按照当年企业的每股净资产折算成股份，从经理获得股份激励的第二年开始，分五年变现，每年变现 20%。

（3）期权激励。期权激励就是给予经理一部分认股权，在未来年份兑现。

以上三种激励合起来称为期权激励。

3. 企业集团母子公司经理人员薪金制度的确定和实施

母公司和子公司自己确定经理人员的薪金。母公司不能直接确定子公司经理人员的薪金，而是通过向子公司选派董事组成董事会，由董事会确定公司经理人员的薪金。不能像政府管理国有企业一样确定厂长的工资，厂长再确定下面人员的工资。

（原载《天津社会科学》“新世纪中国企业改革与管理创新研讨会”论文集，2002 年增刊）

● 如何理解现代企业制度

现代企业制度是以公司制度为主体的市场经济体制的基本成分。有人把现代企业制度等同于现代企业或局限于高新技术企业。其实，现代企业制度关键在于“制度”而不是“现代”。企业创新，包括产品创新、技术创新、业务创新等等，但对中国企业来说，最根本的是企业制度创新，即从计划经济体制下的传统企业制度转变到市场经济体制下的现代企业制度。企业的制度创新是其他创新的根本保证。

现代企业制度的基本含义包括两个层次，第一个层次是“市场经济体制的基本成分”。这就是说，要建立市场经济体制，就必须建立现代企业制度，而建立现代企业制度，就是在市场经济体制下的企业制度创新。

在中国，要建立现代企业制度，就是要处理好市场经济体制三个成分的关系，即消费者、企业、政府三者之间的制度关系。

三个成分是什么关系呢？从企业视角来看，最重要的是处理好企业与消费者的关系，因为消费者构成市场的核心。对企业来说，所谓制度创新，目的就是创造有价值的订单。企业不是抽象地分析复杂的市场供求关系，而是要非常明确地找到具体的客户和有价值的订单。管理的精髓是化繁为简，把复杂问题简单化。

关于企业与政府的关系，这是迄今尚未解决的中国企业制度创新的最大障碍。从体制改革来说，必须加快政府职能转变和政府机构变革，有效地解决政府改革滞后于企业制度创新的要求及其缺位、越位、不到位、不作为的问题。但从企业层面来说，在与政府打交道的过程中，需要不等待、不埋怨、不发牢骚，而是自己去克服体制的障碍。我们的企业是在双轨制的夹缝中求生存求发展，一方面要按照市场经济体制的要求运作，应付竞争对手，另一方面又受到计划经济体制残余的束缚。所以，很多企业家跟我说："遇到绿灯快步走，遇到红灯绕着走，没有灯就摸着走。"

现代企业制度的第二层含义是"以公司制度为主体"。建立现代企业制度的具体表现，就是建立现代公司制度。现代公司制度是现代生产力的组织形式，其优越性是实现生产与科研的结合、生产与流通的结合、产品经营与资本经营的结合，可以实现企业内部管理与外部资本市场的结合，创造最先进的生产力。

（原载《经济观察报》，2003-04-20）

●《六顶思考帽》与企业创新

中国企业面临着技术信息化和经济全球化的机遇与挑战，正在创建有时代意识的“学习型组织”，使企业成为“学习型企业”。而“学习型组织”的实质是“思考型组织”，即把创新意识贯穿于企业成长的全过程。创新是企业的灵魂，学习是创新的源泉。思考是智力资本扩张即创新的表现。爱德华·德·波诺博士的研究成果，即具有实用性的《六顶思考帽》，给了企业实现这一目标的契机。《六顶思考帽》代表了六种思维角色的扮演，几乎涵盖了思维的整个过程，既可以有效地支持个人的行为，也可以支持团体讨论中的互相激发。

现代企业的发展程度，取决于企业创建“学习型组织”的水平与境界，其基本途径就是全体成员通过不断共同学习，突破自己的思维上限和能力局限，创造真心向往的效果，培养全新、前瞻而开阔的思考方式，全力实现企业发展的共同目标。《六顶思考帽》的优点是把复杂的思维过程简单化，既强力有效又简单易行。它通过形象化的思考方式轻松地驾驭着复杂的思维过程，使企业中的个体与群体将思考的不同方面分开，以便人们依次对问题的不同侧面给予足够的重视和充分的考虑，用全新的思维方式来参与每一次会议、每一次讨论和每一个决定，以避免由于种种原因而造成的不必要争论，达到智力资源共享的目的。

企业组织的创新活动，揭示出任何一个成功企业的成功经验都不可能成为一种理想的所谓模式，因为这些成功经验是在一定的内部条件与外部环境下取得的，而这些条件与环境永远处于变化之中。即便是这些拥有成功经验的成功企业自身，也无法推断出其必然成功的原因，这些成功企业在不同时期出现曲折反复，甚至会犯曾经犯过的错误或失误就是例证。所以，在企业发展过程中，没有千篇一律的模式，没有固定不变的模式，唯有不断创新才是企业的根本出路和长寿的秘诀。企业不是抽象模式和永恒真理的场所，更不是空洞争论的地方。企业就是实干，企业就是行动，企业就是具体，企业就是细节。聪明的企业总是在实践中不断开展创新活动，审时度势地发展自己的经验。绿色思考帽指的是新的想法和看待事物的新方式，提倡大胆而审慎的创造力，鼓励人们从旧观念中跳出来，发现更好的想法，强调企业个人与集体朝着这一方向审慎地、集中地进行思考。据说《六顶思考帽》在全球销量超过 3 000 万册，可能就是因为它在促进个人创新方面的效果不亚于对企业的影响。《六顶思考帽》的思维方式，以“发展”来代替“判断”，突出发展的进步效应，就像人们过河时通过踏脚石到达对岸一样，企业也是把新的想法作为踏脚石，帮助人们从一种模式进入到另一种模式，这有助于企业通过创新来进入市场的彼岸，通过搭建智力资本扩张的平台来提升企业的市场竞争力。

（原载《经济观察报》，2003-11-17）

● 企业社会责任与企业制度创新和文化建设

通过 1 月 27 日至 29 日对烟台开发区和济南市企业社会责任的考察与调研活动，我深感由山东省工商局副局长、山东省企业信用与社会责任协会会长王天仁承担的中国企业社会责任评价体系研究课题及其研究成果《中国企业社会责任评价体系构建与应用》一书，既适应了我国企业改革与发展的要求，又推动了企业社会责任评价工作的进展。2005 年修订的《中华人民共和国公司法》写入了“企业社会责任”的新条款；2006 年王天仁联系实际工作中遇到的理论与实际问题在山东省开展“企业社会责任大讨论”；2007 年企业社会责任课题列入山东省社会科学规划研究项目；2008 年烟台开发区 78 家营业收入过亿企业试行“企业社会责任评价体系”；2009 年按企业社会责任评价指标体系考核的范围扩展到全区 351 家规模以上企业。

山东省在积极探索企业社会责任评价体系方面取得了丰硕成果和宝贵经验。烟台开发区的斗山工程机械（中国）有限公司把“追求合理利润，回报社会”作为企业经营理念，全面履行社会责任，包括法定社会责任和道义社会责任，实现经济效益与社会效益的统一，塑造优秀企业公民形象。履行法定社会责任严格自律，坚持做到国内依法，国际接轨，从执行环保法规、安全生产、公平竞争、员工合法权益诸多方面遵纪守法。履行社会道义责任积极主动，力求做到以人为本，回报社会，包括援建希望小学、参与温暖工程、开展救灾助困、设立慈善义工工作站及其他相关的社会爱心行动。通过全面履行社会责任，进一步完善各项经济指标，提升了市场竞争力，成为让社会放心、认可，让员工满意、自豪，让合作伙伴和客户受益的优秀企业。济南阳光大姐服务有限公司在企业社会责任评价试点工作中，成立了企业社会责任管理领导小组，制定了企业社会责任管理手册，确立了家政服务标准化管理体系，提出了“四个满意”和“一个引领”的企业社会责任目标，即用户满意、家庭服务员满意、公司员工满意、社会满意和引领家政服务行业的规范管理。通过履行企业社会责任，实现“安置一个人，温暖两家人”的服务宗旨，用责任和爱心把阳光带给千家万户，成为全国家庭服务标准化试点单位。

山东省在履行企业社会责任的实践活动中取得明显成效，是在对企业社会责任评价体系研究及其理论成果指导下获得的，体现了企业社会责任理论与实践相结合的指导思想。《中国企业社会责任评价体系构建与应用》一书具有重要理论价值和实践意义。其特点表现为：（1）全面系统地阐述了企业社会责任的相关内容，包括理论探索篇、成果鉴评篇、意识普及篇、典型引路篇、责任考评篇、协会引导篇和一整套企业社会责任考评指标及其具体核算机制。（2）从理论上分析了企业社会责任的基本问题，回答了什么是企业社会责任、为什么要履行企业社会责任、怎样履行企业社会责任。（3）重在实践，具有可操作性。本书列举的实际案例针对性强，操作性强，给人以启迪和借鉴，这与作者长期的实际工作经验密切相关。（4）提出履行企业社会责任过程中的注意事项，如该书第 147 页写道：“企业必须承担法律规定的责任，自愿承担道义的责任，但不能把企业社会责任无限扩大化，甚至把它当做一个筐，什么都往里装。”

从 2006 年至 2009 年的四年时间里，山东省在企业社会责任评价体系构建与应用方面的理论研究和实践探索取得可喜的成果。但是，必须清醒地看到，这只是处于起步阶段，处于初级阶段。对中国企业来说，现阶段的企业社会责任评价工作，只是研究与探索企业社会责任的起点，而不是终点。企业社会责任评价工作，必定会在理论探索与企业实践中不断完善和发展。

我对今后中国企业社会责任评价工作的建议是，重视并坚持发挥企业的主体作用。企业社会责任是市场经济与企业实践的产物。企业社会责任的目标是有利于企业生存与发展。企业是社会的细胞，企业发展是社会发展的基础。企业经济责任是企业社会责任的基础。企业社会责任的前提条件是，企业成为独立利益体，企业拥有经营自主权。企业在市场竞争中求生存求发展，必须处理好企业与社会的关系。对企业来说，企业社会责任的依据是，企业取之于社会，用之于社会。因此，企业履行社会责任，有利于促进企业与社会的协调发展，形成企业与社会的良性循环。企业不能只顾自身的利益，不顾社会的利益，更不能损害社会的利益。企业社会责任的实质是，处理好企业利益与社会利益的关系。具体表现为企业内外各种人的利益关系，包括股东、董事、经理、管理者、员工、用户、债权人、政府、商业伙伴、社会公众及其他利益相关者。

对现阶段的中国企业来说，有效地履行企业社会责任的关键是从两方面入手，一是推进企业制度创新；二是促进企业文化建设。

企业履行社会责任过程中的制度创新，有利于企业持续发展，避免出现急功近利的短期行为。企业制度创新包括产权制度、组织制度、管理制度三方面，其中产权是前提，组织是保证，管理是基础。有人说，国有企业正在主辅分离、辅业改制，剥离企业办社会的职能，怎么又要求承担企业社会责任呢？实际上，“国有企业办社会”与“企业社会责任”是两个不同的概念。前者是计划经济体制的产物，源于国有企业产权不清，权责利不明确；后者是市场经济体制的产物，要求国有企业改革中做到产权清晰，权责利明确。现代企业制度是国有企业改制和民营企业建制的共同方向。现代企业制度的建立与完善，必须有利于中国企业更好地履行社会责任。

企业履行社会责任过程中的文化建设，就是要形成有利于履行社会责任的具有凝聚力的全体员工认同的价值观，实现个人价值、企业价值、社会价值的有机结合和完整统一。企业文化建设是以人为本的经营管理理念在企业社会责任中的体现。企业文化建设，包括提高每个员工的素质、发挥团队的组织精神、处理好人与制度的关系三个方面的基本内容。企业内部每个员工的“个人社会责任”是起点，每个团队的“组织社会责任”是基点，有利于实现“企业社会责任”的目标要求。

企业履行社会责任过程中的制度创新和文化建设，两者是相互补充、相互促进的关系。制度是硬实力，文化是软实力；制度是外在的，文化是内在的；制度是他律，文化是自律。唯有把企业制度创新与企业文化建设有机地结合起来，才能切实做到企业主动地、持续地履行社会责任。

（原载人民日报社《人民论坛》杂志，2010（3））

制度创新

On
Enterprises

●《现代企业管理》序

现代企业管理制度是现代企业制度的重要组成部分。从社会生产力发展规律和同国际企业制度接轨的角度来考察，现代企业制度下的企业必须是现代企业。而现代企业则是拥有现代技术和现代管理这两个支柱的企业，一般以现代公司作为现代企业的典型组织形态，但也要注重拥有现代技术和现代管理的现代小企业。从我国经济体制改革和国有企业制度改革的角度来考察，现代企业制度是由现代企业产权制度（实现产权清晰的要求）、现代企业组织制度（实现权责明确的要求）、现代企业管理制度（实现管理科学的要求）三个部分组成的。三者是相互联系、相互促进、缺一不可的统一整体，是实现政企分开要求的具体表现。由此可见，研究企业管理，是企业生存与发展的永恒主题；建立现代企业管理制度，是我国建立市场经济体制和现代企业制度的一项基本任务，具有极其重要的现实意义和非常深远的战略意义。

现阶段的中国企业管理，面临着从同计划经济体制相适应的企业管理转变到同市场经济体制相适应的企业管理，从传统国有企业管理制度转变到现代企业管理制度的问题。实现企业管理的这种制度性转变，关键在于企业管理的观念变革。问题不在于要不要加强企业管理，而在于要什么样的企业管理，用什么样的观念来指导企业管理工作。企业管理也要改革，这才能使企业管理这个老生常谈的话题焕发出新的活力，适应现代社会生产力发展的客观要求。因此，重视研究现代企业管理原理，确立现代企业经营战略，实现生产与流通的有机结合，是我国企业管理的现实要求。

企业经营战略对具体管理工作起着决定性作用。企业经营战略是第一位的，具体管理工作是围绕战略来开展的，两者是“做什么”与“怎么做”的关系。正确的企业经营战略，使具体管理工作有了明确的方向，进而获得事半功倍的效果。企业经营战略的核心内容是“知彼知己”，实现企业内部条件与企业外部环境的有效结合。“知彼”，包括消费者和竞争者；“知己”，包括企业自身的优势和劣势。现代企业管理的首要观念是竞争观念。在激烈的市场竞争条件下，必须破除传统国有企业的单纯闭门管理观念。企业内部条件的优势和劣势，应当针对市场竞争者的状况进行相关资源的重组和优化配置，以战胜竞争者。“田忌赛马”是劣势赢了优势的一个典型例子。田忌的马并不是优势，而是劣势，但他用组合方式对资源进行重组和配置，结果赢了对方。企业还应当根据外部环境的变化来调整和选择经营战略，而不是僵化地埋头于具体管理工作。日本松下通信工业公司在 60 年代花了 5 年时间投入十几亿巨资开发大型计算机，但在最后阶段，总经理松下幸之助突然宣布不再生产大型计算机，人们感到震惊。然而，这正是松下幸之助出于战略考虑所做出的决定。当时大型计算机的市场竞争相当激烈，诸如西门子等一些著名大公司都陆续从大型计算机领域退了出来，而日本市场又早有富士通、日立等一批大公司争雄。在这种环境下，松下趁尚有可为的时机，果断调整战略，不再盲目生产大型计算机，目的是充分发挥本公司优势，求得公司长远的生存与发展，使企业管理升华到新的阶段。

现代企业管理面临的市场竞争压力与日俱增。怎样考察和衡量企业的经营效果和竞争实力，是研究企业管理必须回答和解决的现实问题。依据国内外成功公司的经验，我认为企业可从三个方面来分析自己的真正实力并以此判断企业管理的实际效果：第一，消费者对企业的满意度。消费者是企业管理的主要发言人和最终判断者。即使企业财务报表数字显示企业管理的各方面绩效尚可，但如果消费者对企业的满意度很低，那么一旦出现竞争者，该企业的客户必将转移。第二，企业内部的工作效率。企业管理工作中的分工与协调应以高效率为目标。工作效率是企业管理的生命线。工作效率表现为职工工作的积极程度、生产效率的提高程度、职工对企业管理的满意程度及关心程度，这是企业外部市场竞争实力地位的内部基础和必备条件。第三，企业不断创新的表现程度。创新精神是企业管理的源泉和动力。企业是一个新陈代谢的有机体。现代企业更加速了新陈代谢的过程。因此，不断创新就是为企业管理注入持久的活力，避免落后与僵化，使企业在市场竞争中立于不败之地。

现代企业管理制度的建立，在客观上要求企业实现经营战略与管理方法的结合。对现代企业生产管理的研究，既涉及生产管理的战略问题，又包含着诸多具体管理方法的运用，而生产管理理论的发展，恰好表现为战略与方法的有效结合。MRP（物料需求计划）在60年代起源于美国并发展为MRP Ⅱ（制造资源计划）；JIT（准时制生产方法）在50年代创始于日本并发展为独具特点的丰田生产方式。这是世界各国制造企业广泛采用的两种生产管理方式。单从生产管理方法上看，一种是来自生产计划的“推式”方法，另一种是由生产控制带动的“拉式”方法。二者似乎是截然不同、不可兼容的两种方法。但从生产管理战略上看，生产过程中的计划与控制是不可分割的，“推式”与“拉式”是可以结合的，服从于共同的生产目标。事实上，美国企业从80年代后期起就把两种方法完全融合起来，并从90年代开始创造出美式JIT方法；日本企业也把MRP Ⅱ作为不可缺少的管理手段，极大地改进了原来基于手工的JIT方式。我们应从战略角度来分析现代管理方法，吸收当代各国企业的先进管理方法，建立具有中国特色的现代企业管理制度。

我于80年代初期在中国轻工业管理干部学院担任兼职教授并讲授“工业经济管理”和“现代企业管理”课程时，就结识了王宗起同志。十多年来，他一直从事经济管理专业的教学与科研工作，并担任过企业管理的实际领导工作，具有理论与实践结合的特点，而且熟悉不同行业的企业管理的理论和方法。由他主持编写并和严笑非同志合作完成的这本《现代企业管理》，反映了企业管理的基本原理，吸取了当代企业管理的最新成果，不仅为在校大学生提供了一本内容丰富的教材，而且可作为在职人员的自学书籍。本书的出版必将有助于推动我国现代企业管理理论与实践的发展。

（原载王宗起主编：《现代企业管理》，北京，
中国轻工业出版社，1996）

● 现代企业制度与市场经济理论

企业是经济发展的主体，中国经济与发达国家的差距，仍然是企业的差距，而企业的差距是制度的差距。到目前为止中国没有几个像样的企业能够在国际上拿出来，像样的企业不是靠凑拼出来的，而是由小到大、由弱到强，在竞争中进行实力的积累；但中国的企业往往是短命的。所以我讲企业的重要性，制度的重要性。现在社会上对现代企业制度的理解存在很多误区，甚至是片面的。

第一，现代企业制度等同于现代企业，现代企业等于引进设备，提高新技术就是现代企业制度，这是误区。现代企业制度关键是“制度”两个字而不是“现代”两个字，不是引进一流设备就是现代企业制度。

第二，现在有人把企业制度等同于上市公司，这也是误区。把现代企业制度看成高不可攀的，大家都要去上市，这也是误区。

第三，把现代企业制度等同于国有企业搞大，由政府出来拼凑，这是把现代企业制度扭曲了，变成国有企业搞大了就是现代企业制度。现代企业制度就是相对于过去的国有企业制度而言的，国有企业存在制度缺陷，绝对不是因为它不够大。

什么是现代企业制度？必须有一个准确的定位。现代企业制度是以公司为主体的市场经济体制的基本成分。它包括两个层次的含义：第一，现代企业制度是市场经济体制的基本成分，也就是说，现代企业制度是市场经济体制下的企业制度；第二，市场经济体制下，最主要的是处理好三个方面的关系：市场、企业、政府。现在我们的企业面临的难题是：一要面对市场的激烈竞争，包括跨国公司的竞争，这对企业提出了许多新的要求；二是面临政府的干预。

当前建立市场经济体制下的企业制度有几个难点：

第一，政府制约体制改革的后果。当前我们仍然把企业作为改革的主体，但事实上企业是创造财富的主体，而不是改革的主体。当前阶段，政府体制改革是主要任务，政府应该是改革的主要对象。我们当前很多问题都是由于政府改革不到位造成的，包括现在的腐败现象。

第二，中央企业的改制与地方企业的改制，当前的难点是中央企业。

第三，竞争性企业的改制与垄断性企业的改制，难点在于垄断性企业。

第四，现代企业制度是以公司制度为主体，公司制度最主要的特点是股权多元化，现在仍然做不到这一点，尤其是国有企业股权多元化改革需要继续推进和深入。

第五，股权结构的合理化，其中最重要的问题是公司资本要社会化。

希望我们坚持市场经济的改革，坚持现代企业制度的改革方向不要动摇，但也不要盲目争论。谢谢大家！

（在“转型时期的中国经济学理论研究研讨会”的发言，2006-11-12）

● 建立现代企业制度要处理好政府、市场和企业的关系

1994年开展全国企业改革试点，取得了一定的进展，通过建立现代企业制度，也确实涌现出一些比较好的企业，国有企业已经有了很大的变化。现在，对现代企业制度成效估价如何？当前的难点是什么？

第一，企业外部，建立现代企业制度最重要的难点就在于如何处理好市场、企业和政府三者的关系。这是没有解决的问题。现在大量的企业好转，是从政府中得到好处，得到一些优惠政策，建立现代企业制度，自然是五花八门的优惠政策、各种临时措施。这些优惠政策、临时措施可以暂时解决一些国有企业的问题，包括脱困、解围。但是，如何使企业能够在国内和国际市场竞争中保持持续的、健康的、良性的发展，是建立现代企业制度的根本思路。如果企业整天跑政府，围着政府转，从中得到了好处，企业就不会增强它的市场竞争力。企业尝到了甜头，为什么要跑市场呢？建立现代企业制度，根本的问题是企业、市场和政府三者的关系要处理好。这三者关系非常清楚，应该把市场摆在第一位，市场是导向。搞市场经济体制，就是要

经过市场配置社会资源，而不是由政府行政权力来配置社会资源。如果我们在这方面不保持一个清醒的思路，国企改革暂时可以取得进展，但从总体来说，可能对今后进一步解决一些连续问题造成障碍。因此，应该坚持市场是中心，市场是导向，市场是第一位的。要鼓励企业从市场中得到好处，如果一个企业不能从市场中得到好处，不去开发新产品，不去改进质量，不增强市场竞争力扩大销售额，尽管现在可以扭亏解困，但是不能持久，一旦情况发生变化，企业经不起风吹雨打。世界500强最大的跨国企业，都是在国际市场竞争中摸爬滚打出来的，不是在某种机构保护下暂时拼凑出来的。

从企业来说，应该重点解决三个问题：一是企业是个利益体，把国有企业改为现代企业制度，最大的问题是国有企业的利益全部是国家的利益，没有自己的利益。改为现代企业制度，企业应该有自己的利益。企业的利益首先要从市场竞争中获得，要区别于国家。企业要给国家纳税，给国有资产分红，不叫上缴利润。二是自主权。企业一定要拥有面向市场、开拓市场的必要的自主权。如果没有这样的自主权，它整天都要跑政府，围着政府转，最近出现的现象仍然是这个问题，比较令人担忧。三是企业与政府的关系。政府应该为企业创造良好的外部环境。这个问题仍然是建立现代企业制度的难点。当前的问题，如大企业、小企业关系如何解决，一会儿大企业重要，一会儿小企业重要。我认为应该把它们放到市场经济中，不管是互补还是竞争的关系，一切由市场竞争检验。美国最典型，既有大企业，也有小企业，美国的航空公司在联盟，但也在大力发展小航空公司、小机场。并不是大的就是绝对好，小的就绝对不好。政府的作用是制定规划、市场规则、企业规则、大小企业关系的规则等，而且规则要严格。政府的另一个作用是要严格执行规则。现在，我们的市场规则不够严密。企业的一个新产品还没上市，假冒伪劣全部出来，赚了大钱。政府打击不力，极大地挫伤了好企业开发产品的积极性。政府要做的最主要是制定制度规则和执行制度规则。再者，政府要减轻企业政策性负担。历史性的政策性负担，要下决心清理，不能拖得太久。更严重的问题是，不仅有历史性的政策负担，而且现实性政策负担在很多地方有增无减。一边搞现代企业制度，一边政策性负担不解决，没办法动。另外，要消除体制性的障碍，包括投资体制、金融体制、财政体制、社会保障制度建立等，政府要集中精力加快这方面改革的步伐。企业内部问题，该生产就生产，该发展就发展，该倒闭就倒闭。这样机制就能建立。

第二，企业内部，建立现代企业制度的难点在于处理好产权、组织、管理三者的关系。

产权是前提。当前要解决的问题：一是产权多元化。过多地搞国有独资公司，一股独大，等于国企变种。现在，这些国企独资公司的效益不佳。二是产权分散化。要改变包括上市公司中国有股平均控股 70% 的状况，要纠正一股独大的现象。三是要加快明确国有股的股东。现在谁都想当国企的股东，有的总公司说是股东，地方说是股东，省里也说是股东，国企当然没人负责。四是要处理好股东与公司法人的产权关系，要实行股东所有权与公司法人财产权、支配权分离的制度。国企一个重大的产权缺陷是所有者、经营者不分，包括所有者本身不明确。

组织问题。最重要的是要建立规范的公司法人治理结构，其中，核心是处理好股东、董事和经理三者的关系。公司法人治理结构是公司制的核心，但要做到这一点非常困难。这里涉及的难点是要进行人事制度改革。如果仍然坚持任命董事，任命经理，甚至任命董事长，这个问题无法解决，现代企业制度就建立不起来。不能说是公司法人治理结构不好，这是一种新型的权力结构，一种新型的内部组织制度性的关系。但到现在为止，问题仍然比较难办。组织问题涉及内部问题，也有外部问题。

管理问题。管理要解决三个问题：第一，要提高人的素质。其中最重要的是市场经济思维的素质。应该破除计划经济的思维方式，确立市场经济思维方式来进行管理。第二，要建立科学的管理制度。管理制度是长期的、延续的，人是暂时的。现代企业制度内部管理应该实行法制化管理，国有企业的计划经济管理是人治的管理。这个转变是制度性的转变。第三，要处理好制度与人的关系。国有企业也有制度，而且制度很多。有个私营大企业，就一张纸，贴在墙上，职工天天都能看得见，二十个不准，不准迟到、不准出废品等。但国企的制度再多，解决不了职工出废品。问题出在划不清责任，制度松松垮垮。管理要面对市场，人力资源管理、财务管理、新产品开发管理，是综合性的，是一个系统工程。

产权、组织、管理三者的关系，产权是前提，组织是保证，管理是基础。产权是前提，因为它涉及利益问题，涉及人们的财产关系，涉及机制问题。转换企业经营机制，首先是建立有效的产权机制、组织机制，最主要的是法人治理结构。管理涉及大量基础性工作，因此，三者不可偏废，关系要处理好。

（原载《中国培训》，2000（4））

● 制度创新是企业发展的深层次问题

改革走到今天，好改的、能改的都已经改得差不多了，剩下不好改的、难改的就是我们要攻坚的深层次问题。回顾 26 年企业发展的历程，改革的措施有很多成功的经验，但同时也有不适应企业发展的，总结分析有三种情况：一是改革初期有一些企业是靠优惠政策倾斜扶持发展起来的，但到了现在要长远发展就成了问题。加入 WTO 后中国市场要推行公平、公开、公正的国际准则，企业必须要靠制度创新求发展。二是改革到现在，企业之间的差异愈来愈明显，企业发展的情况千差万别，靠“一刀切”式的推广经验、制度的模式已经不能解决单个企业的问题，必须一对一地解决，完善企业管理制度上的缺陷已是迫在眉睫。三是 20 多年来我们的国有企业习惯于出现问题就换领导而不是换制度。要找出其中的规律，是不是我们的企业家都不行呢？这几年的事例普遍反映出不是企业领导人的问题，而是制度的问题。制度的障碍是困扰企业发展的最大障碍。

（原载《中国企业报》，2005-02-03）

● 企业改制最新进展及趋势

今天很高兴跟在座的来自全国各地的企业家、企业的领导和各方面的专家见面，首先我要祝贺中国企业经营者问卷调查结果的发布，预祝我们这次研讨会取得圆满成功。

我讲的题目是“企业改制最新进展及趋势”。对于企业改制的最新进展，今天上午的发布会上有一个材料是这么说的：今年跟去年相比，调查结果显示，今年调查的企业中，股份有限公司和有限责任公司的比重分别增加了2.2%和5.5%，同时国有企业的比重减少了7.2%，说明企业改制在全国范围内稳步推进。我想这个材料本身也表明，一年来企业改制取得了新的进展。这个新的进展，可以说是从1978年国有企业改革开始的。

1978年开始的改革基本上是两个方面的思路。一方面就是多种经济成分的企业比重不断上升，纯粹国有企业的比重在下降。这是我们23年来企业改制总的推进状况。当然各种成分的企业比重在增加，这又基于两个因素，一是国有企业本身改为其他的企业形态，二是来源于新建立的、新成长的各类企业。这一企业改制的成果，对我们推进市场经济的发展起了基础性的作用。为什么？因为企业是市场经济的主体，企业是社会生产力发展的基点，企业是创造物质财富的基本单位。20 多年来，中国的进步、市场的繁荣、人民生活水平的提高、国家经济实力的增强，同企业改制所取得的进展是分不开的。总体来说，现在企业改制呈现出比较好的势头，这点应该充分肯定和注意。

另一方面，23 年来企业改革发展到今天，各类企业都面临着新的问题。不仅是国有企业面临着问题，大量的非国有企业也面临着发展中出现的新问题。今天讲企业改制这个概念，远远超过了国有企业改革的范围，企业改制应该覆盖各类企业发展过程中出现的问题，不能简单地把企业改制看作是国有企业的事情。我看了一下今天参加会议的企业名单和企业类型，登记表上绝大部分是以公司的名义出现的，但是根据我的考察和研究，中国现在的公司是五花八门的，大不一样，这些公司本身也面临着进一步的改革。

企业改制不再是国有企业改革的专用名词，而应该涵盖我们各类企业面临进一步发展需要进行的制度性创新。有人讲企业改制就是国有企业改革，好像其他企业就不存在。还有一些人把希望寄托在非国有企业上，对国有企业改革不怎么感兴趣。现在我们对企业改革的看法也不一样，我的看法刚才已经讲了。当然企业改制就我们国家的实际情况来说，从 1978 年开始主要指的是国有企业改革。23 年过去了，国有企业本身也发生了变化，有的已经改成公司了。但是各类企业都出现了发展中制度性的缺陷与不适应的地方，企业改制实际上涉及中国现在的各类企业，也就是说，各类企业都面临发展中的改制问题。

另外，这里讲的企业改制是指企业的制度性创新。现在我们的企业就是要发展，发展无非就是去发展新产品、开拓新领域、占领更多市场，搞管理，降低成本，提高质量。问题是中国的企业为什么市场竞争力不够，为什么中国企业发展过程中的技术创新、产品更新不尽如人意？我的看法，中国的企业跟 WTO 规则的差距就是两点，一是观念的差距，二是制度的差距。其他的差距都是表面的，你的成本高一点，你的质量差一点，服务差一点，你的产品领域不够，我认为这些问题的根子是观念落后、制度落后。我们即将加入 WTO，中国企业与国际先进企业最大的差距就是观念的差距、制度的差距。因此我们的企业改制，首先是要变革观念。江泽民总书记在“十五大”报告里有一句话，即只有进一步解放思想，才能建立现代企业制度。这句话是符合中国企业的实际情况的。就当前来说，企业改制当中最重要的是解放思想，要破除姓社姓资的争论，破除姓公姓私的传统障碍。企业改制如果不在观念上加以变革，不破除姓社姓资、姓公姓私，就不能推进。

总体来说，中国的企业改制面临着 21 世纪的两个挑战。第一个挑战是技术信息化。我们现在讲技术要改造、引进设备等等，21 世纪最重要的是技术信息化。第二个挑战是经济全球化。

技术信息化建立在高度工业化的基础上。我们中国的企业现在小农式的管理方式仍然大量存在。不管哪一类企业，小农式的管理方式既有计划经济当中的小而全、大而全、万事不求人、闭门管理，也有 1978 年以后出现的家族式企业落后的管理。一些家族式企业在 80 年代初可能还比较平稳，但是现在面临的挑战也是严峻的。为什么？我们的企业工业化水平还没有达到社会化大生产的要求，现在的企业应该是同社会化大生产的生产力相适应的企业。国外的企业从 20 世纪初到 20 世纪 90 年代，用了将近 100 年的时间完成了企业的工业化改造。但是中国由于长期的小农经济，商品经济不发达，再加上几十年的计划经济体制束缚，我们的企业不适应工业化的社会化大生产水平，要么小的企业搞不大，要么大的企业内部闹独立、闹瓦解，这种事情司空见惯。

我们的企业可以说不适应工业化的要求，国外的企业在工业化的基础上又进入到信息化的阶段。国内的企业面临着国外走两步的路我们一步要走完。既要补上工业化的课，还要迎接信息化的挑战。我觉得我们的观念要转变，不要以为20世纪初泰勒管理那一套过时了，现在我们只搞信息管理。信息管理是重要的，但是泰勒的科学管理没有过时。现在很多企业基本的责任制度都没有，它是凭人际关系，不是凭制度，它是凭人折腾企业，人离开这个企业就滑坡了，它不是靠制度。工业化要靠一种分工制度、责任制度来约束企业的内外关系。而现在的工业化又朝着信息化发展，信息化与工业化又不同，既要有制度、要有责任，还要有灵活，要把这两个东西结合起来。中国的企业关键要跟上技术信息化的要求。

再有就是经济全球化。经济全球化建立在高度市场化的基础上。所谓全球化，就是全球的市场化，或者是市场的全球化。但是，今天中国的企业，包括一些好企业，是在条块分割、诸侯割据的体制保护下生存的。中国的企业国内市场化都没有达到，比如为什么我们的汽车搞不大，就是地方保护主义。不管是诸侯割据，还是条块分割，还是怎么样怎么样，反正有一条，你是不是适合市场化的要求？今天的市场化已经不是中国的市场化，而是国际的市场化。这就要求我们的企业两步当一步来走。我们要冲破地区、冲破省市、冲破部门、冲破国界走向世界，这个不是说说而已，要适应实际的企业制度。

现在我们这套企业制度不适应，包括很多好的企业，都是当地政府评比出来的，仍然是靠评比。要么是上面说你很先进，要么自吹自擂，实际上一切企业都要拿到市场去检验，不能关起门来搞条块分割、诸侯割据、地方保护。这个当然有体制的问题，有政府的问题，政府要改变，但是我们今天只就企业来研究。企业不要埋怨政府，政府也不要埋怨企业。如果这么埋怨，企业就难以走向市场，我的看法是各干各的事，企业办企业的事，政府办政府的事。入世以后最大的挑战是政府，不是企业。

政府改制比企业改制任务更艰巨，现在政府的运作不适合市场化的方向。破除计划经济体制，我们最主要的改革对象应该是政府，不是企业。企业是受束缚的、是被动的。今天我们不讨论体制问题，不讨论政府问题，我们的企业要冲破旧的体制，这就涉及企业家有没有这种胆量，有没有这种观念的认识，等待就是死亡。

WTO规则摆在面前，当然对政府也形成挑战。我去年在人民大会堂开会时讲了一句话，入世以后最大的挑战不是企业，而是政府。因为政府这套运作管理企业的方式非常不适应当前的需求，但是这个问题企业无可奈何。作为企业家来说，应该立足于经济全球化来进行企业改制，而不要被现在的条块分割、地方保护、诸侯割据所束缚，也不要把希望寄托在这上面。话说回来，每个企业不一样，有的可能从中得益沾沾自喜，但是政府也在改革。政府一改就把你扔向市场，扔向大海，扔向全球化，你就不适应了。企业改制、观念变革最主要的是冲破姓社姓资的争论，冲破姓公姓私的争论，面临着两个要求：一技术信息化，二经济全球化。

今天中国企业搞得好的都是观念变革比较快的，都是解放思想比较好的企业，尤其是董事长、老总这些核心层。我们在座的企业家，思想解放非常重要。观念变革，这是企业改制领先的一个措施。改制包含观念变革，解放思想。当然改制本身是解决制度创新，观念变革最后要落实到制度创新。观念变革本身不是目的，制度创新才是核心。但是制度要创新，观念变革要先行，因为人的行为是由思维来支配的。人不但有生命，有思维，还有行为。只有想到的事才能做得到，想不到的事就做不到。不可能说这个人认识很差劲，但他的实践水平会很高，即使有，那也是偶然的，不是必然的，是不能延续的，是一种偶然的行为。我们现在要研究的是制度的延续性、长远性。观念变革是前提，但是它还要落实在制度创新上，表现在制度创新上。

企业改制的目标是什么？是实现市场经济的要求。市场经济我们也讲了好多，但是不容易实现。市场经济条件下，企业制度怎么来划分，我觉得这个要明确，就是改制要改成哪一种企业制度，这个很重要。你的目标企业制度是什么？我认为市场经济条件下的目标企业制度基本上是三类企业制度。

第一类，公司制度。因为公司制度是最适合社会化大生产的、最现代的、最先进的企业制度。所谓现代企业制度在国际上就以公司制度为代表。我们的现代企业制度搞了好几年了，但是各有各的理解。有的引进两台先进设备叫现代企业制度，有的搞了两个管理方法的推广也叫现代企业制度。实际上这里讲的是现代企业制度，不是一种具体做法。

现代企业制度是以公司制度为代表的，也就是说，中国人叫现代企业制度，在国际上就叫公司制度。当今市场经济发达的国家都是公司发达的国家。公司创造了当今最大的社会财富，公司制度的社会化程度最高，它的生产力水平最高，它的生产关系社会化程度也最高。公司是社会化程度最高的企业制度。中国应当大力发展高度社会化的现代企业制度，我们的公司不是多了，而是少了。在中国，公司制度要大大地发展，而且应该在国际上涌现出一些有分量的跨国公司式的中国现代公司，这是中国企业改制的目标。

中国跨国公司的涌现只能按照市场经济的规律来发展，在竞争中成长。这条路可能会漫长，但是总比由计划经济体制下的政府去拼凑捏合两个所谓的国有企业集团要好得多。我们的企业改制要有战略的眼光，甚至企业改制不是我们这一代人能完成的，不是说拼凑两个国有企业集团拿到世界上凑合就成了。世界上有分量的公司的平均生命周期是 30 ～ 50 年，杜邦公司有 200 年的历史。一个企业制度能不能生存下去，主要由生产力来检验，而且要放在国际上来衡量。不能局限在这个地区，在这个范围内，在国内。国内可以“山中无老虎，猴子称霸王”，你拼凑出几个企业集团，那不是真正的公司，我说的是真正以跨国公司为代表的现代公司。中国在改制过程中应该涌现出一批这种公司，但是形成这种公司的前提条件是在市场竞争中形成和壮大。这种公司应该由小到大，由弱到强，从无到有，应该坚持这个原则，而不应该简单拼凑几个国有企业集团，实际上那是经不起市场风浪检验的。企业改制的方向目标要明确，路子要对，按市场经济的路子来进行，不按计划经济的路子来进行。

第二类，个人独资企业制度。在今天的中国社会，应该鼓励更多人出来创业，办个人独资企业。

个人独资企业制度有什么好处？第一，它是人们致富的基本途径。现在人都想富起来，市场经济鼓励人们去挣钱、致富，问题在于现在的人们太急躁了。不通过创业办企业，当官也想富起来，或者是搞别的也想富起来，这就容易搞出社会混乱。致富的基本途径是创办企业。所谓创业，主要是创办企业，而且是办个人独资企业。要想富的人应该去办一个独资企业，这是致富的基本途径。想富，应该承认这是人们的正常心态，关键是怎么富，要走正道，不能走邪道，在法律上、在观念上都应该对此有共识。

不能只说大公司很重要。实际上，个人独资企业制度是基点，跨国公司是方向。美国这样的发达国家，个人独资企业比重还占了一半以上，何况我们呢？所以我觉得应该大力提倡个人独资企业制度的改制方向。改制方向有两种，一种是创办新企业，还有一种像国有企业撑不下去，把它卖了，变成个人独资企业，这对社会也有好处。何必把国有资产折腾完了？国有资产今天的流失是很大的，是一个冰棍现象。庞大的国有资产效率很低，我们付出的代价还是很大的，与其那样，还不如直接拿出来卖掉创造更多的财富，对子孙后代还有好处。所以个人独资企业是致富的基本途径，应该鼓励。

我提倡鼓励给大学毕业生更多的创业机会，这跟过去等待分配工作是不一样的。过去是找一份工作，找一份工作那就是打工。将来一个人要么去创业，要么就打工，就是这两条可选择的路。不像过去讲的，到哪个单位去参加革命工作，不是那个概念了。个人独资企业制度应该提倡。

第二，有利于创造国家的税收。我认为中国的财政结构要改革，现在虽然国有企业交的税很多，但是它还是牺牲了一些应该得到的利益。国有企业这么困难，但是给国家交的税那么多，那是撑着的。财政结构不能长期建立在这个基础上，而应该建立在新兴企业基础上，未来个人独资企业交的税和个人所得税，占中国整个财政结构的比重必将大大上升。

第三，有利于解决就业问题。中国的就业是21世纪重大的社会问题，因为人多。就业怎么解决？靠国家再来创造岗位作用非常有限，靠国有企业，它们自身问题一大堆，人也太多，也在往外甩。解决就业的基本途径是鼓励人们去创办企业。我的看法是今天谁出来创办企业，他招工50个人，他的社会地位和社会贡献比处长还要大。他如果能招100个人，对社会的贡献比司局长还要大，如果能招200人来就业，贡献比部长还要大。因为中国的官员机构太多，吃财政饭的人太多，而创造就业的人太少，关键在于他的社会地位太低。中国今天的社会是企业地位太低，企业家声音太小。搞市场经济，要加入WTO，中国今后肯定要面临这个挑战。我认为应该提高企业的地位，增强企业家的声音，为什么？他解决了就业问题。有人不服气，觉得企业工资低。你也可以出来创办企业，只要你有知识、有技能、有才能就能为社会做贡献，应当保护创办企业者的积极性。

第四，个人独资企业是企业家产生和成长的摇篮。我们天天讲企业家这个概念，企业家的本质是创新意识、开拓精神。现在对企业家的认识有偏颇。不是到哪个地方的大公司受聘就业就是企业家，世界上绝大多数企业家都是由小到大、由弱到强，从创办企业开始，然后发展企业。个人独资企业是企业家产生和成长的摇篮，中国真正的企业家来源应该是这些企业，因为在其中成长的企业家有风险意识、有责任感、有开拓精神，适应市场竞争。

第五，有利于和大公司相配套。大公司不可能把一台机床的5 000多个零部件都自己搞，可以搞一些关键件，其他的分包出去，这就给了个人独资企业生存的空间。你依托在大公司之下，只要这个大公司在你就在，当然你得满足它的成本、质量、价格、服务、交货期的要求，否则也不能生存。再譬如汽车1万个零部件，波音公司一架飞机3万个零部件，显然有众多的企业来为它提供零部件。

个人独资企业的好处有这五条，这是第二类企业。这些企业有的是新建立的，大学毕业生出去创办企业；有的是国有企业改制后的企业。国有企业改制成这种企业，对社会有五大好处，省得国有企业在这儿撑着，老产品又没人要，还撑着干吗？我们研究企业改制就得有一个共识。

第三类，合伙企业。第一个优点，跟个人独资企业相比，有若干个合伙人出资组成一个企业，这样可以克服个人技术能力、业务能力、资本能力的局限性。

第二个优点，可以做知识性、业务技能、技术比较强的一些企业。有些人有技术、有业务，可以合伙办企业，比如会计师事务所、设计事务所、律师事务所，还有一些高新技术企业。资本量不一定很大，但是要求业务技术、技能水平比较高，市场经济讲究合得来在一起，合不来就散伙。合伙企业不像计划经济那样一定要把某些人捏在一起搞内耗。松下公司最早就是家庭企业，也是合伙，松下幸之助及夫人，还有他的小舅子，后来搞了一段小舅子不干了，分离出去了，小舅子搞了一个三洋也可以。现在三洋也发展，松下也发展。

第三个优点，可以有承担无限责任的合伙人，也可以有承担有限责任的合伙人。这和个人独资企业不同，个人独资企业必须承担无限责任，合伙企业总体来说应该承担无限责任，但是可以有承担有限责任的合伙人。中关村办企业，你有技术出技术，有钱出钱，有钱的承担无限责任，出技术的承担有限责任，可以使两种责任在合伙企业中得到体现。

第四个优点，合伙企业可以更多地接受一些风险投资，有利于民间资本的发展。只要有技术有业务人家就愿意来投资。

总体来说，将来企业改制的目标，这三种企业制度应该提倡。这三种企业制度的区别是什么？企业资产所有者的形式不同。个人独资企业，资产个人所有，因此利润由个人独享，风险全部由个人承担。合伙企业的资产所有者是合伙人。合伙企业的关键在于合伙人要签订合伙合同，一切运转按照合同进行。合得来就在一起，合不来就散伙了。公司资产的所有者形式，我认为是最值得我们研究和重视的，刚才讲的这两种企业，相对来说比较简单。企业制度最重要的是企业资产所有者的形式不同，这是划分市场经济条件下企业制度的基本标准，也是企业法律形式的依据。企业改制应该有法律观念，因为市场经济就是法治经济，一切依法进行。

公司跟前两种企业资产所有者形式的最大不同有以下几点：

第一点，公司是两人或两人以上集资组成的法人企业。这是公司区别于个人独资企业、合伙企业的本质特征。首先是两人或两人以上，可以是自然人，也可以是法人。但是一旦组成公司，这个人的法律独立主体资格就消失了，只是这个公司的股东。集资后的财产是公司法人的统一财产。公司作为法人，拥有独立支配法人财产的权利。现在有些是打着公司的旗号，实际上资产是个人财产，或者所谓的合伙。目前，社会上的一些提法混乱，出现很多产权纠纷，内部就闹起来，法院也没法判，因为本来就不清晰。这也属于企业改制要解决的问题。企业改制最主要的是要明确资产关系、产权关系，谁出资，跟企业有什么关系，这是企业制度上最根本的特征。

第二点，公司实行有限责任制度。这也是公司区别于个人独资企业和合伙企业的重要特征。有限责任包括两方面含义：

第一是股东对公司承担有限责任。股东以出资额为限来承担责任，把股东出资的财产同股东其他财产区分开来。一旦公司出了事，股东只承担他出资那部分的责任，不会超出这个范围。假如一个人有一部分钱要投资，可以有三种情况，一是自己办一个企业即个人独资企业，二是和别人合伙办企业，三是投资到公司成了股东。股东还有别的职业，还可以拿别的报酬，而投资到公司是等着分红。个人独资企业则是以办企业为职业，这也是一个概念的区别。

第二是公司对债权人承担有限责任。公司以法人财产为限对债权人承担责任，这就出现了破产制度。公司有限责任制度是公司破产制度的基础和前提。公司破产有三个条件：

（1）公司法人无法承担债务，资不抵债。但这不是破产的唯一条件。

（2）在资不抵债的情况下，公司失去了信用能力。假如有信用能力，还可以借新债还旧债，不至于破产。如果既资不抵债又失去信用能力，不能借新债还旧债，包括原来的债权人也不愿意再借给你了，则构成公司破产。

（3）欠两个债权人以上的债。在这种情况下，债权人争先恐后来讨债，会导致债权人之间的纠纷。所以破产制度的积极意义就是两条：首先，维护债权人利益，公平合理偿还债务；其次，使债务人得到解脱。这是破产的积极意义，是企业新陈代谢的正常表现。

破产这个概念只用在公司制度。个人独资企业是倒闭解散，因为一个人承担无限责任。公司不同，是一个法人破产，法人消灭。破产后的公司人员可以依法另找出路。假如没有破产制度，像国有企业不能破产，又不能自己挽救自己，国家又不给补贴，就得耗着，这就是社会不稳定的因素。破产是社会稳定的表现，有利于社会的进步。因为市场竞争，总会优胜劣汰、新陈代谢、如果没有破产就只能耗在那里。有限责任制度是破产制度的基础，现在很多企业不能破产，就是财产责任制度不清晰。企业制度最重要的是明确财产责任制度，股东出资的财产责任是承担自然人责任，公司则是承担法人财产的责任，这个要区分开来。

第三点，公司必须实行所有者与经营者的分离制度。所有者是股东，经营者在这里以经理为代表。经理是公司经营活动的代理人，严格来说，经理这个概念只存在于公司，不存在于个人独资企业里。虽然有些个人独资企业也聘个经理，但那不是公司制度中的经理概念，经理制度应该以公司制度为代表。

第四点，公司必须建立法人治理结构。所谓法人治理结构就是要解决在所有者与经营者分离之后，所有者与经营者之间的利益冲突问题。只能讲公司法人治理结构，不能讲企业法人治理结构。个人独资企业不需要法人治理结构，因为是个人说了算。合伙企业也不需要法人治理结构，因为是合伙人商量着办。国有企业根本谈不上法人治理结构，现在社会流行叫企业法人治理结构，我觉得不恰当。因为不是所有企业都是法人，谈不上企业法人治理结构，只有公司法人治理结构。公司法人治理结构主要是解决所有者与经营者的利益冲突问题。所有者与经营者分离有好处，公司有优越性。分离的第一个好处是提高了资本运作的效率。因为股东是资本的所有者，他只关心资本投在哪个公司，而把产品业务抽象化了。只要能给他带来回报就投资，社会资本流向生产力最先进的行业中去，就可以获得高回报。股东是资本的专家，公司的优越性就是提高了资本的社会化运作效率。分离的第二个好处是提高了经营管理的效率。经理是经营管理的专家，凭管理知识、管理才能、管理业绩取得报酬，这就鼓励人去学管理知识，做好经理获得高报酬。把公司办好了，造就了一批管理专家即经理阶层。这两个好处集中起来就是提高了公司的市场竞争力和社会生产力效率。公司是迄今为止生产力最先进的现代企业形式，到现在为止，还没有任何一种企业制度超过公司制度。

个人独资企业发展之后变成公司，但必须是真正的公司，不是现在某些名不符实的挂牌家族公司。现在各类企业都面临改制，改成规范的企业制度，即在市场经济条件下产权清晰的企业制度。企业从建立的第一天起要产权清晰，如果企业注册时就产权不清，以后必定有产权纠纷。人有一个特点，没有产权时说没关系，大家做贡献，一旦有了财产就争就吵。办企业第一天起要明确财产关系，否则这个企业是办不下去的，再好的产品、再好的业务最后也会内耗掉，或者挖掉、走掉。这就是企业改制的意义。我建议企业从注册的第一天起就明确财产关系，即资产所有者的形式。资产所有者之间的关系是什么？或是一个人独立办企业，或是跟别人合伙办企业，或是股东集资办公司。将来基本上就是这三种情况，第一种是个人业主的财产，第二种是合伙人的财产，第三种就是股东集资组成的公司法人财产。

从未来中国的企业来说，这是非常重要的，财产关系、资产关系、资产所有者的形式一定要明确。公司实行所有者与经营者分离有很大好处，造就了更高的生产力效率。但是，经营者与所有者分离之后有两个缺点。第一是信息不对称。股东出资后委托经理经营，不直接掌握公司的财产信息、经营信息，这就有可能导致经理用他得到的信息欺骗股东、隐瞒股东，从中获得自己的好处，这叫内部人控制。公司法人治理结构要防止内部人控制，以免经营者利用自己掌握的信息来欺骗股东获得好处。第二是目标不一致。股东的目标追求投资回报，经理的目标追求个人报酬最大化和个人能力的增值，这样容易产生矛盾。公司法人治理结构就是解决所有者与经营者分离之后的利益冲突问题，维护公司各类人的利益关系并保持公司健康成长。

任何一种企业制度都有优点也有缺点。公司成败的关键是经营者与所有者分离之后的关系能否处理好，公司法人治理结构是决定公司命运的制度。中国公司法人治理结构的不规范表现在要么所有者经营者不分，要么分离之后各干各的导致矛盾。公司法人治理结构要求股东机构、董事机构、经理机构的权利关系是制衡关系。他们的权利是分割的，没有至高无上不受约束的权利。有人老问我，到底是不是股东最重要？股东是重要，但不能直接指挥董事，更不能干预经理，否则你就是角色不分了，那就不是公司了，要么回到国有企业，要么回到个人家族企业。家族企业发展为公司之后失败的也有，香港王安电脑公司搞得很大，王安死的时候让他的儿子继任总裁，其他能人不用，最后公司垮台破产。公司不遵守法人治理结构就要破产，无论是国有企业还是家族企业演变过来的公司。个人独资企业一旦搞大了，不走公司制度，还是家族企业这一套，自己说了算，最后也难免失败。家庭企业搞好了，你要老维持门面不扩大规模可以，就摆一个摊子挣点小钱养家糊口。其实办企业70%的人是想过正常的日子，企业只是谋生手段，用来养家糊口，只有少数人能富起来。富起来就必须办公司，必须走公司制度。

现在办企业的某些人心态不对。企业改制也面临心态问题，各人有各人的想法，利益归自己，权利掌握在自己手中，责任在别人。公司是权责利结合的企业制度。国有企业搞不好，很大问题是权责利脱钩，权力与责任脱钩，责任与利益脱钩，国有企业是制度的牺牲品。

国有企业改制最好是改成上述三种企业中的一种，能改成公司的尽量改成公司，因为有好处：可以解决发展中资本金不足的问题；可以解决经营机制的转换等。但是整体改成公司需要一个条件，即要有效益，因为要吸收新的股东进来，给股东分红。所以有效益的国有企业要先改制，但有效益的国有企业改制有一个困惑，即上级主管部门不让改，理由是改了之后把税利交给了国家，或者是本企业职工不愿改，说现在企业还能发工资发奖金，改什么？改了会引起大家矛盾，看法不一致，有的企业领导怕麻烦，不改。但是，当这些企业哪一天没有效益再改的话，又改不动了。这就是国有企业改革出现的最新矛盾。

国有企业整体不能改成公司的，可以拿一部分出来改制。因为迄今国有企业仍然面临三大难题：债务包袱沉重，社会负担过重，富余人员过多。这些国有企业整体改成公司，没有人愿意入股，这就要分块改制，剥离一部分。但是剥离应该规范，包装不能成了伪装，伪装上市之后仍然问题很大。

国有企业不能改成公司的，包括整体不能改或分块改不成的，可以改为个人独资企业或者合伙企业。出售国有企业的资产，这就叫有进有退，可以把这部分国有资本收回来，用以加强基本设施、经济命脉、环境保护、公共设施，该退的有序有效地退出来，才能进，国家需要的、一般的企业不愿意办的，国有企业承担起来。

国有企业改制可以有一种过渡的形式，即股份合作制。股份合作制不是一种规范的企业制度。举一个例子，我曾经去过河南省周口市人民商场，原来是国有商业企业，老亏本，机制不好。五年前改为股份合作制有效果，现在面临新的问题，请我去讲二次改制方案。股份合作制的缺点主要是两条：

第一条是全员平均持股。当国有企业员工没有持股时，股份合作制有进步意义。但是全员平均持股还是平均主义，平均主义就会扼杀效率，保护落后。企业效率就是生命，企业一切行为要讲求效率。国有企业倒霉就在于报酬平均主义，干多干少一个样，干好干坏一个样。到现在国有企业报酬问题也没有解决，因为企业没有拿到报酬自主权。

国有企业改成股份合作制，职工持股了，但是平均主义持股也不行。周口市人民商场职工是这么想的：我持股跟他差不多，都是一股两股三股，我干得再好，分红大家一样，还是没有积极性。企业制度内部应该是效率优先，包括资产效率、利益效率等，平均主义是企业内部的腐蚀剂。总体来说，企业内部应该拉开差距，怎么拉开这是另外一回事。我觉得就改制的方向而言，企业内部要拉开差距，报酬的差距、持股的差距。现在凡是搞全员平均持股，效果都不是太好。职工持股搞了不少，但是成功的不多。要么变成变相的集体福利，要么变成变相的职工平均分红行为，大家平均得到一点好处，又没有积极性。

第二条是一个职工两个身份，即既是股东又是职工。股份合作制最高机构是职工股东会。由职工股东会选举厂长、经理，不能把最有能力的人选上来，选上来的是老好人，在企业不干事的。因为在企业干事要得罪人，得罪了的人最后这一票就不投你。职工就是职工，不能对职工要求太高，要求他站在企业全局来看问题，那要企业厂长经理干什么？职工关心管理，但不能把最高的权交给他。职工在股东会上表决股份合作制的重大问题，表决到奖金、福利问题争得面红耳赤，但对企业未来决策都不了解，也不关心，只看到短期利益。股份合作制的短期行为是企业致命的死亡前奏。谁都知道战略很重要，让职工来考虑企业战略问题这是对职工的苛求，是本末倒置。

公司制跟股份合作制的区别，主要是两点。

第一，公司股东不要求一定是职工，职工不要求一定是股东。公司内部如何搞职工持股，也提出了新的问题。现在讲职工持股，跟80年代中期完全不同，实际上有很大的发展。职工股应该是盈利与风险并存的投资行为。要盈利但也要承担风险，亏损了要亏本，亏谁的本？亏股东的本，谁投资亏谁的本。80年代中期一些国有企业的所谓职工股变了味，变成职工集体福利或借贷行为，不是投资行为。公司的股东与职工是两个概念。过去广东美的公司搞过全员持股，效果不好，现在也不搞了。公司中的股东与职工是分开的，不要求像股份合作制那样一个人两个身份。

第二，公司股东的持股差距拉大，不搞平均持股。股份合作制不是真正的股份制。现在挂着公司的牌子搞股份合作制，比较麻烦。公司制是规范的企业制度，而在股份合作制中股份是资本的联合，合作是劳动的联合，而且资本和劳动是平起平坐的，这种企业就非常难办了。所以股份合作制不是规范的企业制度，不能喊股份合作制万岁，不能使它固化。有些地区的股份合作制正在分化瓦解，搞得好的改成公司，搞不好的卖给个人，再不行卖给几个人变成合伙。

由此可见，国有企业改制的指导思想包括：

第一，尽量改成公司，但是要有条件，要有效益，没有效益就改不成。

第二，整体改不成就分块改制，能搞活一部分人就搞活一部分人。

第三，卖给个人或者卖给几个人合伙。

第四，改成过渡的股份合作制。

第五，国有企业改制的关键问题有两个，一是国有资本如何退出，二是职工身份如何置换。

这是当前国有企业改制的五个指导思想或者五个做法。值得注意的是，必须按照每个企业不同的状况来改制，从实际出发，分门别类进行，不搞一刀切，不走过场。

公司要单独研究。我认为中国的公司形式最主要有三种：第一种是有限责任公司，第二种是股份有限公司，第三种是上市公司。这三种公司制度是我们企业未来进行公司制度改造的方向。现在一些公司不规范，国有独资公司太多，拼凑的有限责任公司太多。我曾经到过一家有限责任公司，是由三家国有企业拼凑起来的，现在国有企业条块分割，当地一家、省里一家、外贸一家三家拼凑，效果很差。国有企业之间相互参股、持股，不是真正的股份制。规范的股份制中，股份是指股东的区别、股权的区别，如个人股权、法人股权。现在国有股权关键是股东要明确。

未来可能越来越多的公司没有国有资产，或者国有资产比重很小。现阶段由国有企业改过来的公司有国有资产，但是从未来发展趋势来看，实践证明，国有股比重越大的上市公司机制越差。要减持国有股比重，怎么减持？这是上市公司改制的关键。按照股东平等的原则，最后所有的股东股权都应该进入资本市场流通。现在关键是这个问题，上市公司不规范，最大问题是股权种类不规范，股权结构不合理，资本市场不合理，如分成流通股、非流通股、A 股、B 股等，权利又不一样。我认为市场经济的企业制度关键要提倡利益主体多元化，不是利益主体单一化。两次国有股减持不成功在于光考虑一个利益，国有资产利益的最大化，没有考虑其他股东利益。改制的上市公司仍然是个利益问题。企业改制的根本问题是利益关系问题。

企业改制最重要的是解决三个问题，即产权制度问题、组织制度问题、管理制度问题。管理制度要改，关键是处理好管理制度与人的作用的关系。我认为一个企业的管理工作制度要延续，人是暂时的，但人又是非常重要的。我们现在讲以人为核心的管理，第一是讲提高人的素质是关键，第二是讲团队精神、企业文化。企业里的人不能搞个人英雄主义，个人能力再强，没有协调精神、团队精神，这种人也不能要。这就需要企业文化。企业文化是一个企业为实现经营目标而具有凝聚力的全体员工认同的价值观。几万人也要有凝聚力，我们现在一些企业是大的没有凝聚力，小的也没有凝聚力，关键是人与管理制度之间的关系没有处理好。人的作用要体现在制度的先进性，人的水平高表现在制定出先进的管理制度包括生产管理、营销管理、技术管理、产品管理、财务管理、人力资源管理制度等，关键要立制度。制度的作用是永恒的，人的作用是暂时的，人的作用凝聚在制度的威力上，改制也包括管理制度，不单是产权制度。

产权是前提，组织是保证，管理是基础，这就是改制中这三个制度的关系，不要偏废，不要刮风。现在社会上有人强调产权是唯一的，有人说产权不要提而管理是最重要的，这些看法都不符合企业实际情况，是站在企业外面来看。站在企业里面来看，其实就这三个问题：产权问题、组织问题、管理问题。企业改制就是要解决产权制度怎么改，组织制度怎么改，管理制度怎么改的问题。每个企业都面临着改制，不是说这个企业制度很好了，只是加强管理，恰恰这些企业的制度是落后的。

（在“2001年中国企业经营者问卷调查结果发布暨宏观经济形势分析研讨会”上的专题报告，2001-11-19）

● 现代企业制度是国有企业改制和民营企业建制的共同方向

我国企业的改革与发展主要沿着两条线来进行，一是国有企业改革与发展，一是民营企业建立与发展。

从国有企业改革 26 年来的发展来看，一方面应该肯定我国国有企业的改革取得了一定的成效，换来了中国经济的发展，换来了人民生活水平的提高，换来了社会的进步。26 年国有企业改革的方针与政策是正确的。但是，另一方面国有企业改革的成效还不太理想，没有达到预期的目标。国有企业改革的现状表现为两极分化比较严重。国有企业中搞好的是少数，多数企业债务包袱重，富余人员多，社会负担重。靠优惠倾斜政策已走到尽头，靠推广经验或单纯换企业领导不行。现阶段的国有企业改革实质是改制，即要换制度，实行制度性创新。具体来说，就是用现代企业制度来取代国有企业制度。

民营企业的出现与发展显然为中国经济的发展做出了重要的贡献，但民营企业发展呈现出不平衡的趋势。2003 年 7 月 15 日，笔者在《人民日报》上发表题为《非公有制经济发展需要跨越几道坎》的文章提出，目前民营企业存在以下几个问题：一是民营企业的封闭性产权要向开放性产权转化，产权制度要规范化；二是民营企业的规模大了，要靠制度来管理人，要建立现代企业组织制度；三是解决人才市场化、社会化问题；四是财务、营销、生产、人力资源、科技开发等各项管理制度要建立与完善；五是体制问题。

因此，国有企业改制和民营企业建制的共同方向是现代企业制度。民营企业要建立现代企业制度，必须把它放在市场经济体制中去考察。市场经济体制主要从消费者、政府和企业自身三个方面来分析。一是消费者。民营企业的发展、民营企业建制要把市场、消费者摆在第一位，民营企业要与市场的容量、市场需求，以及客户需求相联系，根据市场的需求，找到自身的定位。民营企业自身要由小到大，由弱变强，民营企业参与国有企业改制与重组，参与国有资产的置换与重组，都必须立足市场、企业与消费者，并要处理好这三者之间的关系。二是政府。现阶段政府正在大力发展民营经济，保护私有财产，这是民营企业发展的有利条件。但总的来说，民营企业发展的政策环境还有待改进。民营企业遇到绿灯要快步走，不要错过机遇；遇到红灯绕道走，不能硬闯和违规；没有灯，摸着走。三是民营企业自身。民营企业自身要有危机感，危机感是民营企业发展前进的动力。通过竞争与优胜劣汰可以使企业充满活力，因此今后民营企业发展需要关注如何化解危机，加强危机管理，从而在竞争中转危为安。

从目前来看，民营企业建制主要面临两个方面的建设，即企业制度建设与企业文化建设。企业文化建设最重要的是增强企业凝聚力。企业文化的实质是为实现企业经营目标而具有凝聚力的、全体员工认同的企业价值观。企业文化能引导人的善的一面，企业制度能抑制人的恶的一面，两者都是企业发展建设必不可少的，是企业发展的两大支柱。在企业制度建设方面，民营企业要以公司制度为主体，这是它的发展方向。未来的企业制度基本是以下三类：一是公司制，二是个人独资制，三是合伙制。三类企业制度是依据企业资产所有者形式来区分的，因为资产所有者是资产所有权明确的概念，所有制是资产所有权不明确的概念，而且所有制打上姓“资”、姓“社”的阶段烙印。个人独资企业即企业资产为个人所有，合伙企业的资产所有者为两人以上。而公司的资产则有以下几个特点：公司股东必须有两人以上；股东承担有限责任；股东出资形成公司法人财产，公司是以其法人财产为限对外承担法律责任，公司必须建立法人治理制度，因为公司法人产权制度化，就必须在公司建立法人治理结构，两者是相一致的。公司制度有三种产权形式，一是有限责任公司，二是股份有限公司，三是上市公司。再加上个人独资企业制度和合伙制，未来企业的制度总共有三类企业产权制度、五种企业产权形式。因此，未来的民营企业建制也将按照这三类企业制度来开展。

（原载《纪念邓小平同志诞辰一百周年企业改革和发展高层座谈会文集》，2004）

● 企业制度创新的方向及应解决的问题

“现代企业制度是国有企业改制与民营企业建制的共同方向”，这个命题是我在 2004 年 7 月于人民大会堂召开的纪念邓小平诞辰一百周年座谈会上提出的看法。尽管国有企业与民营企业之间有很大差别，两者的现状也大有区别，但两者的制度创新方向是相同的，即建立现代企业制度。目前社会上对现代企业制度的片面理解有三种情况，一是现代企业制度不能解决中国企业的现有问题；二是过于乐观地说现代企业制度已经基本建立；三是认为现代企业制度很渺茫和不可捉摸。由此可见，毫不动摇地坚持企业制度创新的方向即建立现代企业制度，并坚定不移地按照现代企业制度的要求付诸实际行动，具有极其重要的现实作用和深远的战略价值。为何强调现代企业制度是共同方向呢？因为中国企业改革与发展战略正在沿着两条线来进行：一是国有企业改制，这是国有企业改革的延续与发展。国有企业改革已经 27 年了，从 1978 年算起到 2004 年底，国有企业改革取得了成效，但还很不理想。现在的问题主要是制度性缺陷。目前大批国有企业主要还是靠政府扶持。最近国资委有个统计，给全国 181 家企业注资 9 000 亿元，实际上只能解决临时、表面问题，不能解决根本问题。因为国有企业存在制度性缺陷、制度性弊端、制度性危机，靠优惠政策不能解决根本问题，靠推广经验也不行，靠换几个领导更不行。国有企业主要是制度问题，必须改革人事制度，还面临一个制度创新的问题。因此，国有企业改革到今天是改制。改制与改革的关系就在于改制是改革的延续与发展。没有 20 多年的改革，根本不可能提出改制的任务。20 世纪 80 年代初提出国有企业改制是行不通的，只能给一些优惠的改革政策。但到了 21 世纪的今天，如果再沿袭那些所谓的优惠、倾斜、扶持政策，就根本不行了，因为我们已加入 WTO 了，都国民待遇了，都一视同仁了，都走向国际了，显然靠那些政策性措施不能解决长远问题。因此，对改革措施要进行改革，即着眼于制度性创新，不能停留在已有的改革措施上，改制是改革的发展。

再一条是民营企业建制，这是中国企业改革与发展越来越重要的课题。1978 年伊始的改革开放，冲破了计划经济体制下的单一公有制经济和国有企业一统天下的局面，涌现出非公有制经济和多种经济成分并存的各类企业，这种所谓的民营企业从零开始，从无到有，由弱变强，正在中国经济发展中起着越来越重要的作用。但是，民营企业的生存与发展也不是一帆风顺的，除了外部的体制性障碍，更有内部的制度不足。

我到浙江去民营企业考察时，有一个老板对我说，他的企业创业时只有 30 人，每天早上 8 点到车间转一趟，很清楚员工怎么干活，年末奖金怎么发心里有底。但现在企业扩大到 5 000 人了，他问我该怎么管理。我的回答是："用制度管人，不是人管人。"所以民营企业面临着迫切的制度性建设问题。我在各种研讨会或培训班上经常遇到一些民营企业家提出有关如何建立现代企业制度的困惑和难题。《人民日报》曾约我写关于民营企业发展的文章，这篇题为《非公有制经济发展需要跨越几道坎》的文章已刊登在 2003 年 7 月 15 日的《人民日报》理论版上，其中就提到制度坎，这是民营企业发展必须解决的、非常重要的制度性难题。据美国《家族企业》杂志调查，美国约有70%的家族企业未能传到下一代，88%未能传到第三代，只有3%在第四代及以后还在经营，其关键因素在于企业制度是否完善。中国的一些家族企业正在面临所谓“接班”的难题，实质是企业制度创新必须解决的基本问题。

按照现代企业制度的基本要求，考虑到国有企业改制和民营企业建制的现状及其难点，未来中国企业制度创新应解决的问题有三个方面：

一是产权问题。对国有企业来说是产权改革，对民营企业来说也有一个产权制度如何完善的问题。产权制度创新要解决哪些问题呢？

（1）在规范股东的基础上来实现股权多元化。未来应大力提倡和发展两类股东：个人股东和社会法人股东。国有股东的定位要明确，不能缺位、越位、错位。集体股东需要改制。解决流通股与非流通股的股权分置问题。产权制度改革的方向要建立在个人产权、社会法人产权的基础上。2004年《宪法》修改，承认私有财产不可侵犯，有利于企业产权改革的发展。产权制度创新不问姓“公”姓“私”、姓“社”姓“资”，不争论，这是邓小平的伟大发明。产权制度创新不动摇、不争论、不攀比、不张扬、不气馁。郎咸平片面地抓住个案问题，以个案代替整体得出的结论是“停止国企产权改革”，这是错误的。未来的企业产权制度创新，一要坚持，二要规范，但不能停止国企产权改革。

（2）股权结构要合理。解决好大股东与小股东的关系、国有股东与其他股东的关系问题。倘若这两个关系处理不好，又会回到政企不分、政资不分的状态。

（3）实行股东所有权与公司法人财产经营权分离的产权制度。对于MBO（管理层收购），经营者自卖自买是不允许的，会导致国有资产流失，但从长远看，也不是不能卖给经营者。东北一些国有企业经营者就提出问题：能卖给外国资本或民间资本，为何不能卖给我们经营者？其实，只要能公正、公平、公开地卖就可以了，关键在于建立规范的产权交易市场制度。

二是组织问题。有了产权制度创新，若组织混乱也不行。组织制度创新应解决的问题是：

（1）企业内部的组织结构要变革，面对市场合理地设置企业组织框架并划分企业内部的职责与权限关系。

（2）建立和规范公司法人治理结构，这个问题的复杂性、艰巨性在于涉及人事制度改革、职工身份置换、新老三会关系及与其相关的深层次难题。

（3）处理好集团公司作为母公司与子公司的关系。目前的问题是母子公司的财务、人事关系混乱、重叠，有的母公司任意侵占调拨子公司的财产，有的子公司亏损靠母公司补贴。未来应建立规范的母子公司之间的法律关系、经济关系，改变单纯的行政关系。

三是管理问题。管理要落实在制度上。管理制度创新要解决下列问题：

（1）建立战略管理与业务管理相结合的制度。企业有了战略还应有执行。2004 年 1 月 8 日《经济日报》介绍山东威海三角轮胎战略管理的成功案例，请我点评一下，题目就叫《提升执行力》。企业的战略决策制度，必须通过具体的业务管理制度来实施。管理就是细节，管理就是行动，管理就是具体。管理的精髓是化繁为简。

（2）建立综合的、系统的、科学的业务管理制度。业务管理是复杂的、大量的日常基础性工作。因为战略毕竟是少数人制定，而多数人是战略的执行者。企业多数人不直接参与制定战略，而是考虑业务管理工作怎么做好。有些公司战略很好，但执行不好。我主张建立综合的、系统的、科学的业务管理制度，包括生产管理、营销管理、财务管理、人力资源管理、科技开发管理以及质量管理、成本管理、设备管理、安全管理和可粗可细的各项业务管理制度。企业管理工作要防止刮风、炒作的现象。

（3）处理好管理工作中的制度建设和人本管理的关系。企业管理工作中倡导以人为本、以人为核心的基本含义和要求有三条：第一条是提高个人素质是提高管理水平的关键。第二条是要有团队精神、协调能力和凝聚能力。第三条是人的作用体现在管理制度创新过程中。人的作用离不开制度，不能离开制度而抽象地讲人的作用。人与制度是什么关系呢？可用三句话来概括：一是人的作用体现在制定出先进的企业管理制度；二是有了好制度必须由人去执行；三是及时修改过时的、落后的企业管理制度。制度是重要的，但不是万能的。制度是延续的、永恒的，但必须是不断修改的、完善的。

由此可见，未来中国企业制度创新的方向是建立现代企业制度，殊途同归，应解决三个方面的问题，其中，产权解决三个问题，组织解决三个问题，管理解决三个问题，三三得九，九大难题是我国企业发展战略应着重解决的制度性问题。

（在中国发展战略学研究会主办的“二〇〇五年北大战略管理深度汇谈会”上的发言，2005-01-16）

企业成长要加强制度创新

市场经济的主体是企业。一个地区经济的发展取决于企业的成长，而一个企业成长的标志是市场竞争力。企业是义乌商贸经济的主体和基础，在义乌经济发展中起基础性和决定性作用。

企业成长取决于外部和内部两个方面的因素。外部因素指政府要为企业的进一步发展创造良好的体制环境和外部条件，包括公共设施、基础设施等；内部因素指要处理好企业的制度建设和以人为本的关系。

义乌商贸经济从无到有，从小到大，从弱到强，是与义乌创业者的努力分不开的。但企业发展到一定程度和规模，应加强制度的建设和创新。十六大重新强调建立现代企业制度的重要性，虽然主要是指国有企业改革，但义乌的民营经济、私有经济占主体，它的进一步发展也应朝着这个方向迈进，要进行制度创新。现在就全国来说，由政府出面拼凑的大企业集团，包括改制后的上市公司、国有控股公司，效果并不理想，市场竞争力不强，而由创业者创办的民营、私营企业，却颇经得起国内外市场的检验，发展前景看好，整个浙江都是如此，因为它的企业基础是好的。

那么，企业制度创新的内容是什么呢？我认为包括两个方面：一是产权制度创新；二是组织制度创新。21 世纪，中国在市场经济条件下，存在三种产权制度：（1）个人独资企业，指企业资产一人所有，这个人是自然人。（2）合伙企业，即由两个或两个以上的合伙人出资组成的企业。这种企业不是一个人说了算，企业成败取决于合伙人的合作能否协调、融洽。（3）公司，即由两个或两个以上的股东集资组成的法人企业。我觉得义乌的下一步发展应重视树立法人意识、法人概念，把经营管理和法律概念结合起来。现在有人说非国有企业就是民营企业，我觉得民营企业这个概念太笼统。比如江苏的乡镇企业就不完全是民营企业，实际是变相的国有企业。集体企业更是一个产权不清的概念，所以是改制的对象。企业产权制度在法律上是一种财产关系。个人独资企业就是个人的，任何人、任何组织和部门不能干预它，合伙企业则应走合伙企业的法律制度。将要颁布的《个人独资企业法》《合伙企业法》，应该使个体户、私人企业等概念退出历史舞台，按照企业的资产所有者性质来划分企业的法律形态。

什么是创新？创新就是创造性的破坏，去掉旧的换上新的。首先是产权制度的创新，目前义乌企业还以中小企业为主，存在一个做大后怎么办的问题。我认为应建立现代公司制度，即一种资产所有者和经营者分离的制度，推行股权多元化，在公司内部形成经营者持股、技术人员持股甚至职工持股的制度，用制度激励人、留住人、管理人。其次是组织制度的创新，要处理好母公司与子公司的关系。这是一种法人与法人之间的关系，存在诸如分产、分包、分销等问题；同时要建立合理的企业组织结构，用制度管人。当然，我不主张义乌盲目搞股权多元化，一切应从市场规律出发。目前义乌商贸经济从企业成长的角度看还处在很初级的阶段。我强调制度创新，因为市场经济是法治经济，不是人治经济，人是暂时的，而制度是永恒的，生产是无限的。比如企业做大之后存在一个决策问题，我主张建立董事会这样一个集体决策的机构，对投资、经营、财务等问题进行决策。在市场经济环境中，企业就是实干，就是行动，就是细节，就是具体；不要搞绝对化、一刀切。企业也不是讲大道理，讲永恒真理的地方，所以应从微观上更快地完善和创新企业制度，为企业的可持续发展奠定制度的基础保证。

（原载《中国经济快讯》，2003（2））

● 企业和谐：制度创新与人本管理

企业是社会进步和经济发展的基本点，企业和谐是社会和谐的基础。在社会主义市场经济条件下，制度创新与人本管理是构建和谐企业的基本保证。现阶段的中国企业制度创新目标是建立与完善现代企业制度。无论是国有企业的改制，还是民营企业的建制，虽然有着各自的途径和方式，但殊途同归，其共同点是建立规范的现代公司制度。现代企业制度是由现代企业产权制度、现代企业组织制度、现代企业管理制度三个部分构成的。其中产权是前提，组织是保证，管理是基础。产权涉及企业的财产及利益问题，组织涉及利益前提下的职责与权限划分问题，管理涉及企业的战略制定及其实施过程中的各项基础性工作和精细化操作业务问题。

企业的科学管理最重要的体现是：第一，制度管理；第二，有序管理。要改变企业管理工作中的随意性做法，管理制度化就是摆在我们面前的首要任务。所谓科学管理，就是针对各类企业的制度化管理。精细化管理的成败在于制度化管理。管理的精髓就是系统思考和化繁为简。各项管理工作、管理方法要改进，但最重要的是各项管理工作要从无序状态转为有序状态。构建和谐企业，必须在管理制度的建设方面解决好以下几个问题：

一是中国企业管理制度的建设要与企业形态结合起来。企业形态可以分成三大类：第一类是小企业；第二类是大企业，以大公司为代表；第三类是大企业的变形体。大企业的第一个变形体在中国叫企业集团，在国外叫跨国公司。中国的企业集团应该瞄准跨国公司。跨国公司管理与小企业管理不同，这是差别很大的不同企业。大企业的第二个变形体是企业联盟，是在跨国公司基础上的联盟。它竞争中有合作，合作中有竞争。小企业发展到跨国公司之后，其管理就要讲究合作，否则就会蒙受损失。因此，我们不要把双赢的原则、竞争、合作等都套到所有企业的管理之中，那就违背了企业形态的区分。

二是中国企业管理制度的建设要与市场结合起来。中国企业管理制度的建设，最重要的是要解决面向市场还是面向政府的问题。长期以来，中国企业管理就是对政府负责，对主管部门负责，只要主管部门表扬，企业就心满意足。奖旗、奖状可以挂满屋子，但三年以后企业就无影无踪，这主要是政府表扬它，但市场不承认它。市场是长期的行为，政府是短期行为，因为政府是论届的，市场是延续的。导致企业管理大量的短期行为，是因为它们没有对市场负责。

三是中国企业管理制度的建设要与产权制度建设联系起来。现在我们产权制度改革的当务之急就是要实现产权多元化或分散化。产权多元化最主要的方向是要增加经营者持股和必要的职工持股，使公司形成一个利益主体。我们现在企业管理本身目标不明确，原因就是不是一个利益主体，不知为谁而管理。产权问题不解决，管理就没有前提、没有动力，不知为谁而管理。

四是中国企业管理制度的建设要与组织制度相联系。我们说组织管理是管理的四大职能（即计划、组织、指挥、控制）之一。而现代企业的组织越来越重要，因为有什么样的组织制度，就有什么样的管理制度，二者的关系是：组织是执行力的保证。再好的企业管理制度，如果没有组织来执行，这个管理是不行的。组织制度首先可以解决企业组织结构合理化；其二保证治理结构规范化。现代的公司法人治理结构，涉及内外各种人的利益关系。外部四种人有客户、债权人、政府、社会公众；内部四种人有股东、董事、经理、员工。公司是内外八种人的利益共同体。管理的实质就是协调这内外八种人的利益关系，保持一种利益的平衡，这样企业才能和谐发展。侵害任何一种人的利益，企业管理都是不成功或不和谐的。

企业和谐还应处理好人本管理与管理制度的关系。以人为本的管理，有个前提条件，即在解决了企业制度（包括产权制度、组织制度、管理制度）之后来发挥人的作用。如果企业制度不规范，越讲发挥人的作用，管理工作就越混乱。什么叫管理？管理就是通过别人来做好工作的过程。什么叫管理者？管理者就是对别人工作负责的人。所以说不能认为人本管理就是调动人的积极性，人本管理要回归到它本来的含义。理解人本管理的含义，要把握以下三个方面：

一是人本管理的核心是要提高人的素质。这里是指市场经济条件下人的素质，主要包括诚信、敬重、责任、公平、关怀和公德等。管理不是讲大道理，不是讲抽象的原则，管理就是行动，管理就是实干，管理就是具体，管理就是细节。总的来说，管理应讲究对每个人的素质培养，使其自立、自重、自尊、自强、自律。自立，就是要有自主意识，自己动手。自重，就是要有自信心，要有承担风险的能力。自尊，就是要有责任心。自强，就是要有创新意识、开拓精神、表现能力。自律，就是要讲信誉、信用，具有自我控制的能力。以人为本的管理就是要强调个人，要尊重人性、尊重个性。

二是要强调团队精神、企业文化。企业中所有人最高的目标应该是企业利益，不是个人利益。这里讲的团队与传统的集体概念不完全一样。传统的集体概念是牺牲了个人的利益，为了集体利益又加上“主义”两个字。这里讲的团队恰恰是建立在尊重个人利益的基础上，承认个人利益的基础上，但是个人利益要服从企业利益、团队利益。团队精神靠什么？靠企业文化。企业文化不是把社会上的一些口号拿来变成企业文化，不是搞点什么文体活动、表演、比赛就叫企业文化。这些只是企业文化的形式，不是实质。企业文化最实质性的内容是，为了实现企业目标而具有凝聚力的全体员工认同的价值观。管理没有企业文化是不行的，企业制度与企业文化是企业发展的两大支柱。

三是人本管理要处理好人和制度的关系。制度与人的关系主要体现在人是暂时的，制度是延续的，制度寓于企业管理的每一项工作之中。企业管理要靠几代人来解决，靠制度来延续。一个企业如果制度不完善、不规范、混乱，那么我们就不能相信这个企业的管理是好的。管理工作好是暂时的，管理制度好是永恒的。制度好，坏人难以得逞，歪门邪道难以得逞。制度差，坏人会钻空子，好人甚至会变成坏人。因此，制度和人的关系寓于每项管理工作当中。所以每项企业管理工作都应该既有制度，又要发挥人的作用，这是我们构建和谐企业必须要解决的一个重要问题。

（原载《中国石油报》，2007-03-20）

● 入世后的企业制度规范与政府职能转变

加入 WTO，现在国内谈得最多的是各个行业如何如何，我认为这种定位不准确。其实，我们说中国加入 WTO，入世的主体是政府和企业，企业是在台前，政府是在幕后。入世后受影响最大的是企业，行业受冲击固然难免，但不景气行业里有盈利企业，景气行业里有亏损企业，入世后酸辣苦甜滋味不同的主体是具体的企业，而不是行业。现在政府入世很积极，但实际上入世后受冲击最大的恰恰是政府，政府是当代中国最不适应入世的“单位”。长期计划体制下政企不分的架构，将极大妨碍政府的适应能力，因此，从现在起就必须彻底转换政府职能。

作为入世的主体，中国企业有很多不规范的地方。WTO 讲究规则，中国企业也应如此。但中国企业的现状如何呢？并不尽如人意。其中最大的不规范就是企业产权结构不清。中国企业现在是按所有制性质来注册企业，这一点必须打破。从法律角度讲，企业的组织形态一般有三种：个人独资企业、合伙企业、公司制企业。现在通行的企业概念有很多混乱，如：

集体企业：产权不清；

民营企业：定义很模糊；

乡镇企业：定位不确切；

国有企业：形态不确定；

股份合作制：责权不规范。

诸如此类问题的存在，本身就是不规范的表现，距符合国际惯例的现代企业制度甚远。

（原载《中国经济快讯》，2000（4））

● 入世后的企业制度和企业家制度建设问题

有三种基本的企业制度必须重视：（1）个人独资企业。个人独资企业在中国的意义，首先在于解决了一个财富创造机制、财富积累机制的问题。如果不承认个人价值、个人财富、个人利益，社会发展的基本动力将是非常薄弱的。所以，现在要强调的是个人独资企业不能仅仅看作拾遗补阙、无关紧要的，应以长期社会发展战略的眼光来看个人独资企业。（2）合伙企业。合伙企业对于搞风险投资、发展高新技术产业很有优势。我们现在一方面有技术没资本，另一方面有资本没项目。在这种情况下，合伙企业就是一个很好的企业制度。美国硅谷就有大量的合伙企业。我认为合伙企业在中国可以大发展。（3）规范化的公司制。上述三个企业制度，下一步应在法律上加以规范，跟世界接轨，发挥每一种企业的作用。

从根本上讲，我国企业家的问题就是制度问题、机制问题、体制问题。加入 WTO 后，我国企业家制度建设主要有以下 10 个方面的工作。（1）规范企业制度。我们现在的企业制度很不规范，有些企业究竟是什么性质自己都搞不清楚。企业家出现在企业中，企业制度不规范，自然不可能出现企业家。（2）建立现代企业产权制度，实现所有权与经营者分离。目前，我国的国有企业改革涌现了一大批上市公司，但并没有涌现出太多优秀的企业家，原因就在于所有者与经营者没有真正分开，政府干预过多。(3)规范董事会制度。应该规范公司企业的法人治理结构，董事应具有企业家的素质。(4)实现经理聘用制度。现在我们的经理大多是任命的，必须改革，企业家不是官员。经理人的选择任用必须透明公开，要加快发展猎头公司和中介机构，建立成熟的经理人人才市场。(5)建立职业企业家制度。国家应在教育上进行专业化培养，特别是要改变过去任命过程中，一些人时而是企业管理者，时而又变成官员的现象，企业家和官员再不能错位、混为一谈。(6)建立经理人的薪酬制度。要给经理人应有的待遇和必要的激励，帮助他们解决生活等方面的问题，使他们无后顾之忧，健康成长。(7)建立企业家的法律和市场监督制度。对企业家的约束要通过法律的形式固定下来，现实情况是行政监督大于市场监督，权大于法，这不利于企业和企业家的成长发展。(8)建立企业家的资信等级制度。企业家应该讲信用、讲信誉，社会需要有一套对企业家信用的评价机制和对不守信用者的约束机制，避免鱼龙混杂，并防止“打一枪换一个地方”和坑蒙拐骗的发生。(9)建立经理人无任期制度。企业家的产生是一个长期过程，现在实行的厂长经理四年短期任期制产生不了企业家。(10)建立企业家合法权益保护制度。当今的社会很大程度上仍然是官本位的社会，企业家的声音太少，特别是他们的合法权益得不到保护，现在有很多部门都可以干预企业家。但企业家是社会生产力发展的载体，企业家的社会地位和合法权益受不到尊重，社会生产力将很难发展。

(在“入世后的企业改革与发展研讨会”上的发言，2001-12-08)

● 中国企业“走出去”与企业管理制度创新

一、中国企业“走出去”战略及其对企业管理创新的要求

1978 年伊始的改革开放，对于中国企业来说具有划时代的历史意义。在此之前，跨国公司乃是一种高不可攀的企业形态，改革开放至今，在“引进来”与“走出去”的战略方针指引下，一些中国企业也冲出国门，走上了国际化之路，加入了经济全球化的行列。但在国内也曾听到过一些质疑的说法：中国市场规模巨大，潜力深厚，为何国内企业要舍近求远去从事跨国经营？也有人认为中国企业管理落后、实力不足，再加上国内就业困难，为何还要走出国门去海外办企业？现在来看，这些说法已不合时宜。中国一部分产业的优秀企业已经具备国际化的市场竞争优势，如果这些企业仅仅局限于国内市场，则会限制它们的进一步发展，如一部分家电业及制造业的企业。尽管有些中国企业资金短缺，但是，资本流动与追逐利润是不分国界的。面对国际化浪潮的冲击，一些优秀的中国企业做出本能的反应，率先到海外去办企业，从事跨国经营活动，决非什么贪大求洋、无谋冒进，而恰是企业资源的优化整合，有利于中国企业管理创新并提升自身的国际市场竞争力。

中国企业“走出去”，不仅具有极其重要的现实意义，更具有深远的战略意义。中国企业的市场竞争力，既要增强以国内市场为基础的竞争优势，更要着眼于全球范围内的竞争优势。中国企业“走出走”的实质是走向世界与走向未来。中国一部分领先企业和具有战略眼光的企业家，在“走出去”的过程中，既使自身能够适应更加激烈和更高层次的竞争，又能带动国内各类企业在经济全球化条件下的求生存与求发展。中国企业唯有在“引进来”与“走出去”的过程中，才能有效地解决企业管理落后问题，从企业管理创新与企业管理国际化的高度来全面提高管理水平。比如，使中国企业管理更加有效地规避市场竞争风险和经济波动风险，更好地应对世界范围内形形色色的国家贸易保护主义及名目繁多的重重壁垒问题。

中国企业“走出去”的国际化经营形式可以多种多样。这些形式的具体选择，应从各类行业的特点及各个企业的实际状况出发，全面分析各种形式的利弊与得失。例如，在海外拥有子公司，既可以采取建立一个全新企业的形式，也可以选择收购一家现有企业的做法，两者的利与弊在于：前者有利于采用最新的生产技术并按照母公司的愿望控制投资的规模，但其缺点是经营周期较长且难以适应海外企业管理环境的要求；后者有利于较快地进入海外市场并在较短期间内收回投资，但其缺点是收购目标企业的评估工作费时费力，且收购后企业管理文化上的差异难以融合。其他多种“走出去”的经营形式选择，包括与海外企业的合资合作形式、许可证形式、特许经营形式、加工贸易、海外生产以及进出口贸易等，都会表现出不同的利弊与得失关系，值得企业界与社会各界人士认真思考与深入研究。

中国企业在实施“走出去”的国际化经营战略过程中，面对的是机遇与挑战并存的全球化经济形势，既要看到有利因素和美好前景，更要分析不利因素和可能遇到的困难。例如，难以满足海外不同市场的需求，在资金管理与外汇管理方面存在较大难度，难以预测海外货币与资本市场的需求变化及其导致的企业成本管理和利润率的变化，企业组织结构变革怎样有效地适应当地环境的要求，企业管理工作中如何克服文化差异所带来的不利影响。除了这些企业在跨国经营过程中碰到的普遍性难题之外，还有一些中国企业的特殊性难题必须予以解决。例如，国内某些企业拘泥于所有制性质偏向，一些企业缺乏制度化、规范化、标准化的管理程序，有些企业热衷于低价竞争策略，不少企业缺乏技术创新体系与自主研究开发能力，一些企业急功近利，甚至不会游泳就一头跳进海里而导致重大损失等。这些问题都是中国企业“走出去”与企业管理制度创新过程中不可忽视的矛盾和必须解决的现实问题。

为此，在中国企业“走出去”的坚定不移战略指导下，我们应当科学地、系统地、客观地探讨中国企业管理与世界发达国家企业管理的制度性差距，明确市场经济条件下的中国企业制度划分标准，重视中国企业管理制度的建设，树立以人为本的管理理念，分析中国企业管理现状和发展趋势，这些就是中国企业管理制度创新必须解决的问题。

二、中国企业管理现状和发展趋势

现阶段的中国企业管理，正处于从传统计划经济体制转向现代市场经济体制的变革时期。中国的企业管理，不仅要加强，而且面临着迫切的改革形势，这是中国企业管理的最基本特征。

从企业管理组织形态上看，传统计划经济体制下的中国企业，是单一工厂型的企业管理。中国企业改革的方向是建立现代企业制度。现代企业制度是以公司制度为主体的市场经济体制的基本成分。1993年12月29日制定的《中华人民共和国公司法》，是中国企业改革的基本法律依据。有限责任公司和股份有限公司是中国企业进行公司制改造的基本形式。因此，从传统中国企业管理转向现代企业管理，就是按照现代公司型的企业管理来改革中国企业的单一工厂型企业管理。目前中国 20 多万家有限责任公司、1 万多家股份有限公司、1 000 多家上市公司，与改制前相比较，不同程度上提高了企业管理水平，取得了显著效果。

从企业管理的内容上看，改革了传统中国企业闭门式的单纯生产管理和坐等顾客上门的状况，按照现代公司管理的要求，确立市场第一、用户第一的经营观念，把过去无视市场、轻视销售转变为高度重视市场调查和市场预测，建立企业销售网络和售后服务体系，实现生产管理与市场营销的有效结合。而在生产管理中，更把产品质量作为生命线，贯穿在企业管理的全过程。

中国的企业管理，正在按照现代公司管理的内容，实行生产管理、营销管理、人力资源管理、科技开发管理、财务管理的综合性现代化管理。现在越来越多的企业讲究“名牌效应”，重视树立本企业的形象，在激烈的市场竞争中确立企业的名牌意识。这种趋势表明，中国企业的现代管理正在进入一个新的阶段，正与世界经济发达国家的现代公司管理接轨。

中国企业管理的未来发展，面临着更加激烈的国内外市场竞争的挑战。市场竞争是实力的竞争，是企业管理水平的竞争。目前中国一些企业存在着管理基础薄弱、管理秩序混乱、管理机制僵化、组织结构刚性、生产活动封闭、资源浪费严重等诸多问题，再加上规模经济效益不佳，致使企业的市场竞争力低下。这些问题在各类企业和各个行业以不同形式表现出来。因此，当我们谈论中国企业管理与国外企业管理接轨的时候，必须注意以下两点：

第一，国外经济发达国家的现代企业管理水平，是几十年乃至上百年企业管理理论与实践发展的结果。国外从 19 世纪末到 20 世纪初形成系统的企业管理理论，经历了各种管理理论与学派的演变和发展过程，从以泰罗、法约尔、韦伯为代表的古典管理理论到以梅奥、马斯洛、赫茨伯格为代表的行为科学理论，再到第二次世界大战后出现的多种管理理论与学派并存的局面，包括巴纳德的社会系统学派、西蒙的决策理论学派、卡斯特和罗森茨韦克的系统管理学派、德鲁克的经验主义学派、伯法的管理科学学派以及权变理论学派和美国管理学家孔茨提到的组织行为学派、社会技术系统学派、经理角色学派等。在企业管理实践方面，20世纪30年代国外企业追求规模经济效益，通过大批量、流水线生产和兼并、收购方式迅速扩大企业规模，以更大的经济实力去占领市场，降低经营风险，到60年代基本上实现了规模效益第一的管理方式。随后，又在大公司的基础上更加重视降低成本，通过准时生产和精益求精的生产方式，摒弃了流水线生产中库存大、周转慢的浪费现象，在企业管理中取得降低成本和价格竞争的优势。在大公司和低成本的前提下，又把产品质量作为企业管理追求的首要目标，实施质量控制技术和全面质量管理方法，从符合性质量再到满意性质量，以适应市场竞争和用户的要求。

从现代企业管理理论与实践的发展规律来看，中国企业管理也要经历由低到高、由小到大、由弱到强的过程。但是，严峻的市场竞争现实不允许中国企业也像国外企业那样用上百年时间分阶段地去达到现代企业管理水平，而是要在尽可能短的时间内实现规模效益、成本效益、价格效益、质量效益的企业管理目标。当前中国一些企业管理的效益差距明显，甚至有些企业管理陷入困境。因此，中国企业管理的发展趋势是，立足于中国企业的现实状况，在扎扎实实做好企业管理的基础性工作的同时，必须加快企业管理工作的改革步伐，尽快地实现规模、成本、价格、质量的市场竞争优势和综合经济效益。

第二，正当中国企业管理与国外企业管理接轨的时候，国外企业管理又在向更高的方向发展。随着信息技术的进步和企业管理中计算机辅助信息系统的建立，企业管理理论的发展表现为信息技术工程及管理信息系统理论的兴起，全面研究计算机辅助管理对企业管理的影响。80 年代后期开始的企业结构重建（restructure）、流程再造（reengineering），突破了以往的企业管理职能分工理论，不再按照原有的管理职能划分去进行企业管理工作，而从组织变革入手去改革企业管理工作，在企业管理中涌现出新思维、新概念、新做法，以适应信息技术、知识经济条件下市场竞争的需要，使世界范围的企业管理理论发展到一个新阶段。90 年代以来的企业管理效益，在保持和发展规模经济效益、成本效益、价格效益、产品质量效益的基础上，又把对客户的最佳服务作为企业管理的首选目标。为此，企业重视分析技术变革对管理工作的影响，重视分析客户的需求变化和购买行为，以求得用最短的产品开发时间对市场做出快速反应，使得交货期成为市场竞争的焦点。企业管理工作的不断创新，包括以高新技术、新颖产品去开拓新市场，以调整企业内部组织结构为主要内容的组织创新，以重组企业内外关系为重点的管理创新，将是 21 世纪的现代企业管理工作的灵魂。

中国企业管理在解决规模、成本、价格、质量等诸多问题的过程中，现在又面临着以客户为中心的更激烈的市场竞争形势的挑战。70 年代末期和 80 年代初期伊始的改革开放，使传统中国企业管理冲破了单纯对政府负责、以上级主管为中心的旧体制束缚，逐步面向市场、面向客户开展企业管理工作。但是，企业与政府之间的深层次关系尚未理顺，直至中国企业改制后，一些公司的市场竞争力仍然不强。因此，中国企业管理的发展趋势是：在企业认真地、有效地改革内部管理工作的同时，必须加快企业外部的体制改革步伐，为企业创造公平、公正、公开的市场竞争环境，使各类企业在市场竞争中求得生存与发展。

中国企业管理的未来发展，不仅面临着以客户为中心的日趋激烈的市场竞争的挑战，要在规模、成本、价格、质量、交货期、售后服务方面不断增强市场竞争力，而且还面临着以日新月异的技术变革为中心的信息技术、知识经济的挑战。因此，研究信息技术、知识经济对企业管理的影响，是中国企业管理的重要任务。

在信息技术、知识经济的社会条件下，企业管理的信息化程度越来越高，知识在企业管理中的地位和作用日趋重要。在开办企业时，由股东提供的货币资本和实物资本是财富创造的前提，构成股东权益，占据绝对重要的地位。但到企业盈利时，财富创造已不再单纯是股东的投入，而是股东、管理者、作业者共同投入的结果。企业财富创造的多寡与快慢，更多地取决于这些利益东的共同努力。未来的企业越来越成为利益东的共同体。企业是各种利益东所达成的一个契约，企业利益是所有参与签订这个契约的各个利益东的共同利益。企业管理不仅为股东谋取投资回报，还必须为相关的利益东提供报酬。而且在开办企业时，知识产权也可作为资本投入。企业管理的信息化程度越高，企业管理中的物质资本地位相对下降、人力资本地位相对上升，这是信息技术、知识经济社会条件下的企业管理发展的必然趋势。

当前中国各个行业的不同类型企业都面临着信息技术、知识经济的挑战。国内外涌现出越来越多的以知识的生产、转移、应用为对象的知识型企业，包括芯片、软件、网络企业，新型的金融业、咨询服务业等。对于中国传统的制造业企业管理来说，更是面临着严峻的新挑战和深刻的管理革命。制造业企业管理的知识化，要求企业管理的内容不仅是对原料、设备、厂房之类物质资本的管理，更要重视产品的知识化价值和人力资本的作用以及对知识资本的管理；实现企业的知识编码化，把企业内部分散的知识和企业外部（包括客户、供应商、经销商、政府、社会中介机构等）的相关知识进行编码化，减少知识零散与消失，促进知识积累和再创造，实现企业的知识化管理和企业管理中的知识共享；建立企业的知识网络，包括在长期发展中的忠诚客户网络，在竞争与合作中同供应商、经销商的战略联盟和竞争对手的某种结盟，在国内外的研究开发机构与专家网络；开展企业的虚拟运作，把传统运作中的机器、厂房、车间的一部分管理打包转移到企业外部，使企业管理的精力放到价值含量更高的知识管理上，由橄榄式管理转向哑铃式管理，发展虚拟制造技术。

中国企业管理的变革与发展，要想赢得持久的市场竞争力，无论从当前来看还是从长远考虑，都必须着力解决下列三大问题：

（1）企业拥有一批高素质的人才，包括企业内部的各类人员在观念、文化、技术、行为各个方面均能适应市场经济的要求。特别是形成一批职业企业家，倡导企业家精神，包括人的独立性、自主意识、动手能力、首创精神、成就感、承担风险和确定目标的能力、自信心、自我表现力、讲信誉、守约、韧性、自我控制能力等。

（2）企业管理制度建设是科学管理的起步。要变无序管理为有序管理。当前“质量第一”的口号非常响亮，质量管理方法的推广不下几十种，但质量问题仍是一些企业产品久治不愈的顽症，关键在于缺乏一套严格、有效的质量管理制度。必须建立责、权、利相结合，激励机制与约束机制相结合的企业管理制度。企业管理制度要同企业产权制度和企业组织制度的建设结合起来，产权清晰和公司法人治理结构是企业管理的前提与保证，这是现代企业制度的基本要求。

（3）处理好制度与人的关系。科学制度要由高素质的人来制定，也要靠人去执行，因而人是重要的，要实行以人为本的管理。人本管理不仅不会削弱制度的威力，恰恰是强调在科学制度的前提下发挥人的作用。人是暂时的，制度是延续的。中国一些企业老总在位时管理业绩步步攀升，但老总一走企业就衰落甚至垮台，原因就在于缺乏有效制度使管理延续下去，或者是有效制度不能坚定地执行下去。当然，制度也要变革，但变革制度不是不要制度，恰恰是要完善制度，使制度发挥更先进的作用。制度安排是由生产力发展决定的。制度好，坏人难以得逞；制度差，好人会变坏人。制度与人的关系耦合在企业管理的每项工作之中，即每项工作都要有个制度，又要发挥人的作用，这是中国企业管理发展过程中必须解决的重要课题。

随着经济全球化发展，中国企业无论在国内还是“走出去”都要实行符合市场经济规则的经营管理制度创新。要符合全面开放的要求，就要勇于创新，下决心、狠心，进行深层的体制改革。

（原载《国际经济合作研究》，2005（1））

●“走出去”战略与制度创新

现阶段中国企业“走出去”，已告别了早期出口创汇的目的，而是站在国际化与全球化的更高视角，通过包括在海外新建企业或并购企业在内的多种方式，逐步形成集制造、科研、投资、贸易于一体的跨国公司型的多元化公司，积极主动地参与全球产业分工，把“引进来”与“走出去”结合起来，在全球化产业链中分一杯羹。

中国企业“走出去”的成绩是巨大的，效果是明显的，对中国经济与社会进步的贡献有目共睹，大大提升了中国在国际上的地位，也争取到了发言权，有许多“走出去”的成功案例，这里列举一二。

案例 1：春兰“走出去”经历了三个阶段，即产品出口阶段、建立全球营销网络阶段、技术输出阶段，走了一条渐进式的国际化发展道路。通过“走出去”，春兰在短时间内实现了规模的扩张，增强了综合实力。在技术引进与自主创新上，春兰不搞成套引进，只引进关键设备，自制配套。春兰不向同行企业引进，而是直接从设备制造厂家进口。春兰不与同行企业合作开发，而是直接同有关的科研院所合作开发。春兰以科研开发为依托，利用海外技术和人才资源，形成人才资源共享，吸引世界范围内的优秀人才，构建面向全球的开放式科研平台。

案例 2：笔者通过对广州市华南橡胶轮胎有限公司管理创新成果的论证，又一次感受到研发与人才对现阶段中国企业“走出去”的重要性。这家公司在 1998 年曾被国家、广东省、广州市列为“三年重点扭亏脱困企业”，濒临破产边缘。面对国内市场的局限性，这家公司制定并实施“走出去”的发展战略，开辟新的利润增长点。起点是凭借成本和价格相对优势把产品推向国际市场，后来自行设计生产高性能轿车子午线轮胎系列产品，使产品性能达到国际先进水平。在 2002—2004 年期间，研发的产品和新技术超过 100 项，2005 年产品已畅销到 90 多个国家和地区，其中有的产品与技术在国际上仅有四家企业能够研制生产（其中三家是国际知名公司：米其林、普利司通、固特异）。为了实现研发与技术水平同国际接轨，这家公司实施人才国际化战略，以百万年薪聘请美国和中国台湾地区的顶尖人才加盟，提升公司技术实力与水平。对研发技术人才，还实行按销售额提成 3% 的奖励制度，先付 80%，实现后再付 20%。

但是，对中国企业来说，要真正实现“走出去”的发展战略，在前进道路上还必须解决诸多问题。面对中国企业“走出去”的严峻形势，首要的是消除思维障碍，变革观念、解放思想。面临国际市场的诸多挑战，如市场环境的挑战、文化环境的挑战、法律环境的挑战、管理层面的挑战，中国企业既要抓住机遇，又要迎接挑战；还必须克服企业内部存在的各种问题，如中国企业的国际性知名品牌匮乏，低端产品比重较大，自主创新能力严重不足，缺乏自主知识产权和核心技术，不善于应用全球金融工具，对外投资总量少，地区分布过于集中而且附加值不高，缺乏期货交易手段及国际定价权等。

基于以上问题，笔者认为：中国企业“走出去”需要制度创新，既包含企业制度的创新，也包含政府制度的创新，两者是相辅相成的。

一、“走出去”战略与中国企业制度的创新

中国企业发展“走出去”战略，主要包括企业经营战略的制定和实施。在企业经营战略制定和实施的过程中，大企业经营战略最具有综合性与复杂性的特点。一个大企业的经营战略着重于长期目标，包括三类战略目标：经济目标，如销售额、利润额、投资回报率及其他经济目标；社会目标，如消费者满意程度、公司信誉、环境保护、社会公民和社会责任、提供就业机会等；综合目标，这是经济效益和社会效益的综合，表现为增长的程度、市场占有率、公司发展与稳定的关系、科技发展的水平、公司的综合质量（产品质量、人员素质以及公司整体质量和寿命周期）。大企业经营战略，既要有长期目标，还要选择具体的战略，表现为风险回避战略，如产品市场战略、多品种战略、并购战略、产出增长战略等；合理化战略，如降低成本战略、减少投资战略等；竞争战略，如市场领先战略、市场渗透战略、市场跟随战略以及品牌战略等。

在企业经营战略目标的选择中，必须重视战略决策的内容，突出表现在市场决策、项目决策、财务决策、技术决策以及人才决策这五个方面。

在企业经营战略制定和实施的过程中，要处理好以下几个关系：

（1）规模与效益的关系。有的企业把扩大规模作为战略目标，有的企业把提高效益作为战略目标，但要防止规模绝对化或效益绝对化，避免出现规模扩大但效益下降或效益上升但缺乏规模实力的后果，力求实现在扩大规模的过程中提高效益或在提高效益基础上的规模扩大战略。

（2）成本与质量的关系。孤立地看，成本战略或质量战略的提法都是对的。但实际上，成本与质量不是孤立存在的，两者是相互关联的。问题在于实施成本战略过程中如何提高质量或至少稳定质量，或

是实施质量战略的过程中如何降低成本或至少维持成本。最佳状态是既降低成本又提高质量，或是既提高质量又降低成本，但往往难度很大。

（3）技术引进与自主研发的关系。多年来的技术引进有利于经济发展，但不能只停留在引进阶段，有条件的企业尤其是大公司必须确立自主研发的经营战略。

（4）微利与暴利的关系。短期内获得巨额利润的暴利战略，只是特殊情况下的个别企业行为，而多数企业在正常情况下实施的是立足于长期发展的微利战略。在计划经济向市场经济转轨时期，企业经营战略应防止急功近利的短期行为。

（5）价格竞争与非价格竞争的关系。市场经济条件下的企业经营战略，价格竞争是必要的，但不是唯一的，还必须重视应用非价格竞争，使两者有效地结合起来。

（6）进入市场与退出市场的关系。进入市场是一种战略，退出市场也是一种战略，可称为“战略调整”。在一定意义上，退是为了进，有进有退是市场竞争的必然现象。进与退的战略本质是有利于企业经营的稳健发展。

（7）主营与兼营的关系。从企业战略角度来判断，企业的主营一定要强，要力争第一或处于行业前列。但在主营强的情况下也可以从事一些同主营相关的业务或产品的兼营活动，其前提是每一种业务或产品应坚持盈利原则，不能靠主营来补贴。在主营强和同主营相关的业务或产品盈利的情况下，也可以开发一些非相关的业务或产品，但前提是这些业务或产品也必须坚持盈利原则。避免用“一业为主，多种经营”这种抽象笼统的行政口号去替代具体的企业经营战略。

中国企业“走出去”战略制定和实施过程中的企业制度创新目标是建立和完善现代企业制度。现代企业制度是国有企业改制和民营企业建制的共同方向。现代企业制度包含现代企业产权制度、现代企业组织制度和现代企业管理制度三大组成部分，其中产权制度创新是前提，组织制度创新是保证，管理制度创新是基础。因此，中国企业“走出去”过程中的制度创新，必须处理好产权、组织、管理三者的关系，使其相互促进、相互补充，以利于“走出去”战略取得长期稳健的效果。

二、“走出去”战略与中国政府制度的创新

现阶段实施企业“走出去”战略，关键不在于要不要发挥政府的作用，而在于必须明确政府发挥什么样的作用。中国政府制度创新的方向，是依法处理好政府与企业的关系，有效地促进中国企业走向国际市场，提升中国企业的国际竞争力。

因此，中国政府制度的创新，按照转变职能和调整政府机构的要求，应当建立起支持“走出去”的法律政策体系，形成有利于促进“走出去”的行政服务体系。境外投资包括新建企业和跨国并购是一种跨国界的企业经营行为，应遵循国际惯例，不能按在国内设立企业的思维方式和有关规定来设计境外投资的行政管理方法。必须改革对中国企业“走出去”的政府行政管理制度，改变政出多门和政策随意性与多变性的状况，以加快中国企业“走出去”的步伐，也有利于“走出去”战略的稳健实施。

中国企业“走出去”过程中的政府制度创新，不仅应当为企业“走出去”创造良好的国内环境，而且还要比企业站得更高，看得更远，为中国企业在国际市场中争取更有利的国际环境。从企业层面来说，“走出去”战略的制定和实施，要抓住机遇，迎接挑战；从政府层面来说，要有全球思维大战略，既要充分利用对中国企业“走出去”的有利因素，又要消除或减少对中国企业“走出去”的不利因素。只有政府先建立全球经济战略，才能有效地实施企业“走出去”的具体战略，变被动为主动。中国企业“走出去”，远比国内市场的

商业行为更复杂、更困难，诸如反倾销、反补贴和跨国并购中的资源型企业、战略性原材料及能源问题，都不是单纯的市场交易行为和企业经济利益问题，还涉及各种社会关系、政治因素、心理障碍乃至西方世界 50 年前形成的冷战思维。中国企业在国内市场碰到问题忙于找政府，处于政府说了算的局面，但“走出去”在国际市场上碰到问题时，则必须学会按国际规则办事，转变思维方式和行为方式。为此，首要的是中国政府应以身作则，带头在国内转变思维方式和行为方式，使企业在国内市场养成良好的、规范的商业习惯，有利于主动地走向国际市场。

在中国政府制度创新的过程中，随着政府职能转变和政府机构调整，原有行政性的行业主管部门已经解体或正在解体，但新型的行业协会和商会又未发育成熟。中国企业“走出去”的两个极端行为，即单纯企业个体行为和单纯依赖政府行为，导致行业自律行为缺失，同行企业在国际市场上低价竞销，自相残杀，肥水外流，而且容易授人以柄，成为反倾销对象。因此，应加快中国行业协会、商会的立法进程，解决中国行业协会、商会的制度建设和统一对外问题，利用世界贸易组织非歧视原则和国际贸易争端解决机制，维护中国企业“走出去”的合法利益。

中国企业“走出去”的发展前景是广阔的。中国企业制度创新和中国政府制度创新，必将为中国企业“走出去”奠定长期的制度保证和战略基础，也有利于企业采取国际贸易、境外投资、对外承包工程、对外劳务合作、特许经营、跨国并购、国际性技术开发研究、战略联盟等多种形式，充分发挥中国企业在国际市场竞争中的综合比较优势。

（原载《对外经贸财会》杂志，2006（10）-（11））

● 企业节能降耗与企业制度保障

我国大部分企业资源和能源利用率低，这是建设节能型社会的空间之所在。企业是节能降耗的主体，节能低耗是 21 世纪中国现代企业制度的发展趋势，也是建设节约型社会重要的制度保障。

人类利用能源及其他各种资源的过程，从来都伴随着社会生产力发展的要求。企业作为社会生产力的载体和创造物质财富的主体，必然成为节能降耗的主体。早期的企业利用能源方式始于机械动力，主要来自畜力、风能和水能，能源转换形式处于原始状态。以煤炭为燃料的蒸汽机出现后，促进了矿物能源转变为动力的产业革命，企业在利用能源及其他各种资源中的地位越来越重要。现代的企业大量出现在一次能源转变为二次能源的过程中，内燃机的出现和石油天然气的广泛利用，使各种能源转换成电能，而电能又可以方便地转变为光、热和其他动力，内燃机能带动汽车、飞机等相关现代企业的发展。现阶段的中国企业，以煤为主的能源结构，主要是由贫油少气的资源特点和能源利用方式较落后造成的。但随着中国现代企业的发展，在充分利用煤炭资源的基础上，必将更加有效地利用石油、天然气、核能、水电、风能、太阳能、潮汐能、地热能及其他的新型能源，使中国企业进入能源及其他各种资源利用的多元化时代。这些新型的能源及各种资源的利用方式，具有清洁、无污染、可再生的优点，有利于节约资源和保护环境，如天然气不仅热量高、使用清洁，而且是用途广泛的优质的化工原料，是企业节能降耗的发展方向。

企业是发展循环经济的主体。因为循环经济是把清洁生产、资源综合利用、生态设计和可持续发展融为一体，运用生态学的规律来指导企业的经营活动。循环经济以减量化、再利用、资源化为基本原则，以低消耗、低排放、高效率为基本特征。循环经济的三个层面，即企业内部的小循环、企业之间的中循环、企业与社会的大循环，都是以企业为主体的。所以，企业是循环经济的起始点和落脚点。作为循环经济的两大内容体系，即清洁生产和再生资源（包括再生能源和再生材料）产业，都是以企业形态为依托的，通过企业来实现能源和其他各种资源的高效利用。现阶段的中国企业，同国外发达国家的现代企业相比较，大量仍旧停留在线性经济的早期生产状态，突出表现为矿产品及初加工材料在国内，深加工材料在国外；一般零部件在国内，高档零部件在国外；产品制造与组装在国内，产品研发与品牌在国外。中国企业从线性经济发展为循环经济的当务之急，是在“中国制造”的基础上，加快“中国创造”的步伐。在由“中国制造”发展为“中国创造”的过程中，企业必将成为自主创新的主体。现阶段的中国企业自主创新，突出表现为自主品牌与自主研发相结合。因此，从根本上说，必须重视企业在节能降耗与发展循环经济中的地位和作用。

企业节能降耗是实现循环经济的表现，具有长期性、全局性、前瞻性的特点，绝不是急功近利的短期行为，切忌形式主义和应付政绩的表面文章。因此，必须着眼于企业制度创新，抓住企业制度建设这个根本课题，世世代代、坚持不懈地解决中国企业制度的诸多难题。中国企业的节能降耗，从制度入手，是实现循环经济与可持续发展的基本保障。

中国企业节能降耗的制度创新目标是建立现代企业制度，现代企业制度是以公司制度为主体的市场经济体制的基本成分。在企业节能降耗的过程中，必须处理好市场经济体制三个成分的关系，即市场、企业、政府三者之间的体制关系。改变高投入、高消耗、高污染、低效率的粗放增长方式，关键在于由传统的计划经济体制转变为现代的市场经济体制。通过建立并完善能源及各类自然资源和原材料市场，包括现货市场、期货市场、资本市场及其相关的市场交易活动，改变资源要素价格扭曲的状况，积极参与国际市场竞争并取得国际市场定价权，以提升中国企业的市场竞争力。通过转换政府职能和调整政府机构，改变政府在企业节能降耗中错位、缺位、不到位的状况，以确立企业自主经营地位。

现代企业制度是国有企业改制和民营企业建制的共同方向。无论是国有企业的节能降耗，还是民营企业的节能降耗，虽然有着各自的途径和方式，但殊途同归，其共同点是建立规范的现代公司制度。现代公司制度是现代企业制度的具体表现形式。现代企业制度是由现代企业产权制度、现代企业组织制度、现代企业管理制度三个部分构成的。因此，必须从产权制度、组织制度、管理制度三个方面入手，形成各类企业（主要是各类公司）节能降耗的制度保障体系。这三个部分的企业制度创新内容，是相互联系、相互补充、缺一不可、统一整体的关系，其中产权是前提，组织是保证，管理是基础。产权涉及企业节能降耗中的财产及利益问题，组织涉及利益前提下的职责与权限划分问题，管理涉及企业节能降耗的战略制定及其实施过程中的各项基础性工作和精细化操作业务问题。

企业管理制度是为了使企业内部各项管理工作制度化。我最近参加了几个活动，感到中国企业的科学管理最主要体现在：第一，制度管理；第二，有序管理。要改变企业管理工作中的随意性做法，做到管理制度化是摆在我们面前的首要任务。所谓科学，就是针对各类企业制度化管理，精细化管理的成败在于制度化管理。管理的精髓就是系统思考和化繁为简。

中国企业管理制度的建设，最重要的是要解决面向市场还是面向政府的问题。长期以来，中国企业管理就是对政府负责，对主管部门负责，只要主管部门表扬，企业就心满意足。奖旗、奖状可以挂满屋子，但产品照样卖不出去。这就是我们企业管理制度的弊病。为什么一些企业是短命的？虽然推广了不少管理经验，但三年以后就无影无踪，这主要是因为政府表扬它，但市场不承认它。市场是长期的行为，政府是短期的行为，因为政府是论届的，市场是延续的。导致企业管理大量的短期行为，是因为它们没有对市场负责。所以，我们要建立面向市场的企业管理制度，包括销售管理、生产管理、人力资源管理、财务管理、科技开发管理等，一切都要面向市场。时至今日仍有大量企业面向政府。这个问题涉及体制问题，需要政府进行改革，转变政府职能和调整政府机构。加入 WTO 以后最大的改革是政府进行改革。我们强调企业改革，忽略政府改革是不行的。

“十一五”期间政府承诺单位 GDP 能耗降低 20% 左右，主要污染物排放总量减少 10%。但问题在于企业关注的是能源和资源消耗的成本控制，提升企业自身的市场竞争力。因此，不宜简单地用行政手段把政府宏观指标层层分解到企业身上，而是应当通过市场经济规律来引导企业的节能降耗行为，以避免企业单纯应付政府的形式主义倾向，由市场来检验企业节能降耗的实际效果。政府应做的事是：要建立资源、能源审计相关制度，使之同现行环境评价制度一道，共同构建新的社会性管理体系，包括设立更为严格的产业准入标准、重点耗能产品的市场准入制度以及对高耗能落后工艺、技术和设备的强制淘汰制度。此外要促进形成经济激励的长效机制，构建资源的价格形成机制和价格结构，制定鼓励资源节约、限制资源过度消耗和奢侈消费的税收政策及强制性国家标准和法律法规，为节约资源和能源的技术创新和成果应用创造更好的市场、政策环境。

（原载《中国节能降耗研究报告》，北京，企业管理出版社，2006）

国企改革

On
Enterprises

● 制度创新是国有企业改革的方向

1978年伊始的国有企业改革，先后经历了1979年到1983年的放权让利、扩大企业自主权阶段；1984年到1986年实行以承包责任制为主要形式的多种经营方式阶段；1987年到1992年的转换企业经营机制阶段；1993年起的国有企业改制新阶段，即建立以现代企业制度为目标的国有企业改革新阶段。国有企业改制与国有企业改革是既有联系又有区别的两个概念。国有企业改制是国有企业改革的延续和发展。所谓“延续”，就是不能割断国有企业改革的历史进程。没有1978年到1992年国有企业改革的各类措施及其实践，不可能在1993年提出国有企业改制的目标要求。但回顾历史，不是单纯评功摆好，而是为了照亮未来。反思改革措施，不是否定改革，更不是反对改革，而是为了更好地坚持改革，深化改革，推动社会更好地进步。所谓“发展”，就是不能停留在1992年以前的国有企业改革措施层面。因为这些国有企业改革措施的局限性日益显现出来。例如，对国有企业“扶持”“优惠”“倾斜”的改革措施，只能解决国有企业一些暂时的困难，不利于提升国有企业的市场竞争力，不能从根本上解决国有企业长期发展问题，因为公平、公正、公开是市场经济的基本准则。又如，用行政手段推广个别企业的管理方法和经验，虽然能局部改善一些具体管理工作，但从整体看不利于国有企业从本企业实际出发开展管理制度创新，因为企业是市场经济的主体，不存在计划经济体制下的千篇一律的管理方法。

在中国，国有企业是计划经济体制的产物。政府对国有企业的单纯行政管理导致千篇一律的管理方法。虽然在 1978 年开始的国有企业改革过程中，曾提出“政企分开”的口号，但直到 1992 年之前，政企关系及国有企业改革目标仍不明确，这是由于整个经济体制改革目标不明确。在此期间的提法先后有“引入市场竞争机制”“以市场调节为辅的计划经济”“有计划的商品经济”“国家调节市场和市场调节企业的经济”“计划经济与市场调节有机结合的经济”等。但在 1992 年明确提出经济体制改革目标是建立社会主义市场经济体制，取消计划经济体制。与此相适应的是在 1993 年提出国有企业改革目标是建立现代企业制度，使国有企业改革进入新阶段。

应当充分肯定，1993 年以来的国有企业改制取得了明显成效。但也必须清醒地看到这些成效是不理想的，没有达到预期的目标要求。当务之急是深化国有企业改革，加快国有企业改制步伐，建立与完善现代企业制度。

现代企业制度是以公司制度为主体的市场经济体制的基本成分。到目前为止，全国多数国有企业特别是中小型国有企业已分别改为公司制或其他企业形态，一些大型国有企业通过主辅分离与辅业改制提升了市场竞争力。当前国有企业改制的突出表现是央企重组问题，这已被视为国有企业改革的攻坚阶段。

按照现代企业制度的目标要求，在央企重组过程中，应当处理好社会主义市场经济体制三个成分的关系，即消费者、企业、政府的关系。其中消费者是第一位的成分，最重要的成分。消费者构成市场的核心。国有企业制度创新的目标就是创造有价值的订单。维护消费者权益是国有企业改制的出发点和落脚点。必须在维护消费者权益的基础上来追求企业的合法利润。因此，在国有企业改制过程中，如何处理好企业与消费者的利益关系，是制度创新的基本内容。鉴于目前央企在国民经济命脉的重要行业和关键领域已处于绝对集中的地位，如何防止行政性垄断行为导致损害消费者权益和扼杀有效的市场竞争，便成为今后国有企业改制和规范现代企业制度的重要任务。虽然2008年8月1日生效的《反垄断法》有利于保护消费者权益和维护企业间的合理竞争，但因相关条款规定过于笼统、抽象，再加上执法机构分散，所以，我们更加期望在央企重组过程中的制度创新，取得更好的执法效果。

在社会主义市场经济体制各个成分中，企业是基本成分，政府是不可缺少的成分。企业与政府两者不是孤立存在的。企业离不开政府，因为市场是具体的，不是抽象的。市场经济活动中的消费者行为和竞争者行为应当是有序的、合规的，不是无序的、混乱的。政府的职责就是为企业服务，提供规则和执行规则，解决企业自身不能解决的问题。所谓“政企分开”，就是要明确企业与政府在市场经济中的各自定位。企业是社会生产力发展的载体，是创造财富和积累财富的单位，是市场经济活动的主体。市场经济体制中的企业与政府两者关系，不同于计划经济体制中的两者关系。应当发挥市场在资源配置中的基础性作用，发挥企业在市场中的主体作用。特别是大型国有企业通过公司制改造之后，必须确立独立的公司法人地位，明确公司与政府是建立在法律基础上的对等关系，不再是政府与国有企业那种领导与被领导的行政关系。目前央企与政府的关系仍然存在着种种不规范的表现，包括政府的越位、错位、缺位问题。因此，坚持“政企分开”的改革方向，具有重要的现实作用和深远的战略意义。

当前的国有企业改革存在着垄断性行业滞后于竞争性行业、中央企业滞后于地方企业、政府改革滞后于企业改制要求的状况，应当予以重视并加以有效解决。在中国搞市场经济能否成功，关键取决于能否处理好消费者、企业、政府三者的关系。而计划经济体制把这三者的关系颠倒了。当前的任务就是把被颠倒的三者关系改为符合市场经济体制的要求，符合社会生产力发展的要求，符合社会进步的要求。改制的实质就是要消除思维障碍，继续解放思想，调整三者的利益关系。倒退到计划经济是没有出路的，是死路一条。因为几十年的计划经济实践表明，计划经济是贫穷的社会主义，是失败的社会主义。20世纪的重大事件就是计划经济的兴起和计划经济的破灭。人类历史正反两方面实践表明，实行市场经济制度，是人类社会发展的历史规律。但是，国内外的市场经济实践表明，市场经济不是十全十美的，是有缺陷的。市场经济的局限性表现在它是有条件的，不是无条件的；是有范围的，不是无限的；只能解决社会效率，不能解决社会公平问题；只能促使人们去挣钱，不能解决如何挣钱和怎样对待金钱的问题。发挥政府作用正是有助于消除市场的缺陷，发挥市场经济的优越性。中国市场经济的前途究竟是好的市场经济还是坏的市场经济，也取决于消费者、企业、政府三个成分关系如何处理，尤其是企业与政府的关系。为了有效地消除权钱交易、官商串通，防止权贵市场经济的出现，必须加快转变政府职能，改革政府机构，处理好政府与企业之间的职责和权限的划分及其利益关系，改变计划经济条件下的“政企不分”状况。社会主义市场经济的成败，成在政府，败也在政府。

国有企业改制过程中的制度创新涉及三个方面的内容，即产权制度创新、组织制度创新、管理制度创新。这三个部分的内容是相互联系、相互补充、缺一不可、统一整体的关系，切忌片面、极端、孤立、刮风。其中产权是前提，组织是保证，管理是基础。即将进行的新一轮央企重组，实际上都涉及这三个方面的制度创新，不能仅仅作为一般性的产业结构调整和企业布局调整工作来抓。

央企重组过程中的产权制度创新，当前应当解决公司股权多元化、股权结构合理化、国有股东的确定、各类股东的平等法律地位、国有股东所有权与公司法人财产经营权的分离等诸多问题。解决这些产权变革问题的指导思想应当是“市场化”和“开发性”的基本原则，突破固有的以行政性行业控股公司为依据、国有企业之间相互持股的旧框框。最近有一位地方国有企业老总问：“一家央企要做大做强，通过政府来重组整合我们地方企业，这种做法对不对？”这位老总的提问很深刻，促使我们必须思考和回答一个问题：央企重组的目的是什么？央企重组的目的应当是形成有能力在全球市场参与跨国公司平等竞争的中国大公司或企业集团。而这些大公司或企业集团的形成和壮大，只有通过市场竞争、市场检验、优胜劣汰实现，不能单纯由政府的行政手段来决定。因此，必须明确国有资产出资人即国有股东的职责和权限。而解决国有股东的构建及其职责和权限问题，又涉及国有资产管理体制改革问题。国有资产管理体制改革是一项系统工程，当务之急是要解决“政资分开”问题，即管理国有资产的政府机构与经营国有资产的股东机构分开。2003 年国务院国有资产监督管理委员会成立以来，解决了在此之前的国有资产多头管理问题，但鉴于国资委的定位不明确，并未真正解决国有股东的构建及其同公司法人的关系。

在构建国有股东的过程中，必须处理好国有股东与公司法人的产权关系，实行国有股东所有权与公司法人财产经营权分离的新型公司产权制度，改变传统国有企业“政企不分”“政资不分”“国有股东与企业不分”的状态。依据《公司法》及其相关法律的规定，国有股东承担国有资产出资的责任与义务，享有股东的权利与利益，包括投票权（即投票选举董事和表决重大决议的权利）、分红权、转移权、知情权、优先认股权等。公司法人对股东承担信托责任。公司法人财产经营权是指作为依法独立的公司法人必须对股东出资的财产承担法律责任，同时拥有统一支配公司法人财产的权限，包括产业资本与金融资本相结合的经营权、股权与债权相结合的经营权以及税后利润分配权。

在国有企业产权制度改革的过程中，实行“国有股东与公司法人分开”即国有股东所有权与公司法人财产经营权分离的新型公司产权制度，这是社会主义市场经济体制的要求，有利于实现央企重组的目标。一方面，有利于国有股东集中精力提高国有资本的运作效率，实现国有资产的保值增值；另一方面，有利于维护公司法人财产的独立性与统一性，使公司在重组、并购、再造、整合中一步步壮大，推动技术进步和提高经营效率。在央企重组过程中，既要发挥国有股东的作用，又要发挥公司法人的作用；既要避免单纯由企业自愿组合，又要防止国有股东或行政机构主导一切。国有股东与公司法人分开，就是要明确划分国有股东与公司法人在央企重组中的各自职责和权限。但是国有股东所有权与公司法人财产经营权的分离，并不意味着国有股东可以不过问公司法人财产经营状况或是公司法人可以脱离国有股东而为所欲为。例如，处理央企重组过程中投资与贷款的关系，必须改革传统国有企业投贷不分的制度性缺陷，实行投贷分开的新型公司产权制度，即国有股东承担投资责任并享有投资收益权利，公司法人拥有举债权利并对债务承担法律责任。反映在公司资产负债表中，即是表中的左边为公司资产即公司法人财产，右边分为两个部分（股东权益和债权债务）。因此，公司法人既经营股权又经营债权，拥有股权与债权相结合的经营权。当然，公司法人对股权与债权的经营效果取决于公司资产负债率或偿债能力大小，而且重大举债事项需按公司法规或公司章程交由股东机构表决。

计划经济体制下的传统国有企业，实行统收统支、税利不分的企业财务制度，即国有企业全部收益上交国家，既交税又交利，全部费用由国家统一支付。但是，通过对国有企业的公司制改造，包括改制后的有限责任公司、股份有限公司或上市公司，应当实行税利分开的新型公司财务制度。依法纳税是公司对国家的应尽义务。至于税种、税率及其有关税收的各项政策，则由国家统一规定，这是政府对企业宏观经济调控的重要工具与手段。而税后利润的分配权，则属于公司法人的职责与权限。公司法人对税后利润的分配，既包含公积金的提取及相关费用的支出，也包含股东分红比例的确定。因此，国有股东拥有分红权，但具体的分红比例及其相关方案则属于公司法人财产经营权的范畴（税后利润分配方案需按相关规定交由股东机构表决）。这是国有股东所有权与公司法人财产经营权分离制度的重要表现。至于国有股东获取的分红收益与国家税收所得的关系，则属于国家财税体制改革和国有资产管理体制改革必须进一步解决的问题。

综上所述，在以央企重组为突破口的国有企业改制过程中，产权制度创新是前提条件。为此，应当坚持实行政企分开、政资分开、国有股东与公司法人分开、投贷分开、税利分开的“五分开”制度创新方向。为使国有企业产权制度改革取得更好效果，必须建立规范的公司法人治理结构，处理好股东机构、董事会机构、以总经理为代表的管理机构之间的权力制衡关系，改革传统国有企业领导体制及人事制度，如近期上海提出对企业领导人员不再延续党政机关干部的管理办法，按市场化原则选任用人机制，取消企业领导人员的行政级别，不再保留公务员身份。这些都是今后国有企业改革的制度创新方向。

（原载《经济与管理研究》，2008（10））

● 国企改革的关键是建立现代公司产权制度

第一，建立现代公司产权是国企改革的方向。目前，国企产权创新制度的问题还没解决，它涉及国有资产管理体制的改革。在这方面应该强调规范性，通过立法来解决国有资产管理体制的改革问题。

第二，现代公司产权制度是国企改革的基本思路。产权制度要解决三个基本问题：（1）如何在规范股东的基础上来实现股权多元化。产权改革的方向仍然是要建立在个人产权、社会法人产权的基础上。（2）股权结构要合理。应减少国有股的持股比例，使上市公司的股权结构合理化，从而使其有利于转换上市公司的产权机制。合理的股权结构，有利于公司产权机制的建立，从而有利于形成有效的公司经营机制、管理机制，使公司在市场竞争中更具优势。我建议通过大量吸引民间资本和外国资本来改造国企。（3）实行股东所有权与公司法人财产经营权分离的产权制度。股东所有权与法人财产权关系要实现分离，关键是股东要拥有投票权、分红权、转移权、知情权、优先认股权这五项重要权利。要维护这五个股东权，但也不能超越公司法人财产权。

第三，建立现代公司产权制度的过程中，对国有股东与公司法人的准确界定是国企改革的重要内容，要明确国有股东的角色和地位，国有资产的出资人要到位，实行政资分开。具体实行方式是构建一个国有资产的股东机构，同时确保国有资产股东机构与政府机构分开。一种产权制度的建立，首要的就是分清哪些是属于股东的所有权，哪些是属于公司法人的财产经营权，处理好股东和公司法人财产权的关系，实行股东所有权与公司法人财产经营权分离的产权制度。

第四，建立规范的公司法人治理结构是国企改革的组织保证。要解决好董事会、股东会、经理的职责、权限划分及其相互关系的问题。

第五，制定《国有资产法》，为国企改革提供法律保证。我认为《国有资产法》要有利于生产力的发展，有利于经济的发展，有利于国有资产在市场经济的环境下发挥作用。这部法律应该是国有资产流动、产生交易的依据，当然也要约束交易中的不正当行为。国有资产立了法，才能使其运作更加有效。

（原载《经济与管理研究》，2006（10））

● 国资立法的若干问题

从 1993 年《国有资产法》的起草工作开始，人们便翘首以待。12 年过去了，我们还在就其中的相关问题探讨不休，《国有资产法》迟迟未出台的原因究竟是什么？笔者对相关问题的看法是：

一、国资立法的出台时机问题

对于《国有资产法》的立法时机，现在要比以前特别是十年前成熟了许多。但是，《国有资产法》的立法是跨部门、超部门立法，要具有科学性、公正性、前瞻性。如果不科学、思路不明确，争论就会很大，哪个部门都可以出来争。对国有资产的立法不能是简单的各个部门利益的综合、调整和汇总，要超越部门的利益。所谓的科学发展观，要有科学立法作保障。

从《国有资产法》的立法历史来看，八届、九届全国人大就把该法列入了国家的立法议程。但是，由于在几个重要问题上存在不同的看法，所以《国有资产法》的制定确实有一定的难度。比如说《国有资产法》的调整范围，就是说对“国有资产”应该怎么界定？就当时的讨论来看，对这个问题有几种不同的看法：第一，有人认为《国有资产法》调整的范围应该是全部的国有资产，包括经营性的资产、非经营性的资产、资源性的资产等；第二，专指经营性的资产，就是国有企业；第三，认为应该包括全部的国有资产，其中又以经营性的国有资产为主，同时兼顾其他的国有资产。当时就存在这样三种不同的看法，一直到现在也没有统一的说法。

如果现在界定国有资产就应该是指所有的国有资产。只有包括了所有的国有资产，才是符合现实情况的，否则就是片面的。如果在1994年的时候《国有资产法》出台了，对国有资产的界定是限于经营性的国有资产，可能对指导国有资产改革是有好处的。但是，经过十年的改革，情况到现在已经发生了变化，如果现在对国有资产的界定仅限于经营性的国有资产，就不符合实际情况。我们不能无视十年的改革、发展。

现在除了国有企业的这一部分国有资产，其他的如资源性的国有资产（包括土地、矿藏、自然资源及其他），在数量上是相当大的。实际上，现在最混乱、最复杂、最重要的国有资产是土地。而现在受到关注的国有资产如厂房、设备，还有一些企业账面上的库存，在将来可以通过市场的交易，让它们流动，而且它们是变化的。《国有资产法》应该规范交易的行为，而不是说要用《国有资产法》来限定它们，不让它们流动。《国有资产法》的制定就是要有利于生产力的发展，有利于经济的发展，有利于国有资产在市场经济的环境下发挥作用。这应该是立法的原则，而不是说，立一部法律，用行政手段来把它们管住。这部法律应该是国有资产流动、产生交易的依据，当然也要约束交易中的不正当行为。

二、国资立法的科学性和前瞻性问题

现在用行政色彩比较浓厚的方式在国有资产改革中头痛医头、脚痛医脚，表面上看是在解决问题，但是也在不断地积累问题。所以，立法的时候我们要坚持科学性和前瞻性，并且在执行的过程中不断地完善。目前在国有资产改革中出现的一些问题，应该从长远的角度来看，寻求法律的解决途径，而且要灵活辩证地看。现在到了该解决问题的时候了。到现在这样一个时间点上，我们只要坚持了立法的基本原则，拿出一个法律的框架，在《国有资产法》的框架下用市场的手段来解决问题是完全可行的。而且，现在的情况对《国有资产法》的需求是有一定迫切性的，并不是说非要等到所有的问题都解决了以后才出台这样一部法律。现在对一些问题的解决思路还是比较明确的，关键是高层下决心，对一些利益争议的处理要从长远的观点来看。

国有资产立了法，只会使国有资产的运作更加有效，不会大滑坡。现在针对一些问题进行临时性的调整，看起来可以提高灵活性，但是也在不断地积累问题。因此对于问题的解决更应该注意制度性。我们的改革已走过 27 年，对于国有资产应该是认真思考的时候了，而不是继续在徘徊中耽误机会。到现在这个时候，需要这么一部法律，而且条件也成熟了，就看高层的决心。

三、国资立法中的社会保障问题

在计划经济体制下，国家对国有企业的职工就社会保障有过承诺。在改制过程中，国有企业进入市场，将不完全是国有企业的性质。向职工划转部分国有资产是国家对历史欠账的偿还，也在情理之中。当然，这并不意味就是给职工个人的，而是进入到社会保障的账户上。

四、国资立法中的监管问题

国资委的设立无疑是历史的进步。但是，今天又出现了新的问题，就是国资委的定位也不明确了。它只是一个笼统的国有资产出资人的代表，但是，国有资产行政管理部门的职能和国有资产股东经营部门的职能没有分开，国资委的人员其实也是官员，但是他们又在行使着经营者的职责。就是说，他们的工作最具有风险性、挑战性，难度是最大的。

在将来的《国有资产法》中一定要写上：国有资产的行政管理部门的职能和国有资产股东经营部门的职能要分开。然后，根据法律条文进行机构的改革。要设立专门的对国有资产进行行政监督的部门，也就是执法部门；还要专门确定经营国有资产的股东机构，对于负责国有资产经营的股东要让其承担国有资产保值增值责任，不是说要用行政的手段来确保国有资产的保值增值，而是要通过市场的行为来完成。这些都需要用《国有资产法》固定下来。

（原载《中国经营报》，2005-02-21）

● 国有资产管理体制改革要防止四种倾向

当前的国有资产管理体制改革要汲取过去的经验教训，防止四种倾向：

（1）要防止把改革变成部门之间的争权夺利。一说要改革了，很多部门都在提方案，都想把自己的利益加进去，对此我们要特别警惕。这并不是说我们的部门缺乏公心，而是说各自都有局限性。

（2）要防止把改革变成临时措施、权宜之计。过去我们进行国企改革，基本上是三个办法，优惠扶持、试点推广和换人，不少还是计划经济的思路。改革要采取市场经济的方法，就是要本着公平、公正、公开的原则，着眼于立法和制度建设，建立一套完善的国有资产管理体制。

（3）要防止把改革变成推广经验。不能上海搞好了就学上海，深圳搞好了就学深圳，头痛医头，脚痛医脚。其实这些试点问题仍然不少。国有资产管理体制改革是一个复杂的系统工程，它需要整体的设计和规划。同时，国有资产管理体制改革涉及巨大的利益问题，搞不好会引发混乱和新的社会不公，所以应坚持先立法，后实施。

（4）要防止把国有资产管理机构变成“二政府”。建立国有资产管理机构，当前最主要的是解决“九龙治水”问题，管资产、管人和管事相结合。但是不应把这种集权化管理延伸到公司股东和法人的关系方面，这方面要依照《公司法》，走完善法人治理结构的路子。

（原载《半月谈》，2003（3））

● 给国务院国资委的建议

2008年10月23日国务院国有资产监督管理委员会（简称国资委）给我发了一封《国务院国资委关于深入学习实践科学发展观活动中征求意见的函》，征求我对国务院国资委在重大决策、具体工作以及国有资产监管体制机制等方面的意见和建议。为此，我以书面回复提出以下十条建议：

（一）明确国务院国资委的定位，应构建国有股东机构，行使股东职权。

（二）依法处理好国有股东与公司法人的产权关系。

（三）坚持现代企业制度是国有企业改制的方向，从体制上处理好消费者、企业、政府三者的关系。

（四）处理好国有企业改制中的产权制度、组织制度、管理制度三者之间的关系。坚持产权是前提、组织是保证、管理是基础。

（五）央企重组应坚持“市场化”和“开放性”的指导思想，构建具有国际竞争力的大型跨国公司。

（六）央企重组中的集团公司法人治理结构的核心问题是处理好股东机构、董事会、经理机构三者之间的关系。

（七）董事会建设中的董事素质、董事会结构、董事会集体决策与个人责任的关系是根本。

（八）在总结高管副职聘任的基础上，尽早实行对央企总经理（正职）的公开招聘，并取消央企高管的行政级别。

（九）依法处理好集团公司的母子公司体制关系，形成稳健发展的长寿型企业。

（十）把制度创新与文化建设作为央企发展的两大支柱，处理好制度与人两者的关系。

（2008-10-28）

● 对国资委定位的思考与构想

2009 年 12 月 9 日我应邀参加受北京国资委委托、由刘纪鹏教授承担的《国资法实施对国有资产监管机构的影响及其对策研究》课题终期评审会，会上我围绕国资委的定位问题作了历史性思考与战略性构想。

从历史上看，为适应国有企业改革与发展的要求，1988 年成立了国务院国有资产管理局（简称国资局），这对当时的国有企业改革和国有资产管理工作起到了积极作用。但由于国资局定位不明确，后来撤销了国资局。国资局撤销后的国有资产管理工作分散到财政部门和各个经济主管部门及政府有关部门，又形成国有企业改革过程中的国有资产无人负责现象。因此，在国资局撤销后的十年，即 2003 年又成立了国务院国有资产监督管理委员会（简称国资委）。这段曲折的历史过程表明，国有资产管理机构的定位问题，是决定国有资产管理体制成败的关键。

应当肯定，2003 年成立的国务院国资委及其有关省市的国资委，对解决国有资产多头管理、“九龙治水”、无人负责问题和深化国有企业改革，做了大量工作，取得了显著效果。但是，由于 2003 年 5 月颁布的《企业国有资产监督管理暂行条例》和 2008 年 10 月颁布的

《企业国有资产法》，在对国资委的监管范围、出资人代表资格、国有资本预算、监管主体及国有资产管理领域的相关问题存在不同理解与规定，致使国资委作为“履行出资人职责的机构”与其名称“国有资产监督管理委员会”两者之间存在名实不符的状况。

为此，我对国资委定位的战略性构想是，立足于国有资产管理体制改革和深化国有企业改制的指导思想来确立国资委的定位，坚持政企分开、政资分开、所有权与经营权分开、投贷分开、税利分开的“五分开”原则，维护国有股东的投票权、分红权、转移权、知情权、再投资权的“五权”利益与义务，改变目前国有股东不到位的“缺位”、单纯行政手段干预公司法人地位的“越位”、大型国有控股公司及上市公司所有权与经营权不分的“错位”这三种现象。具体做法是，明确国资委的定位是国有股东机构，行使国有股东职权，其名称为国有资产投资公司或其他适合的公司机构称号。在全国人民代表大会下设立一个国有资产管理委员会，可称为人大国资委，与全国人大财经委、法工委并列。全国人大国资委履行对全国国有资产的战略布局、国有资本经营预算、国有资产监督管理及国有资产管理的各项行政功能，以利于实现政资分开即管理国有资产的行政机构与经营国有资产的股东机构分开。

（2009-12-09）

● 央企效益增长的理性视角

近几年频频传出央企效益大幅增长的好消息，对待这类消息，我们需保持理性的视角，既要看到改革的效益性，也要看到改革中还存在的不足，以坚定深化改革的信心。

一、理性看待央企效益增长

2004 年中央企业出现了利润不断提高和资产质量不断改善的现象，对于这种利润增加原因多样化以及利润来源集中化的趋势，我们首先要保持宽容的态度，当然这种宽容是基于历史的眼光进行纵向比较的结果。人们在对这种不足横加指责时往往忘记了一点根本变化：新增利润是通过市场竞争、在严峻的市场考验下获得的。即便利润来源集中于七家企业，但利润大幅增长至少说明了它们的市场竞争力有了不同程度的提高。更为重要的也许不是成绩本身，而是由此反映出的对改革的肯定——改革的成效是有目共睹的，没有改革就不会有今天的成绩，那种对国企改革要么全盘肯定大吹大擂、要么全盘否定甚至要停止改革的看法是不负责任的。20 多年来国企改革的思路、方针政策都是经过深思熟虑的，也经受住了实践考验，保持改革的连贯性是发展的内在要求。时下，没有什么比坚定人们对改革的信心更为紧要。

尽管国企改革不尽如人意的地方还有很多，但对改革的看法不能走极端，既要看到成绩，也要做好面对新伤旧痛的充分准备。改革的任务仍然艰巨繁重，但是决不能放松改革、冷落改革甚至不改革，特别是在当前较之改革之初变化了的新形势下。正所谓穷则思变，80年代对改革必要性、紧迫性的认识总体上是一致的；可是现在利润大幅增长，对于改革，很多人就滋生出沾沾自喜、怠慢之类的心理来。可是如上所述，利润的来源是多样的，而且偶然因素占了很大比重，比如原材料价格、市场需求等，这样的偶然因素一旦消除，国企就又会陷入新的困境。

二、“新伤旧痛”导致国企两极分化

目前部分中央企业生产经营仍然困难，2004 年前 10 个月中亏损的中央企业有 20 家，占 10.8%，累计亏损额达 20.2 亿元，这样的局面与三方面的困难分不开，一是债务包袱沉重，1998 年的债转股使得旧账刚抵、新账又添，债权债务的问题没有解决；二是冗余人员太多造成成本过高，这同时也是多年的顽疾；三是社会负担过重。其中有的是改革措施不到位，有的是空有政策、实行起来阻力重重，还有些问题被淡化甚至掩盖致使人们认识不够清楚。

导致国企两极分化的原因相当复杂，不能把原因简单归结到个别人头上，根本原因仍然是制度上的，是国企机制不适应市场要求。20多年改革的经验与教训应该得到及时总结，对改革的措施及思路应进行清理、重新审视以便更好地前行。在新形势下，很多过去习惯性的、计划经济式的思路必须彻底扭转。

换人不能解决根本问题，重要的还是制度，要先行转换思路，进行自下而上市场式的改革，而不是过去自上而下权威式的改革。

三、必须坚定不移地深化改革

对于现代企业制度的建立与实行到底面临的困难，大致可以归结为三个滞后：一是政府职能的转换滞后于企业改革要求。政企分开喊了多年，但根本上还是没有好转，反而又以新的形式在干预国企改革，体制问题的实质是企业与政府的关系。当然，不能否认宏观调控不可替代的作用，但这决不是强化行政力量控制的借口。现代企业制度以公司制度为主体，根本的还是要靠市场的力量，积极转换政府职能。二是中央企业改革滞后于地方企业改革。具体表现在，180 多家中央企业中有大量仍是国有独资或国有控股公司，而且是绝对控股，这与现代企业制度是不相符合的。中央企业下一步的改革要强调股权多元化。三是垄断性国企改革滞后于竞争性国企改革。80 年代家电、纺织这些竞争性较强的行业中企业改革现在效果较好，已经和国际接轨，但是，垄断性的国企改革是滞后的，这种政府支持的行政垄断、行业垄断对改革是一大障碍。

可以肯定的是，国企改革出路在于制度创新。建立现代企业制度必须解决这三个滞后：首先是实行股权多元化，真正发挥董事会的作用，建立法人治理结构。而且不仅要实现多元化，股权结构也需要合理化，过分强调国企控股是不合时宜的；不能只研究企业，也要研究政府，促进政府职能转变，否则国企改革将面临无法突破的瓶颈。

其次是要处理好国有股东和公司法人的产权关系，建立公司所有权和法人经营权分离的新型产权制度。实行股权多元化就要引入外资、民间资本股东，允许法人股东的存在。股东的所有权应该表现在投票、产生董事、公司分红等权利上，而不是干预公司法人行为；公司法人具有财产经营权，包括举债，要走债权债务制度。现行的公司直接任命董事长不符合公司制度的要求。建立规范的公司法人治理结构正是所有权和经营权分离的要求，现在的任命制和公司法人治理结构格格不入。应该是股东机构产生董事会机构，董事会聘任总经理，实行总经理负责制。如果一股独资，股东说了算，最终就会回归到产权问题。国企改革至今，产权问题无法回避。

再次是投资体制要做到政企分开、政资分开。现行的投资体制改革还有问题，好多还需要审批，而政企分开是前提，政资分开是明确国有产权股东的定位，作为国有企业的股东不能干涉企业的投资行为。现行的投资体制必须符合现代企业制度要求，明确国有资产股东的责任，做到管理国有资产的政府机构和管理国有企业的股东机构分开，建立新型的投资观和资本观，即股份制。亟须这些年来把若干个政府企业拼在一起参股，不是真正的股份制，股份制不能没有个人股，现在已经看出来这种做法效果是不理想的。同时，亟须建立一个全国的产权交易市场，把国有资产放入产权交易市场，实现公开、公正、透明。国有产权流动不等于流失，国有企业改革有风险，如不改革有更大的风险。

最后是国有企业改制将是改革的延续和发展。主要是劳动制度和资本制度，建立起新型的资本观，国有企业产权做到两个置换、两个走向。国有企业产权置换，就是进入产权市场；国有企业职工身份置换，职工走向社会、走向市场，建立新型的劳动关系。

（原载《瞭望》，2005（1））

● 国有独资企业产权如何多元化

产权问题仍然是国有企业改革与发展的一个关键问题、核心问题，是一个不可回避的问题。直到今天，我们有些人在讲国有企业改革的时候，实际上仍然回避了产权，或者不怎么触及产权这个问题，似乎认为只要抓管理，就能把国有企业搞好，这种想法太天真了。我们国有企业改革已经20多年了，很多深层次问题仍然没有得到有效解决，而且我认为随着21世纪的到来，随着市场经济的发展，产权问题将成为国有企业改革越来越重要的问题，所以这是一个核心问题，是整个国有企业改革不可绕过的问题。

关于产权问题我想围绕多元化来说，多元化是国有企业产权制度改革的核心问题。究竟如何多元化，我想从以下几个方面来说：

第一，从公司形式的选择来说，要做到多元化。实际上公司产权制度的前提就是多元化的产权制度。但至今国有企业的公司制改造仍然是大量的国有独资公司，而国有独资公司实际是国有独资企业的翻版。我看了一下出席这次会议的名单，仍有大量独资公司。调查一下，是独资公司的请举手（请放下）。我粗略一看，大约还有三分之一。这就说明，要做到产权多元化不容易，所以国有企业的公司制改造，现在发现光这么提不行，它是改为公司了，但是没有做到产权多元化，所以我们现在相当多的国有独资公司机制仍然没有转变，甚至比原来更隐蔽，有的可以说在某些方面机制还有强化，这是值得深思的。如果我们不走这一步，是不是还要拖20年来改革国有企业，我觉得这值得考虑，这是国有独资公司要解决的问题。所以国有企业公司制改造，我认为下一步要强调产权多元化的形式。产权多元化的形式基本上是这样三种：

公司形式的第一种选择是有限责任公司。有限责任公司按《公司法》规定，至少两个股东，就是说除了国有股以外，还要有一个其他的股权进来，才能做到产权多元化。但是我这里想强调一下，我去了一些地方，今天不点明是哪个省的哪个公司，这个有限责任公司是由若干个国有企业拼凑而成的，虽然它不是明确的国有独资公司，但它打着有限责任公司的旗号，是由若干家国有企业拼凑的，这也不是真正的产权多元化公司。因为若干个国有企业背后都是国有资产，还仍然是国有独资企业的翻版，所以现在大量的有限责任公司也不规范，这都是我们下一步要解决的问题。

讲到这里，我想国有法人股这个概念是不确切的，就是说我们原来认为国有企业是法人，国有企业拿出一部分国有资产给另外一个国有企业，我们就提倡企业之间横向联合、交叉持股、相互持股，我认为这不是产权多元化。但我们过去也把它叫做股份制的一种、公司制的一种，我认为现在如果按照法律的要求，按照真正的产权多元化的要求，它就不是。所以，国有股与国有法人股在本质上是一样的。若干个国有企业拼凑的有限责任公司是不规范的公司，因为这不符合产权多元化的要求，所以有限责任公司情况也不一样，虽然在座的可能有些就是有限责任公司的牌子，但实际上背后都是国有企业。我们讲产权多元化，国有企业改为有限责任公司，应该是除了国有股以外，还必须吸收一个不是国有产权的新的股东进来。

第二种选择是股份有限公司。股份有限公司与有限责任公司的不同之处就在于股东人数不受限制，这是它的好处，还有一点就是它的资本总额要分为等额的股份，股东按股份来认购，这跟有限责任公司做法不一样，但是它的前提也是产权多元化。

第三种选择就是上市公司，即公开发行股票，到社会集资，有大量的公众股。

以上三种选择就是公司的三种形态。在公司选择上，国有独资企业要避免两种现象：一种现象是改为国有独资公司；另一种现象是拼凑的有限责任公司，甚至有的股份有限公司也是拼凑的，因为它都是国有股，都是原来的若干家国有企业。但不可能是拼凑的上市公司，因为上市公司还是做到了股权多元化。

这是我讲的第一点，就是国有独资企业产权如何多元化，从公司形式选择上要真正做到产权多元化。我们在座的虽然都是挂着公司这块牌子，实际上并没有做到产权多元化，我想这些公司下一步的改革任务就是要做到产权多元化。所以，国有企业的改革对这些独资公司、对这些拼凑的有限责任公司，我觉得仍然要进行改制。还有的没有改制，就是原有的国有独资公司，也要进行产权多元化改造。

第二，从股权的种类来说，要做到产权多元化。现在股权种类的划分我觉得是不规范的。现在我们把股权的种类分为 A 股、B 股、H 股、N 股。这种划分与真正的产权多元化的要求是有差距的。因此，下一步从产权多元化的要求来说，股权的种类应当规范化。这个规范化我觉得主要就是从法律的形态分成两类股权，即普通股权和优先股权。对于普通股权来说，它的所有者不同，但是它在法律上的地位是平等的，所以股权的划分要打破所有制的界限，要按照真正的出资者的法律地位来确定股权的种类。优先股与普通股的不同之处就在于法律上规定的权利不同，但是没有所有制的界限，我们现在的股权种类仍然打上了所有制的烙印，这也是我们下一阶段逐步改制的方向所在。

最近最典型的就是B股对国内居民放开，这一放开我认为很多问题都提出来了。B股跟A股是什么关系？下一步这个问题肯定会提出来。在这里我不想展开说这个问题，这都是下一步要做的事。另外，内资、外资的概念，我想，随着我国加入WTO，应该说作为一个投资者，在中国投资，无论投资哪个公司的股权，都应该按照资金的国民待遇来对待，这也是一个方向。所以，我们现在要真正做到法律要求的产权多元化，从股权的种类来说应该规范。当然，要花多长时间来改制，这涉及方方面面的问题，也不纯粹是企业本身的问题，但是又跟企业有关。现在有的是A股，有的是B股，有的是既有A股又有B股，这些都是在下一步要逐步加以规范的。

股权的这种划分，就导致了现在的股权在资本市场、证券市场上的地位不同。比如说现在的国有股、国有法人股不能流通，这就是一个问题，就不利于真正做到公司按照产权多元化的要求来运作。

第三，股本的结构问题。包括上市公司在内，现在股本结构最突出的问题是上市公司国有股是绝对控股。因此，现在又流行一个概念叫国有控股企业、国有控股公司。我认为按照产权多元化来说，没有必要过分强调这个概念。在统计上，把国有控股企业变成一类来统计，我觉得这也不能反映中国整体经济真正的状况。实际上，过分强调国有控股，也不利于办好企业，这种结构不利于股东之间的地位平等，不利于大小股东、内资外资等各类股东，而且导致了国有控股现在最典型的后果，比如说，上市公司退不出来。上市后没有退出机制，为什么？这就涉及国有控股这个问题，国有控股现在是本地股东跟外地股东有利益冲突。最近有一家上市公司根本就不行了，而当地股东占的比重又较大，这里存在股权结构问题、国有控股问题以及股权结构中股东地位不平等一系列问题，导致最近争论证券市场如何看待的问题。中国证券市场10年来取得了很大成绩，这一点应该肯定，但问题确实不少。现在讲这些问题的同志不是否定资本市场10年来取得的成绩，恰恰是爱护证券市场，让股票发行得更好，所以，我想这些应该得到解决。这是一个专题，由于时间关系，我在这里就不展开说了，只是点到为止，就是如何做到产权多元化，要注意的几个问题，在座的企业可以根据自己的情况来选择。

第四，改制的形式。从改制的形式来说，国有企业进行公司制改造是建立现代企业制度的方向和出路。因此，国有企业改革从改制形式上来说，我认为能改成公司的尽量改成公司，但不要搞“一刀切”。国有企业的改制形式可以多种多样。前面我已讲到，在改成公司制以后，离真正的产权多元化的要求差距还很大。对于一些不能改成公司制的企业，可以采取别的改制形式来实现产权多元化。在这里想讲一下，产权多元化不仅是从一个企业来说，要做到产权多元化，而且国有独资企业也要实行产权多元化，还要从社会来看，从我们整体经济的角度来看，有些做不到产权多元化，就退出来。这种退出，从全国企业来说，也是一种产权多元化的表现。所以，我认为能够改成公司的，尽量改成公司，不能改成公司的，可以采取别的改制形式，比如说把它卖掉。卖掉以后，国有资产可以收回来，这就叫“有进有退”“有所为有所不为”。收回的国有资产用来加强国家经济命脉的基础产业。这也是一种全国范围内的国有资产产权多元化的改制形式，可能相当多的企业将来要走这一条路。现在很多公司下面的情况很不一样，比如说一个公司下面有一两百个单位，这些单位都能做到产权多元化吗？我觉得可以把它卖掉，卖给个人，这也是一种产权多元化的表现。所以，我认为产权多元化最后应该落脚到自然人身上，当然也可以是法人形态，这里所谓的法人形态，指的是基金，以基金为代表的机构投资者，但这些最后都要以自然人为基础。

对于一些不能改成公司的企业，还可以有别的改制形式。比如改成股份合作制，就是卖给职工。但这只是暂时的、过渡的形态，它不是一种规范的企业形态。进入 21 世纪，中国未来在市场经济条件下的企业形态基本上有三种：（1）个人独资企业；（2）合伙企业；（3）公司。这三种企业形态的不同点是资产所有者的形式不同。个人独资企业是指企业资产归个人所有，企业的全部利润归个人享有，全部风险由个人来承担；合伙企业与个人独资企业不同，它指的是两个以上合伙人出资，资产由合伙人所有；公司的特点是由若干个股东集资组成法人企业。

以上这三种企业形态是按照资产所有者的形式不同来划分的。所有者与所有制是两个概念。所有者是指企业资产责任明确的形式，它只有两种形式，即自然人和法人。国有股的资产将来也应该落脚到某个机构，落脚到法人，而不是政府。国有股的股东是谁？这也是要做到产权多元化的一个难点，究竟谁代表国有资产，到现在还没有解决。在没有解决的情况下，中央抓 44 家，国务院抓 104 家，各省市再抓几家。外派稽查特派员、监事，通过这种方式来保障国有资产不流失，但我看很难保证，因为稽查特派员、监事都不是真正意义上的股东，只是带着耳目去查账，不能担负起真正意义上的股东权利和责任，所以，究竟谁对国有资产负责，到现在还是一个悬而未决的问题，需要进一步落实解决。

国有企业是按所有制来划分的，按照原来的概念叫做全民所有制、集体所有制，这两种所有制都是资产责任不明确的表现，包括现在的集体企业，集体股、集体产权也是不清楚的。所以，不仅国有企业要改制，集体企业也要改制，因为集体企业也是产权不清，集体、全民都是所有制的烙印。当然我的意思不是要取消所有制的概念，经济学研究所有制，但在实际经济生活中，所有制是一个资产无人负责的概念，是一个产权不清的概念，所以，尽管工商登记现在还有企业所有制性质，但今后的企业不能按所有制来划分。因为这样做导致社会资产的混乱，引起大量的官司，原因就在于企业从成立第一天起，产权就不清楚。

现在有一个概念叫界定产权，我认为现在国有企业、集体企业界定产权几乎很难进行，这是社会遗留下来的问题。今后要做到产权清晰，要么是个人独资企业，即产权单一化，要么是合伙企业，产权归合伙人所有，要么是公司制企业，它是一种最典型的产权多元化形态，是由若干股东组成的。将来是不是所有的企业都要产权多元化？不一定，个人独资企业就不需要产权多元化。是不是将来有的国有企业做不到产权多元化？这是可能的，国外也有。我有一套“外国国有企业之路”丛书，其中说明了这一点，但它所占的比例很小。现在的问题是我们国有企业比重太大，这就会影响社会经济发展，而且会导致很多社会问题。所以，下一步的问题是国有企业退出问题、减少问题，“有进有退”主要是如何退的问题，而如何退就是要做到产权多元化，因为现在的国有企业只有一种产权。

现在企业形态的划分是不规范的，包括乡镇企业这个概念也不科学。当然我说“不科学”，不是说乡镇企业不要提了，而是说乡镇企业同样是产权不清，乡镇企业今后要落脚到哪一类企业。我们现在统统叫乡镇企业，甚至有的国有企业也叫乡镇企业，集体企业也叫乡镇企业，这是产权不清，所以也要改造。我到过一个省，我问什么叫乡镇企业，当地的省政府官员居然回答说：乡镇企业局管的企业叫乡镇企业，市工业局管的叫国有企业。他们是这个概念，这个划分企业的标准是很混乱的，所以将来我们划分企业的标准既要破除所有制的概念，又要破除行政的条条块块，这些都不要成为划分企业的标准（我就看到山东省、河北省交界的两个企业，它们有很多内在联系，产权很不清晰，这样不行。这个企业归山东省管，那个企业归河北省管，要发生资产关系，必须经省里批准）。另外也不要根据行政级别来划分。所以我们要打破传统划分企业的四个界限、四个旧观念（即所有制、行政条条、行政块块、行政级别），要规范到按企业资产所有者形式不同来划分企业。

我们今天研究的是未来制定法律的依据和基础。现在很多法律，包括工商登记等，都不规范。各种统计之所以搞不清楚，就是因为企业划分不科学。将来公司就是公司，没有什么国有控股公司（统计了国有控股公司，还要不要统计别的什么控股公司？），公司不分所有制，不分哪一类股东是绝对控股，哪一类是参股，在法律面前它们是平等的。所以产权问题要解决，从制度到观念到政策，下一步都要调整，否则会导致企业混乱，因为企业在管理上受到产权财产关系的支配和约束。

企业的形态分为个人独资企业、合伙企业和公司三种。我觉得我们现在国有企业改制能直接改为这三种形态当然很好，但是相当多的国有企业不可能一步改成这三种企业，怎么办？可以采取一些过渡的改制形态，我刚才说了，如股份合作制。我的看法是股份合作制比国有企业有优越性，因为资产卖给了职工，于是职工就有财产的观念，有财富的观念，有利益分配的机制，就有搞好企业的动力，所以股份合作制的机制要比国有企业好，因为国有企业是独资的。但是，股份合作制现在也碰到了矛盾。不久前我到了河南，河南有一家企业股份合作制已经搞了四年，效益很好，但现在碰到了问题，其中最主要的问题有两个：一个问题是它要求职工既是股东持有股权，又是劳动者；第二个问题是平均持股，因此表决方式是一人一票。这种股份合作制现在发生两极分化，搞得好的有的愿意再集资，有的就不愿意，于是股权差距就拉大了，这就发生了矛盾。原来一人一票的表决方式就行不通了，怎么办？改成一股一票，这样一来，搞得好的股份合作制就改成了规范的公司制。公司制与股份合作制之间最大的不同是股东不一定是职工，职工不一定都是股东。公司制我觉得不能强制地搞全员持股，全员平均持股不是规范的公司制。虽然现在也叫公司，但实质上还是股份合作制。全员持股现在来看最主要的缺陷是平均主义，没有动力。一个企业内部一旦形成平均主义，就不会有动力。所以，我觉得一个企业内部应该有差异，有区别，不仅有报酬上的差异，还应该有持股上的区别。可以搞职工持股，但不要搞强制的全员持股，更不要搞平均持股，现在已经证明，这样做效果不是太好。

对于那些搞得不好的股份合作制企业，最后也把它卖掉，卖给个人，或者改成合伙企业。合伙与合作是两个概念，合伙是指财产的关系，合作是指劳动的关系。至于股份合作制这个概念，股份是指资本的联合，合作是指劳动的联合，在股份合作制当中，资本和劳动是平等的地位，其实劳动是最主要的。但是随着股权差距的拉大，强调一股一票，资本就处于支配的地位。当然给有技术、有才能的职工一点股权，跟经营者一样持有股权，那是另外一个概念，不要混同起来。我们现在讲知识资本、人力资本，不能把这些都混同起来；我觉得办企业不能“刮风”“喊口号”，办企业一定要讲实质性的问题，不能够浪潮一来，什么东西都扯不清楚，所以办企业一定要有制度，一定要讲法治。而制度最重要的是产权制度、财产制度，不能办了半天的企业，连产权制度、财产制度都不知道，也不知道这个企业为谁而办，这就谈不上办企业。国有企业倒霉就倒霉在这里，它不是一个利益体。实际上企业是一个利益体，每个人在这个企业中都有自己非常清楚的利益，只有这样，这个企业才能办好。绝不是喊什么“凭良心、觉悟、党性”才办国有企业的，而是凭利益关系，一个企业本身就是一种利益的集合体。所以如何摆正利益关系非常重要，而其中首先是产权问题、出资问题要搞清楚。因此，股份合作制是一个过渡形态，它不是规范的企业形态。虽然我们也把股份合作制列为一类企业，但是这个问题迟早会慢慢澄清，而不是说社会存在就是合理的。我们要看它的本质问题。当然这并不是说股份合作制不好，也不是说现在国有企业不可以改为股份合作制，能改则改，不能改则罢。不是说现在办得好的股份合作制统统要改为公司制，只是要看到这是一种趋势。

股份合作制是一种不规范的企业形态，但它是改制的一种形式，是可以采用的。同样，股份合作制是一种过渡的产权多元化的形态，不是最终的法律形态。到现在没有什么股份合作制法，讨论多少次了，也搞不出来。股份合作制有它内在的矛盾，它是一种内在产权的制度，但是资本和劳动这两者之间的关系没有搞清楚，而资本的产权又是平均的。另外，股份合作制还无法解决产权的流动问题，即股权的流动。如河南的一家股份合作制企业就提出这样的问题：有人要离开这家股份合作制企业，产权（股权）能不能带走？如果不能带走，能不能转移？这些问题股份合作制没有解决。所以股份合作制仍然没有解决产权问题，产权问题应该是多方面的，包括所有者问题，它可以流动，也有各个方面的规则。

改制的形式多种多样，除以上说到的几种形式外，还可以采取分块的形式，能搞活一块的，搞活一块；能搞活一部分的，搞活一部分。比如说，有些不能直接改为公司怎么办？就可以采用这种形式。在现在的国有独资企业中，要做到产权多元化，可以拿出一块来搞活，使这一块做到产权多元化。国有企业捆在一起就是死，分离开来就是活。最近我到过好几个油田，石油系统正在搞买断工龄，我觉得买断工龄的本来意义就是拿一部分国有资产抵偿这些职工过去在这个企业所做出的贡献，这叫有偿解除劳动合同。买断工龄意味着给你一部分钱，比如说一年 4 300 元，假如你在这个企业干了 20 年，那么 86 000 元钱就归你了，你可以去办一个企业，摆一个摊子，搞一个小百货，或者搞一个修理铺……也解决了就业问题。我到华北油田，有些人就问我："邓教授，我是买断工龄好，还是不买断好？"向我咨询。我的看法是这样，买断工龄有好处，假如你有才能，也有经营意识、有胆量，想做些事情，可能就会用这笔钱赚到更多的钱，从而发了财，这也很好，对社会也有好处。但这属于个人独资企业，对于国有企业来说，我觉得也是一种产权多元化。

从20世纪80年代中期开始，我们就喊口号，最开始喊“砸烂‘三铁’(铁工资、铁饭碗、铁交椅)”，后来又喊“下岗分流、减员增效”，口号是喊了半天，最后效果都不好，国有企业还是没有减下去。那么究竟卡在什么地方？就是那些在国有企业工作了一辈子的老职工没有得到补偿。这不是无偿地分给他们，与无偿分给他们不同。因为既然是全民资产，全民都要分，咱们不走俄罗斯的老路，但我觉得应该补偿。这样做有些系统可以做到，而有些系统就做不到，如石油系统能补偿，煤炭系统就不行，因为目前还没有统一政策。

我今天讲的是要做到产权多元化的各种形式，在座的企业回去以后可以根据各自的情况进行选择。我们讲问题是站在企业的角度，哪条路走得通，哪条路对你有利，你就走那条路。我觉得我们这种研讨会，不要指望拿出一条什么具体措施回去实施就行了，做了以后既有好处，又不犯错误，还没有什么风险，在市场经济条件下，没有这么便宜的事。比如说买断工龄有好处，但也有风险。一个风险是你要跟这个企业“一刀两断”，你拿的这几万块钱是承担你一辈子命根子的钱，这一点必须考虑；第二个风险是如果你经营一旦亏损，不但拿的这几万块钱要全部赔进去，而且还要拿出家里全部财产，因为是个人独资企业，利润全部归自己，风险也由自己一人承担。不买断工龄也有好处，为什么？尽管停产、半停产，断断续续拿到这一点工资，甚至还可能拖欠，但你可以继续与企业保持这种劳动关系，可以“赖”在企业。然而也有不好的地方，一旦这个企业办不下去，宣布破产了，就连这几万块钱也拿不到。而且在今后也可能发生变化，包括石油系统在内，现在可以拿到这笔钱，再过几年以后，也有可能就没有了。

现在实现产权多元化还有一个做法叫带资分流。现在有的企业、有的系统也在搞。所谓带资分流，就是说如果你不愿意买断工龄，拿出一部分国有资产分给你个人。“带资”指的是带着国有资产分流了，不是国有企业了。这些人可以重新再组建一个企业，我的看法是，组成一个公司比较好。

虽然带资分流可以实现产权多元化，但是也存在很多问题。

第一个问题是带资分流以后，如何评估国有资产？比如说一个企业有 2 000 人，大概有 1/3 的人愿意买断工龄，还有 2/3 的人怎么办？于是就带资分流，把剩下的国有资产作价，进行资产评估。所以如何产权多元化，还有一个很重要的问题就是资产评估。不能在改制过程中导致国有资产流失，也不能在不规范的产权改制中让少数人意外地发财、得到好处。所以，国有资产不能低估，我觉得这一点应该注意。但也不能高估，如果高估了，改制不成功，职工不愿意接受。因此资产评估应该采用市场价值法，不能采用账面计算法，不能采用成本重置法，因为这套设备买来时多少，用了多少，现在按市场价值计算根本不值，有的连一块钱都不值，甚至就白送，如果不这样改制，下一步就无法进行。如果给个人以后，把它用好了，对国家也有好处，能够解决一些人的就业问题，对这个企业也有好处，能够让企业起死回生。我们现在大量的国有企业很困难，很大程度上是机制不行，产品卖不出去，产权不清。如果改了以后，国家不再补贴，也不再管它了，搞好了，大家富起来；搞不好，你们大家亏损，责任非常明确。如果国有资产高估了，就没法完成改制，对国有企业改革也不利，会拖延国有企业改革的时间。所以，要采用市场价值法，既不让国家吃亏，不让国有资产流失，也不能让职工吃亏，不能给职工背上包袱。

第二个问题是社会负担问题。现在国有企业的社会负担太重，把社会负担甩给改制以后的企业，我认为这也是当前国有企业产权多元化的一个障碍。我们现在国有资产有相当一部分是经营性资产，是真正创造利润的资产，还有一部分是非经营性资产。我觉得这些社会负担应该剔除，就是不能把社会负担带给改制以后的企业和职工。社会负担问题包括现在社会保障制度的建立问题，如养老、医疗等一系列问题，我觉得都要考虑，否则产权多元化也很难实现，因为过去欠了职工这笔债，应该在产权多元化当中拿出一部分来偿还，不能留给改制以后的带资分流企业。

第三个问题是富余人员。现在我们国有企业是富余人员太多，我觉得富余人员问题也应该在改制当中加以解决，可以和带资分流人员同时解决。我觉得就分流下岗而言，如果国家不做补偿，是不合理的。

第四个问题是要尽快建立社会保障制度，使企业尽快步入新的市场经济的轨道，没有后顾之忧。这样，将来带资分流组建的新企业就能够按照新的市场经济的机制来运作，而不致重犯国有企业的老毛病。

第五个问题是带资分流以后组成的新企业是不是要有国有资产。我最近到一些地方参与咨询、研究发现，最新的情况有两种：一种是带资分流后没有国有资产。有的国有企业资产可能刚够补偿工龄，有的可能还不够，甚至还要补贴，这样买断工龄的钱就少了，但是财政部门不会给你出这笔钱。当然有的地方财力雄厚也会补上的。另一种是带资分流后还有国有资产，这种情况下又有两种做法：一种做法是职工再出钱把它买下来，意思就是说不要国有股，因为现在人们发现，改制后的企业，只要有国有股，政府就要干预，在人事等方方面面加以干预。所以这种主张是不要国有股，哪怕只有 10% 也不要，控股更不行，参股都不要。另一种做法是保留它，国有股参股占到 5% ～ 10% 或更多一点。这样做有什么好处呢？因为有国有股，将来要办事找政府方便一点。中国现在的环境毕竟还不是市场经济环境，完全离开政府什么事也办不成，但也有不好的地方，就是要干预你。

所以我觉得这一部分还要看今后的实践。上市公司最大的问题是国有控股，为什么要减持国有股，就是因为政府的干预太多。原来国有企业的机制没有转变，现在不控股了，那参股是不是就没有问题了？当然还有。所以，我觉得下一步中国的产权问题要改制，这与其他制度如人事制度等都有关系。

第六个问题是带资分流以后的企业形态。我一般主张采用公司制。但是公司制中有限责任公司受到股东人数的限制，怎么办？可以搞职工持股会。但搞职工持股会有两个条件：一是职工持股会内部必须是产权清晰的，不是集体股；二是职工持股会应该经过注册，取得法律资格。当然有的地方可以注册，有的地方不让注册。不让注册有的就走社团登记，有的地方连社团登记也不让，这样就要采取一些变通的办法来改，因为都要有非常明确的文件。而且我觉得很多改制需要创新，既然承认改革是一场创新，就可以允许人们实践。

实现产权多元化还有一种做法是由经营者来购买，这叫经营者融资收购或管理层融资收购。最近有个地方的国有企业就是由这个厂的厂长、书记等五人把它整体买下来的。我觉得这也是可以的。在重新登记注册以后，组成一个新的企业。

改制形式跟企业形态是两个概念，我觉得改制形式不一定强调统一，不一定强调严格的现代规范化。因为如果过分强调，就什么也干不了。而企业形态就是三种：个人独资企业、合伙企业以及公司。公司分为三种：有限责任公司、股份有限公司以及上市公司。所以，我觉得将来的企业，如果按照规范的产权关系，按照资产所有者明确、产权多元化的要求来说，分为五种企业形态：（1）个人独资企业；（2）合伙企业；（3）有限责任公司；（4）股份有限公司；（5）上市公司。对于改制的形式，不一定要一步就达到规范，事实上也不可能，中间应允许采取多种做法。如前所说，可以采取股份合作制、买断工龄、分块搞活、带资分流组成新企业以及经营者融资收购等形式，但这些改制形式要逐步规范到企业形态上来。

现在有些企业的提法，我觉得不太科学，如集体企业、乡镇企业，都是产权不清的概念，它究竟是哪一种产权，不清楚。至于其他一些企业的提法，现在人们的理解也不一致。比如民营企业，有些人把非国有企业都归为民营企业，还有人把公司也叫民营企业，有些人理解民营企业就是个人企业、私人企业。“私人”“个人”“民营”这些概念是产权形态的一种表述，如果按照企业形态的法律依据来说，这种提法就不是很准确。这种概念的理解可以很广，我认为，不是说乡镇企业、民营企业不能提，还是可以提，但要规范到企业形态上来。至于集体企业就是产权不清，股份合作制是过渡的形态。

我们要改制必须做到将企业形态和改制的形式区别开来，必须面对现实，从实际出发。只要有利于企业开拓市场，有利于企业发展，怎么改都是可以的。现在不是说哪一种规范就搞哪一种，哪一种不规范就不搞。而是说哪一种能把企业办好，能开拓市场，就搞哪一种。所以，改制形式的选择本身不是目的，目的是为了求得企业的生存和发展，为了增强企业的市场竞争力，为了解决企业的出路，能走哪条路就走哪条路。

第五，国有独资企业产权多元化，还需解决的一个问题就是企业的联合、联盟、兼并、收购、组建企业集团。通过企业资金的联合乃至联盟、兼并、收购来组建企业集团，这也是改制的一个方面，把企业做强做大。21 世纪经济最重要的特征有两个：第一，随着信息技术、知识经济时代的到来，信息、知识对企业越来越重要；第二，经济的全球化，从信息、知识来说，我觉得搞联盟、兼并是最好的。经济全球化背景下，应该组建一批跨国公司式的企业集团，但是关键要处理好目前的企业产权形式。比如石油系统、石化系统，拿一部分出来上市。石油、天然气系统一共有 153 万人，把 48 万人拿出来，到纽约去上市，集资了30多亿美元，做到产权多元化。剩下一块还有105万人，对这一块再进行改制。比如说“大庆”，有200个单位，共29万人，8万人上市了，剩下还有21万人，100多个单位，包括运输、商贸等，对这些企业再改制，做到产权多元化。这就是说，比较大的国有企业，可以分成两部分，先拿出一部分上市，按上市公司的规则来运作，做到产权多元化；剩下的一部分比较复杂，有的甚至只是母体的存在，有的包括母体、后勤、辅助。因此，如何处理好母公司和子公司的产权关系非常关键。原来中国石油天然气总公司是独资企业，现在一改制分成两部分，一部分是上市公司，已经产权多元化；另外一部分现在正在产权多元化，作为母体，作为国有资产股权的代表，中国石油天然气集团有限公司如何进行产权多元化？现在正在搞。要处理好母公司跟子公司的关系，避免不规范关联交易、产权不清等矛盾。比如因母体很困难，上市公司拿了几个亿，补贴母公司，或因上市公司未经营好，母体拿钱过来贴，供给它水，价格就便宜了；卖给它东西，价格也便宜了。如此一来，会导致国有资产的损失。所以集团母子公司之间的产权关系如何处理好，这也是产权多元化的一个新课题。如何规范企业集团母子公司的体制，也是产权多元化一个极其重要的问题。现在我们的企业集团和国外的跨国公司不同，国外跨国公司是由原来母公司逐步扩大，然后投资办的子公司；我们是国有企业硬分成两部分。这是产权多元化的新课题，应密切注意。

第六，国有企业如何做到产权多元化，国有企业改制后，内部如何设立经营者持股、技术人员持股、职工持股的问题，这也是产权多元化非常重要的问题。

怎样看待经营者持股，技术人员、职工持股？在中国现阶段，对这三类人持股可分为两类情况：一类情况是入股，是出资者、所有者，应该享有产权；是股东，享有股权。现在很多企业，特别是高新技术企业，可以技术作价入股，可以拥有股权。另外，职工也可以入股。第二类情况是属于薪酬制度范畴或者是激励机制的持股。应把这两种情况分开。属于薪酬范畴、激励机制的，经营人员搞股票期权。如果企业经营好了，给经营人员一定奖励，可拥有未来期限兑现的权利，拥有股票的差价。如技术人员持股，在这里干，干好了，除了拿报酬、奖金外，你的技术转化为财富，未来给你分一块。再如职工持股，在国外也有。如美国，各个公司做法不一样。美国在 70 年代开始搞职工持股，现在 70% 的公司搞职工持股。大致做法是以公司的名义贷款，按一定规则记在每个职工的名下，然后公司每年从税后利润中拿一部分去还贷，如果贷款还清了，职工按这部分持股去分红。这是一种职工的利润分享制度，叫做 ESOP（员工持股计划），国外叫雇员持股计划。这种利润分享制度在美国有一条规定：当你离开这个公司后，这部分不能带走。这条规定的作用是：（1）把职工的利益和公司的利益联系起来，如果你好好干，给你一部分。（2）有利于稳定职工队伍。你离开就没有，不能带走，不能继承，不能转移（入股则不同，入股可以带走，还可转移）。只要你在这个公司工作，你就能享有这部分利益，可以分享这种权利。有人说，这不是影响股东分红吗？股东会不会有意见？但实际上分给职工的利润只占 5% ～ 10%，也就是说，90% 以上分给了股东。以我们来看，职工持股的目的是把公司的蛋糕做大，创造更多的利润，这是从公司发展的角度来看，所以说改制应着眼于增量，不应着眼于存量。产权多元化不要着眼于存量，而要着眼于增量。现在来看，增量产权能多元化，而存量不能动。买断工龄仅是动了存量，这是不得已。

总的来说，企业改制是着眼于增量。美国的职工持股，其作用是着眼于增量，着眼于未来，着眼于公司的发展。公司职工持股目的是促使职工好好干，但是它跟入股是两个概念。这对股东也有好处，实际上承认了劳动分享利润，因为过去美国公司是资本独享利润，股东分红。21 世纪知识资本入股的比重会越来越大。将来的概念不是股东，而是利益东，就是说跟公司有相关利益的都可参与利益的分享。将来的公司不光是股东。当然，话说回来，没有股东出资也就不会有公司。我觉得这一点国家也应该想开一点，国家作为一个大股东，应该允许经营者持股，因为经营者有管理才能、管理知识，技术人员有技术知识和才能，职工有劳动。职工的概念在将来也不单是从事体力劳动，他们也需要知识技能，他们除了拿工资、奖金以外，分享一部分公司的利润也是应该的。

（在“新形势下国有企业改革与发展研讨会”的专题报告，国务院发展研究中心中国企业家调查系统主办，北京，2001-03-09）

● 高技术性国企更宜外资入股

哈药集团确定中信携外资入股方案，创造了竞争性领域高技术、高风险、高投资行业处于盈利阶段的国有企业改制的成功模式，对全国国企改制有重要借鉴作用。

（1）高技术国企引入外资更适合。医药类高技术、高风险、高投资行业不仅需要资金，更需要国际先进技术，因此，此类国有企业改制引入外资更适合。

（2）职工利益和社会效益的有机结合。新哈药集团全员接受原有职工，在最大程度上保证了职工的利益，也减轻了政府负担，这在全国也具有首创性。因为外资进入后，必定要扩展新业务，这解决了富余职工问题，也提高了职工的福利。就算将来企业按市场机制进行裁员，也将按国家有关规定进行补偿。也就是说，引入外资使职工在保证获得最低补偿的条件下，获得了提高待遇的新机会。

在国企改制中会不断出现新问题，这需要各方积极探讨，不断研究，像哈药增资扩股一样不断探索出新模式，加速我国国企改制。

（原载香港《大公报》，2005-01-27）

● 在“从深圳市建设投资控股公司实践看我国国有企业和国有资产管理体制改革的有效途径研讨会”上的发言

这个会我认为开得很及时，很有必要，对于贯彻落实四中全会精神意义很大。深圳市 1987 年最早成立的几个股份制企业的试点我都参与过一些工作，当时成立了深圳市国有资产投资管理公司，我认为走在了全国的前列，对于推动国有企业公司制改造、建立现代企业制度以及推动国有资产管理体制改革都有很大作用。会上就建设投资公司介绍了很多做法，也做了大量的工作，我认为都是好的，必将进一步推动全国国有企业改革和国有资产管理体制改革。我的看法是，下一步工作有三个重点：一是规范国有资产股东和机构的行为。国有资产股东在法律上都应该是对等的，十五届四中全会强调大部分企业的股权可以是多元化，可以控股也可以参股。今天的材料有几种说法，第一个是国有资产管理公司，第二个是国有资产经营公司，第三个国有资产控股公司，我认为对于名称应该加以规范，可以统一为国有资产投资公司，可以控股也可以参股，这是我的建议。名称不一致很容易导致混乱，国有资产经营公司如何搞，我认为可以效仿投资基金，可以有证券投资资金、风险投资资金、产业投资资金，将来国有股东与其他股东都是平等的，只是股东的一部分，这是站在股东的角度上。二是规范股东与所投资的企业的关系。我认为一般不要叫国有企业，就是公司。国有资本作为股东投入一家公司，公司作为法人拥有法人财产支配权，那么现在如何规范国有股东同法人财产权的关系？现在个人股、法人股的关系是很清楚的，但是国有股东还是有特殊性的，至少我们这个材料上还有个词叫“所属”，所属的概念还是行政概念。所以刚才贺阳提了避免重蹈政府主管局的覆辙，因为股东不承担政府行政职能和行业管理职能。我不主张股东按行业来划分，股东可以跨行业经营，当然深圳市现在是按行业来划分的，是不是将来再出一个行业又可以强调搞一个行业控股公司，这一点都可以研究，并非到此为止。三是规范控股公司本身的建设。我觉得它的定性还不是很明确，从材料上来看，一会儿是资产经营公司，一会儿是企业集团，因此它的定位还要进一步探讨。我认为建设控股公司应当向跨国公司发展，既可以作为公司进行投资，也可以搞其他经营性业务，也就是混合型控股公司，是个实体。此外，我认为将来的公司都要产权多元化，不一定过分强调国有控股，一切从效益出发，国有股的比重下降不一定影响国有资本的保值增值。

（原载张宝主编：《深圳市建设投资控股公司课题研究成果》，2000）

● 电企改革与发展方向

中国的电力经济体系跟其他国家最主要的不同，就是中国的电力工业曾长期在计划经济条件下运行。现在我们整个的经济体制由计划经济向市场经济转轨。最近，电力体制的改革，在多方面的共同努力下取得了进展。但是总体来说，现在的电力体制仍不能适应电力经济发展的需要，无论是在供求关系方面，还是在电网安全方面。电力企业改革与发展的方向是电力体制改革的核心问题，直接影响其进程。

一、规范化的公司改造是方向

电力企业改革的总方向是建立现代企业制度，现代企业制度的具体表现就是公司制度。从 1992 年提出现代企业制度，1994 年开始试点现代企业制度，到现在已经有 10 年的时间，电力系统进行了公司制改造，也取得了成就，但是，国有电力企业的改造，最大的问题是不规范。

我认为，不规范突出表现在：国有独资的电力公司太多；由若干个国有电力企业拼凑的有限责任公司、股份有限公司太多；由一些国有企业、集体企业捏合的集团公司太多。这些独资公司、股份公司、集团公司，既是企业，又承担了政府职能，甚至行业管理的职能，导致了很多电力企业新的政企不分，行业管理出现新的问题，而且有的层次更复杂了、更多了。

因此，没有经过公司制改造的国有电力企业，要继续进行公司制改造，已经改为公司的，要进行规范化改造。所谓规范化改造，应该改成规范的有限责任公司、规范的股份有限公司，符合条件的可以上市。这是下一步国有电力企业的努力方向。

二、电力公司产权制度改革是前提

电力公司应该做到股份多元化，以避免“改制不转制”，就是更名为公司了，但没有转换机制。要转换电力企业的经营机制，必须转换电力企业的产权机制，要转换电力企业的产权机制，必须做到电力公司的股权多元化。股权多元化总的方向，是大力吸收多种资本参与电力的投资。当然，国有资本可以继续投资电力企业，这是毫无疑问的。电力的发展，应该首先着眼于改变电力投资体制，通过各种投资渠道、金融渠道、融资渠道来发展电力。所以，我认为电力企业改革的一个重头戏是电力投资体制的改革。在电力投资体制改革上，要引入利益的机制，即投资电力企业，其成功与否的标准是能否给投资者带来利益。

三、电力公司组织制度是保证

电力企业由工厂制改为公司制以后，它的组织制度改革有三个问题要解决：一是要建立合理的公司组织结构，处理好公司总部与内部各个单位的集权、分权关系；二是要建立规范的公司组织机构，要建立健全的股东机构、董事机构、经理机构，并处理好三者之间的关系；三是组织问题，要处理好集团公司作为母公司与子公司的组织关系。

四、电力公司管理制度改革是基础

总体来说，电力行业的管理水平相对其他行业还是比较高的。其管理制度改革的方向，是如何建立起市场条件下的新型电力企业的管理制度。最主要的是要处理好电力企业发展规划与业务管理之间的关系。

另外，还要处理好市场营销和生产的关系，这也是电力公司的新型管理关系。很多电力企业都有多种经营，因此还要处理好主营与兼营的关系。

电力企业管理制度中，还应强调处理好制度建设与文化建设的关系。电力企业的发展应该是企业制度建设与企业文化建设并行。文化就是强调人的价值、凝聚力。这就是管理中非常重要的方面。

（原载《广西电业》，2004（6））

● 电力多经企业与电力体制改革

电力多种经营与电力体制改革这个题目很具体、很重要，同时也很复杂、很敏感，涉及方方面面，关系各方利益。

电力多种经营是电力体制改革的重要组成部分，是一个很重要的问题。

电力多种经营问题的提出，一个原因就是它是电力企业改革的产物。中国电力多经是计划经济体制下的产物，最大的特点就是包罗万象、无所不有、企业办社会。因此，我们今天讲的多种经营很多都是历史遗留下来的问题。最重要的就是两个问题：富余人员怎么解决；企业办社会怎么解决。所以，我们现在讲的多种经营还不是一般的国外的多样化与专业化的问题。如果从管理学的角度来讲，就仅仅是一个企业要突出主业。举个例子，深圳万科 80 年代搞工贸、制造业、服务业，现在以房地产为主业，其他的就剥离了，这叫做“减法”。万科做减法，海尔则做“加法”，搞了电冰箱，现在还搞别的，但这个问题属于管理问题。我觉得一个企业是搞多种经营、产品多样化，还是搞单业，这个问题在国外也存在。从管理学的角度来看，国外的多样化搞得比较好的，比如西门子公司。但是，总体的趋势，我认为是要把企业做专、精、强。但是，专业化和多种经营、专业化和多样化与多元化、主营和兼营的关系，这是一类课题，我认为这是一个永恒的课题，而且这个课题是没有模式的。但是，电力的多种经营不属于这一范畴，这点必须要明确，否则就会陷入一种争论，是多搞一种产品，还是少搞一种产品。现在有没有这个问题呢？有。但是，从性质上看，电力多经问题是属于计划经济体制遗留下来的企业不像企业的问题，是关于体制的复杂问题，不是一般的经营问题。这里我们探讨的并不是电力多经企业经营管理的问题，而是多经企业的体制问题。电力多种经营产生的背景，是计划经济体制，这是第一类。

第二类是改革过程的产物。所谓改革过程的产物，八九十年代因为主业要减人增效，企业富余人员太多，要分流人员，还要安排大批的返城知青和待业的职工子弟就业，大办第三产业、多种经营。所以，现在中国就很困惑，八九十年代曾经提倡电力企业要搞多种经营，要大办第三产业，那个时候是为了解决富余人员和待业青年就业。所以，那个时候是“你会感到办一个多经企业会好些”。但是，不要忘记：现在大办多种经营，第三产业留下了非常复杂的问题。所以，今天我们要研讨问题的复杂性在于对改革过程中出现的问题要进行改革。因为今天电力企业的改革远不是80年代初的改革，80年代初可以喊些口号，改革至今已经26年的时间了。26年间，采取了各种措施来解决国有企业的历史问题，比如人员问题，我们说“分流人员”“大办第三产业”“多种经营”。今天我们要研讨的更多是这类问题，这些问题是改革过程中产生的问题。这些问题，我觉得又可以从中得到一些启示：改革的思路要重新思考。电力多种经营问题又提出了一个非常重要的问题，就是要对20多年来改革的措施进行改革，因为原来的思路今天给我们制造了难题：分流出来的多种经营和主业实际上是不分的，不仅产权不分，而且辅业还持有电力公司的股票，这就更加复杂了，比历史遗留问题复杂，今天你还难分离。我参加了很多电力企业的培训班，题目就是多种经营。现在五大发电集团对多种经营的态度是不一样的，有的强调要分离，有的并不强调分离，认为合在一起还有好处。为什么？电力主业可以通过多种经营来捞点好处，多种经营可以吃电力主业，还可以持股。这两个问题就错综复杂了。今天多种经营的实质是一个利益机制问题，是制度问题，不单纯是经营问题。所以，我一开始就讲了一句话，电力多种经营远不是经营的问题，而是利益机制的问题，是产权问题。今天言明到产权了，但是我们的产权改革现在形成了新的问题，越来越复杂。比如职工股，我最近到了好几个地方，辅业的职工持有电力的股票，或主业的职工持有多经企业的股票，这就更强化了主辅之间的关系，表面上分离，其实错综复杂。这是一类问题。

因此，电力多种经营是电力体制改革的重要问题。电力体制改革改到了今天，多种经营问题又涉及另外一个问题。不但有厂网分开的问题，而且厂里还有多种经营，网里面也还有多种经营。因此，电力企业改革要有新的思路。这个新的思路，我认为最重要的是应该明确企业的主体地位，就是说电力企业是什么。电力体制改革的核心问题应该是企业改革。我觉得目前的体制改革很多是从行政角度来思考，值得反思，下一步的重点应该是立足于企业是市场经济的主体。另外，多种经营也是一个企业改革问题。我认为电力的多种经营是体制问题，但体制问题最终要落脚于企业。多种经营不按行业来搞，也不站在国家角度来研究多种经营，只能站在企业角度来研究多种经营。我觉得，将来电力多种经营这六个字就要分开，电力是电力，多种经营就是多种经营，电力不要搞多种经营。如果非要搞多种经营，那是另外一个概念。发电可不可以搞些别的？可以。这是由企业来决定的，对我有利，有市场，有客户，我就搞。所以，现在也不能说完全不搞多种经营。因为除了利益问题，还有经营、管理问题。我有能力搞，市场也需要，我也能盈利，为什么不能搞？但是，我们现在研究的是以上所说的两类问题。中国改革到今天，最大的问题是企业定位不明确，包括电信拆了分，分了又合，还是行政手段来拆分合并。我觉得理论要建立在企业的基点上，不要建立在行政的基础上。从行政上来说话，永远讨论不清楚这个问题，还会出现新的问题。电力体制改革的基本思路，我认为要明确：电力体制改革的实质是电力企业改革，是多种经营的企业改革，多种经营要落脚于企业。因此，电力多种经营是电力体制改革的重要问题。

因此，电力多种经营的改革问题，涉及历史遗留的问题，也涉及20多年来的改革措施问题。我个人认为20多年来的改革措施中需要解决的主要问题有：

（1）抛弃计划经济体制下“优惠、倾斜、扶持”的思路，应按照“公平、公正、公开”的市场竞争原则对电力多种经营进行改革。不能把国家对电力这种商品的一些政策用在电力多种经营上。但是这些年来，由于电力与多种经营捆在一起，电力多种经营享受了这些政策。

（2）不能靠推广经验来推行改革，应当从每个企业自身出发，应当搞多种模式而不是搞一个模式。改革不能简单靠单纯推广经验，改革应当靠立法，应当从本企业的实际出发，根据不同的问题来进行改革。

今天的多种经营不应当一概而论，其中一类是搞得比较好的，但比较少，应当让它继续发展，这一类电力企业又不愿意放；另一类是亏损、倒闭、破产的，电力企业想甩包袱又甩不掉；还有处于中间的一大类，存在很大的困难，如人员与负债的问题。主辅分离，辅业改革的实质是两个问题，第一个问题是产权改革，产权改革的实质是国有产权走向市场；第二个问题是职工身份置换问题，职工要走向市场。所以，电力多种经营改革的实质是“两个置换，两个走向”，就是产权要置换，走向市场；身份要置换，走向市场。所以，要具体分析，采取多种途径来解决，不能搞一律化，不能单纯靠推广经验。

（3）不能单纯靠换多经企业的个别领导人，而要靠换制度。

以上三种改革措施都已经走到了尽头。电力多种经营的问题相当复杂，业务复杂、人际关系复杂、利益复杂、组织错乱。今天，电力多种经营问题面临着三大难题，一是产权问题；二是身份问题；三是人事问题。这也是当前电力体制改革、国家经济体制改革面临的三大难题。

1. 电力体制改革存在的问题

就国家各行业经济体制改革来看，目前竞争性强烈的领域改革成效比较明显，如彩电、食品、轻工等；而行政性垄断行业改革成效不好，如铁路、电信等，这类行政性垄断行业的改革更为困难。20多年电力体制改革，从“厂网分离”“主辅分离”走到今天，取得了很多成效，但同时也存在很多问题，我认为主要是“三个滞后”的问题：

（1）政府改革滞后于企业改革；

（2）中央企业改革滞后于地方企业改革；

（3）垄断性行业的企业改革滞后于竞争性行业的企业改革。

20多年来改革取得了很多成效，但是不要忘记10年、15年后我们中国要更强大，这就要求必须解决类似电力多种经营这种深层次的、复杂的细节问题。而这些问题靠20多年来“优惠、倾斜、扶持”、推广经验、单纯换人的方法是解决不了的。所以，现在的改革远不是80年代的那些问题。80年代为什么改革成效很明显，主要是思路明确。而现在很大程度上思路不明确，明确当前改革的思路就是理论界的责任，理论界应当为改革找到突破口。目前，有些企业改革存在三大偏向——浮躁、炒作、浮夸，这是80年代所没有的。

2. 电力多种经营改革与发展的方向和思路

我个人认为主要有三个方面：

第一，产权问题。

（1）电力多种经营企业本身产权要清晰。电力多经企业应当大力搞公司制、股份制、股权多元化，股权多元化应当规范股东的权益、利益、责任和行为。这可以通过多种形式的产权改制措施来进行：1）尽可能改为股权多元化的公司制、股份制的企业；2）个人独资企业，按政策规范卖给个人；3）合伙制企业。

其他的几个问题：1）对现存的多种经营中的集体企业，也需要进行产权改革；2）目前的股份制面临二次改革，股份制应当规范化。股份制应该有个人股，不能只有国有股，职工持股应当规范。

（2）理清多种经营企业的产权与电力企业主业的产权问题。电力多经与主业二者产权应当分开，我认为应当走规范的产权之路，走现代产权之路。

现在问题是有的底下搞暗箱操作，这样搞肯定是混乱的，对于已经搞的应当清理。现在，有人要回避产权，不搞产权，只抓管理。产权问题不解决肯定不行，它归根到底是利益机制的问题。我主张电力多经企业国有产权基本上要退出、收回，将来多种经营的产权应当主要是两类产权——个人产权与法人产权，而职工持股发展方向应当规范为职工基金的法人股。

第二，组织问题。电力多经应当成为独立的企业，实质是人事关系要分开。但是，现在解决这个问题存在阻力，好的多种经营主业不愿意放，差的多种经营又不愿意离开主业。另外，如果有母公司与子公司的关系，那是交易关系，则应当规范关联交易。这是买卖关系，而不是现在的调拨关系。

第三，管理问题。（1）多种经营企业本身的管理制度创新，包括处理好多种经营企业本身的主业和辅业的关系。

（2）电力企业本身的市场化管理和商业化运作问题。

总的来看，从电力多种经营本身来说，它的发展还是有前途的。市场经济本身就是多样化的经济，电力多种经营企业的产品、业务还是很有市场的，有些市场还是很广阔的。只不过电力多经企业的体制、机制不行，市场找不到。所以，电力多种经营本身，随着市场经济的发展，它还是有前途的，是可以发展的。改革本身不是目的，改革是为了发展。发展要走科学持续发展之路。我们应立足于发展来搞改革，作为多种经营企业本身来说，要明确它的发展方向、市场定位、市场占有率等一系列问题。

以上三个问题的关系，我的看法是：产权是前提，组织是保证，管理是基础。电力企业中的“主辅分离、主副分开”有关政策，国家有关部门正在制定中。

电力多经改革是复杂还是简单？从行政上说，也很简单。下一个文件，“一刀切”，从形式上可以做到，但真正解决问题并没这么简单，并未真正切开，不能解决深层次的矛盾，这涉及多种经营的定义。举个例子，国企改革 1998 年兴起“三年脱困”。怎么脱困？实行债转股。通过债转股，资产负债率下降了，三年就脱困了。但是，现在好多企业更困难，清了旧债又欠新债，因为产权制度、债权债务制度问题并未从根本上得到解决。企业办社会的问题，单纯靠行政上甩开肯定不行，应该怎么解决呢？我认为应当立足于企业的主体，企业想做的就做，不想做的就不做，应当尊重企业的意愿。对于甩开而政府不接收，政府要改革，仍然是上面提到的政府改革滞后于企业改革的问题。另外，企业是不是都不应该办学校呢？也不能一概而论，企业可以办技校，麦当劳还办了个汉堡包大学，但不该办社会的、义务的由财政办的学校。企业是不是都不应该搞多种经营呢？也不一定，企业也可以搞多种经营。现在的改革方向：一是要强调市场经济体制的思路，破除计划经济思路。计划经济思路是政府主宰一切，市场经济思路是企业是主体。二是要采取立法、经济手段，避免过多的行政手段，政府“一刀切”。中国现在根本的问题是建立一个财富创造机制与财富积累机制。所谓产权问题的实质，就是要建立一个有利于社会进步的、稳健发展的财富创造机制与财富积累机制。而企业是财富创造的主体。我主张：要观念变革，要制度创新。我认为理论明确、思路对头非常重要，理论是立法的依据，这是非常复杂的问题。我说的复杂性是从这些角度来看，采用行政手段是简单的，但这不能解决根本问题，治标不治本。

解决电力多经企业的职工身份置换问题，2002 年国家八部委 859 号文件有政策，从国有资产中，拿一块出来，作为置换身份的经济补偿，一年工龄补偿一个月工资。其实不置换，以后也就没这个身份了，现在置换还能拿这笔钱，员工想不开，国家置换也就是最后一顿晚餐了。这个置换是一个历史问题，以后就没有身份置换这个说法了。

改制后的公司制电力企业如何进行商业化运作？发电公司竞价上网卖给电网公司，电网公司碰到支持农业优惠电价这类政府行为问题，则应当明确哪些是商业化，哪些是非商业化，不应再回到电力企业办社会的计划经济老路上去。

（原载《电力经济研究选编》，2004）

● 市场化提升公用企业竞争力

——香港中华煤气成功转型和快速成长的启示

正当全国各地的公用事业单位深化体制改革并扩大对外开放的大好形势下，我们非常高兴地看到了香港中华煤气率先实现公用事业市场化转型的精彩报道和中华煤气有限公司行政总裁陈永坚先生的经验介绍，这必将对全国的公用事业行业发展和提升公用事业企业市场竞争力产生重要的作用，并具有深远的战略性指导意义。我感到香港中华煤气公司的成功转型和快速成长，对内地国有公有事业单位还在进行的“改企建制”（即由原来的国有事业型单位改为企业性组织并建立现代企业制度）和“公司化改造”（即由原来的行政垄断性公用事业机构改为市场竞争主体的公司型企业）有着诸多的借鉴和启迪价值。

1. 坚定市场化改革的方向

1978 年伊始的改革开放至今已走过了 26 年的历程，一些处于竞争性行业的国有企业改革也已取得了明显成效，极大地促进了我国经济发展，并增强了我国企业的国际竞争力。但对行政性垄断地位的行业及其“大、老、难”企业的改革进展缓慢，处于相对滞后状态。正在内地公用事业单位从计划经济体制向市场经济体制转轨过渡的关键时刻，香港中华煤气的市场化转型成功经验对国有公用事业单位的观念变革，毫不动摇地坚定市场化改革方向，是及时的、有益的。中华煤气原来是香港最大的垄断性公用事业机构，从90年代初开始从传统公用事业运作模式转变为以市场为导向的公司型企业。鉴于香港与内地在地理环境和文化上的紧密关系，中华煤气的成功转型对内地公用事业的市场化改革具有更为直接的现实的价值。

2. 确定企业使命作为转型的基础

21世纪的企业面临着社会进步和经济发展中的大量不确定因素，企业使命即企业在市场中的定位成为企业成败的起点。国内外成功企业在市场竞争中都能构建明确的企业使命。微软公司创立初期的企业使命是让每一个家庭、每一个桌子都有一台电脑，到90年代末期，发现这个梦想已成为现实，又把微软使命与互联网紧紧地捆绑在一起。香港中华煤气90年代起的转型是以转变企业使命为基础的，提出公用事业企业为了应对市场变化和社会需求，"需要履行更多的社会回馈及提供优质服务""适时地转变企业使命而推行了优质服务计划"，这为内地新公用事业企业使命的确定增添了新的内涵，以避免墨守成规、僵化死板而导致企业衰败。

3. 确立以客户为中心的经营理念

市场经济条件下的公用事业如水、电、煤气、公交、地铁、邮电、电信、民航、交通、铁路等企业的产品与服务，涉及千千万万居民的生存环境和生活质量。内地的国有公用事业单位虽然在26年来的改革开放中有了很大的进步，但是计划经济体制的长期束缚和行政垄断地位尚未破除，仍然很难满足广大客户需求，甚至还存在某些负面形象。此时此刻引进香港中华煤气"以客户为尊"的经营理念，无疑会促进内地公用事业发展和提高服务质量。客户利益是企业的最大利益，特别是公用事业的公司型企业，必须把客户放在第一位，增强以客户为中心的市场竞争力。中华煤气的"顾客得益"信念、"客户称心满意""为客户增值服务""客户、公司、员工三赢"等均表现出其高质量的服务水平，在香港150万客户中获得了极佳的声誉。

4. 明确企业文化作为企业发展的引导力量

当我们探索世界级顶尖企业的成功秘诀时，不难发现这些企业都拥有独特的、优秀的企业文化，并以此去凝聚企业的内部人员和增强企业外部竞争活动，如美国通用电气推崇“坚持诚信、注重业绩、渴望变革”的企业文化，诺基亚倡导“科技以人为本”的价值观等。香港中华煤气的“优质金字塔”的共同信念和管理哲学，把“底部”的员工专业技术、服务文化、安全意识、工作系统等元素与“顶部”的卓越领导、激发创意、优质服务、团队精神等要求有机地结合起来，以上下双向沟通为桥梁，形成优秀的公司文化，体现出优质服务精神，是引导企业发展的无形力量。公司文化是为实现经营目标而具有凝聚力的全体员工认同的价值观。内地公用事业的公司型企业唯有依据内部条件和外部环境形成自身的核心文化理念，才能真正成为具有市场竞争力的一流企业。

5. 坚持创新原则贯穿于企业活动的全过程

创新是企业的灵魂。处于变革时代的企业，坚持创新原则是永恒的商业命题。唯有把创新精神落实到企业活动的各个环节，才能为企业带来新价值并成为成长型企业，以免夭折或被淘汰出局。中华煤气在实现公用事业市场化转型中，始终把管理创新与科技创新及相关的各项革新活动作为公司的基本准则，不断为市场提供“优质超前的产”和“超越客户期望的优质服务”。尤其可贵的是，中华煤气创新活动落实到企业的最基层，员工直接参与革新计划的改革小组达70多个，在不断节省资源、简化工作流程、满足顾客需求等500多个改善项目中取得了显著的效果，既为公司获取1.5亿多港元的经济效益，又为员工个人发展带来巨大的无形价值。而且中华煤气在内地的合资公司中建立起众多的优质服务和革新小组，应用最新的管理方式和技术平台，为内地客户提供具有国际水平的增值服务。

我深信通过引进中华煤气的市场化转型机制和创新管理经验，发挥其在合资合作项目中的示范带头作用，有利于推进内地公用事业企业的产权改革和组织变革及管理，加快建立现代企业制度的步伐，为社会进步和经济发展做出更大的贡献。

（原载香港《大公报》，2004-10-14）

● 当前国有企业改革的六点看法

第一，企业的定性或定位问题：

（1）非经济因素对国有企业干扰太大；

（2）国有企业不是真正的经济利益主体；

（3）国有企业至今没有真正的经营自主权。

第二，应该按照企业资产所有者形式的不同来划分企业类型。

第三，关于企业形态和资本形态。企业形态在市场经济条件下可归纳为五种：

（1）个人独资企业；

（2）合伙企业；

（3）公司；

（4）国有企业；

（5）混合企业。

国有企业是指百分之百的国有资本，公司是一种独立的企业形态，它与国有企业是两种企业形态，不能混同。关于资本形态，应提倡多种资本形态的同时存在，包括国有资本、法人资本、个人资本、外商资本，而且这些资本应该更加融合。

第四，股份制与股份制企业。从建立现代企业制度的角度看，应提倡规范的股份制企业，一是有法律依据；二是能与国际接轨；三是标准的股份制企业，即股份有限公司，特别是上市公司处于市场经济的前沿地位，体现了股份制的全部优点。

第五，公司制是国有企业改制最有效的实现形式。公司制最重要的特点是法人企业形态，把社会化大生产的优点体现出来。对国有企业进行公司制改造，实质上是把国有企业从名义法人转变为真正的法人。

第六，国有企业公司制改造，当前要解决几个难点：

（1）要由单一投资主体向多元投资主体转变，实现股权多元化；

（2）要解决国有资本出资人的定位问题，至今国有资本出资人的定位不明确，这是导致国有资产流失的根本原因；

（3）要建立公司法人治理结构，这涉及经济体制改革、政治体制改革。

（原载《北京社科信息》，1999-07-25）

● 永煤集团在改革中发展和在发展中改革

永煤集团的前身是永夏矿区管理委员会，原煤炭部直属单位，由于沿用传统计划经济体制的煤炭管理方式，思维观念僵化，市场意识淡薄，管理制度落后，导致企业严重亏损。原年设计生产能力 780 万吨，但从 1997 年投产后的三年时间里，煤炭年产量一直徘徊在一两百万吨，而且亏损状况日趋恶化。1998 年由部属企业下放到地方管理，当时因该企业亏损严重，又背负着银行近 50 亿元的贷款和利息，河南省还曾经拒绝接受这个“大包袱”。到 2000 年，成为全省亏损大户，一年亏损达 1.2 亿元，资产负债率达 98%，濒临倒闭破产境地。省里有关部门打算把这个企业作价 4 亿元打包卖给当地的另一家煤炭企业，但因资产负债率太高这家企业不愿收购。

面对这种严峻困境，出路何在？作为国有大型煤炭企业，关键在于形成新的思路。思路决定出路，永煤集团摆脱困境的思路就是通过改革来求生存、求发展。

永煤集团的改革是以观念变革、理念创新为切入点的，坚持解放思想，破除计划经济体制下的僵化思想和思维定式，确立市场经济条件下的竞争观念和发展理念。其突出表现是引入标煤概念，取代长期沿用的吨煤概念，不仅使企业扭亏为盈，效益提高，提升了企业的市场竞争力，而且有利于煤炭资源综合利用，节能减排，实现循环经济及企业的可持续发展。尤其可贵的是这种煤标新概念提出之后，迅速转化为全体员工的实际行动，产生巨大的物质力量，形成新型的经营理念。

永煤集团的新型经营理念特点是，处理好市场、队伍、品牌三者之间的内在逻辑关系，以市场为导向，建立优秀队伍，树立经典品牌。具体表现为：市场是永煤生存的唯一理由，是决定永煤所有经营活动的最根本依据，把握市场的各种变化，就能赢得永煤的发展；永煤是一所企业与员工共同成长的大学校，力求成为一个围绕共同的、崇高的目标聚集起来的不断优化的组织，企业价值与个人价值统一于追求卓越的境界之中，经典品牌是永煤生命力与竞争力的集中表现，是永煤人的共识，依靠卓越的队伍就能持续地打造出适合市场需求的经典品牌。

在这种新型经营理念的指导下，永煤采取了一系列的改革措施。在计量单位上由吨煤向标煤转变；在煤炭生产上由沫煤生产向块煤生产转变；在经营管理上由单纯生产向客户需求转变，实现生产管理与营销管理的有效结合；在质量管理上，由单纯数量指标向全面质量管理转变，实现煤炭“质”与“量”的有机统一；在组织变革上，实现部门之间的相互制约与相互促进的良性循环。这些改革措施带来了永煤绩效的提高，块煤率由 5% 提高到 25%，煤炭品种由 3 个增加到 12 个，精品煤率由 10% 提高到 60%；仅靠煤的质量提高就增收近 4 亿元。

“永煤现象”的实质是通过改革来促进永煤集团的发展，而对发展过程中出现的问题，又通过深化改革来求得更好更快的发展，实现改革与发展的良性循环，提升企业的市场竞争力。

永煤集团的发展是一种扩张型发展，在发展过程中突出的问题是人才短缺、人才断档、人才枯竭；人才从哪里来？怎样选取人才？这是打造百年永煤的重大课题。永煤集团又是通过改革来解决发展过程中的这个难题，即改革传统国有企业“跑”“要”“等”“熬”的用人机制，按照市场经济体制的要求，建立起对外招聘与对内竞聘相结合的新型人力资源管理制度。在这次对永煤集团的实地考察和调研过程中，我特别关注永煤集团对发展过程中的人才问题的解决，询问永煤集团本部、陈四楼煤矿、龙宇能源化工基地以及相关部门的领导和骨干人员，使我感到耳目一新的是，永煤集团善于吸纳全国各地的优秀人才，聚集在永煤集团这所大学校，发挥各自的特长和潜能。在调研过程中，我还听到“永煤集团是移民企业”的说法，这表明永煤集团在用人理念与机制方面是开放的、科学的态度，符合市场经济规律的要求。这是提升永煤集团竞争力的重要源泉。

在永煤集团内部，实行三优先三鼓励四不用的人才机制，作为选用人才和人力资源管理的导向与原则。三优先：优先从一流团队选拔人才，优先从出成绩的团队中选拔人才，优先从永煤本部以外艰苦地区工作过的员工中选拔人才；三鼓励：鼓励机关人员到永城本部以外的艰苦地区工作，鼓励专家型人才进入技术或业务型的职业发展，鼓励行政人员向技术化、职业化转变；四不用：不思进取、不干实事、整天花天酒地的人员不用，品头论足、说三道四、到处逢迎、遇到矛盾绕着走的人员不用，不敢负责、不敢碰硬、四处讨好的人员不用，搞花架子、虚报浮夸、善于作秀的人员不用。由此可见永煤集团的生命力和竞争力。

永煤集团的未来发展，正在按照现代企业制度的要求，深化产权制度改革，加速组织制度变革，强化管理制度创新，特别是处理好发展过程中的集团母子公司体制关系，建立规范的公司法人治理结构，坚持在改革中发展和在发展中改革的成功经验，形成稳健的和谐企业，必将前途无量。

（原载《人民日报》，2007-09-26）

民企发展

On Enterprises

● 国有企业与民营企业面临的问题

中国的企业管理相当多是短期行为，昙花一现。这朵花开了，可能下一季它就没有了。为什么呢？战略管理不行，战略管理的定位没有到位。

企业就如同一棵树，这棵树由三个部分构成：第一部分是这棵树上的花和果，包括树叶，这一部分相当于企业的产品、业务、技术等看得见的东西；第二部分是这棵树的树干，相当于管理中的战略管理；第三部分是树根，相当于企业制度。中国现在抓企业管理，抓的都是一些末端的问题，产品、业务、技术很重要，但是首先是企业的定位。为什么树干不行呢？树根没有水分、没有营养，不能吸收，战略管理也是动摇的。

企业制度决定了战略管理，中国企业与国外企业的差距是制度性的差距。科技创新是一个人才的问题，而人才背后是体制问题，也是制度问题。所以，现在我们民营企业、国有企业面临一个越来越突出的共同问题：制度建设和战略管理。

中国企业现在的问题是太行政化、政治化。国有企业的战略管理由于隶属关系的存在，需经过批准才能付诸实施，实际上企业已经没有战略管理了。所以说，民营企业有战略管理，国有企业没有战略管理。国有企业的战略管理流于形式，跟国家整体战略规划相一致，这是国有企业没有制定战略管理的权力所导致的。中国的省市级的壁垒比国际壁垒还要严重。为什么地方保护主义严重？这就涉及体制问题了，这个企业归地方管，地方就抓，地方有财政，要开支，再落后的产品也要保护，否则就没办法过，这与它的企业制度有关，要破除。

另外，中央文件早在十五届四中全会就写上了企业没有级别，企业领导人没有级别，但实际上人事流动还是按级别，这个是不配套的，所以企业改革、战略管理到了今天还是一个体制问题。

资产所有者的概念首先责任是明确的，是谁来创造财富，谁来积累财富，谁来对这个财富负责，跟他的直接利益相关，可是实际情况却不是这样的，国有企业倒霉就是在这里，它是脱钩的。

中国的企业战略管理发展到今天，有三大难题：第一是产权问题；第二是人事问题；第三是员工的身份，国有企业是全民的，他们是主人，但到了民营企业，就受剥削，这个问题也非常深刻。一大堆问题都跟行政级别有关。人的地位不是按照创造的价值来说，而是按照行政级别来说，所以应破除，应按企业资产所有者形式不同来划分企业制度。

以人为核心应该强调三点：第一，人的素质是决定战略管理的关键，人是制定战略的，但也不是人越多越好，关键是什么样的人。这就包括很多方面的因素，人的素质是决定战略管理的关键。第二，要有团队精神，要有企业文化。企业不应搞个人英雄主义，不提倡突出个人。企业应该表扬具有团队精神的人，不要表扬那些突出的个人。第三，强调人的作用体现在制度建设上，强调制度与人的关系。制度是永恒的，人是暂时的；制度是持久的，人的作用是有限的。但人又是非常重要的，因为制度是由人来制定，由人来实施的，所以制度和人的关系体现在两个方面，第一制度是永恒的、延续的，人是暂时的；第二，制度是人来制定的，要人来执行，这两个方面我们没有处理好。总体上来说，我们中国企业管理上的问题是制度混乱、人的素质跟不上，这两个方面的因素都有。

（原载《当代经理人》，2003（3））

● 民营企业发展与公平竞争环境

中国改革开放32年来的民营企业发展，为中国经济发展和社会进步做出了重要贡献。民营企业创造的财富，已经占全国经济总量的60%，成为我国最大的企业群体和经济发展的生力军。其实现利润占67%，上缴税金占53%，尤其是吸纳了80%以上的社会新增就业，逐渐成为解决社会就业问题的主渠道。在充分肯定民营企业发展取得成效的同时，必须清醒地看到，民营企业发展过程是曲折的、复杂的，不是一帆风顺的，时至今日，仍然存在着重重障碍和诸多的难点与盲点。2010年5月13日国务院发布的《国务院关于鼓励和引导民间投资健康发展的若干意见》，因和2005年国务院鼓励非公有制经济发展的“若干意见”一样都是36条，2005的“意见”被称为“非公36条”，2010年的“意见”被称为“新36条”。

“非公36条”颁布后，当时人们受到鼓舞，以为可以消除民营企业发展的障碍。但实践表明，“非公36条”的执行与落实并非人们想象的那么容易。因此，“新36条”重申“非公36条”的基本精神，鼓励和引导民间资本进入法律法规未明确禁止进入的行业和领域，并要求创造公平竞争、平等准入的市场环境，对各类投资主体同等对待，不得特别针对民间资本设置附加条件。现在有人把“新36条”

喻为“激发经济增长内生动力的新引擎”，称作“第三次重大制度改革”，甚至把 2010 年看成“民间投资元年”。

当然，针对 2008 年金融危机后启动 4 万亿元财政刺激计划过程中的一些行业和地区出现对民营企业“相对挤出”现象，“新 36 条”有着重要的现实作用和深远的战略意义。“新 36 条”鼓励民间资本进入基础建设、公用事业、社会事业、金融、商贸物流、国防科技六大经济领域的数十个行业，尤其是对石油、天然气、核电站、电信、军工、金融等完全由国有资本掌控的行业，打开了禁闭多年的大门。这对于涤除阻碍民间投资的政策路障，引导民间资本到攸关中国经济未来国际竞争力的战略性产业上来，促进民营企业的发展是十分必要的，必将发挥积极的指导作用。

客观地看，“新 36 条”的基本精神、内容、要求，与“非公 36 条”相比并无多大实质性的突破。而且，“新 36 条”和“非公 36 条”都属于非操作层面的指导意见。从政策提出到真正实现放开，其间还有许多工作要做，包括出台具体操作的法规，把市场准入与退出规则更加细化。“非公 36 条”颁布五年后的遭遇让民营企业家对“新 36 条”的落实难以抱太大希望。

更让人不能忘却的是，“非公 36 条”出台的第二年又颁布了《关于推进国有资本调整和国有企业重组的指导意见》。在发布“新 36 条”之前的 2010 年春，中国政府还出台了进一步做好利用外资工作的“国 20 条”，为外资扩大对华投资提供更广阔空间，以消除“中国投资环境恶化论”的臆断。这些年来的民间资本在国资与外资的夹缝中求生存求发展。目前国内 80 多个行业中，允许国资进入的有 72 个，允许外资进入的有 62 个，允许民资涉足的仅有 41 个。民间资本的彷徨与不羁，使得它沦为疯狂投机的“炒资”，从炒股、炒房、炒煤炭，到炒矿、炒油、炒黄金，再到炒大蒜、炒绿豆等等，不仅不利于民营企业的健康发展，而且还影响到国民经济的可持续发展。

上述情况的科学分析表明，民营企业发展和民间资本投资是一项系统工程，不是颁布一个文件就能解决的问题。其根本出路在于：遵循市场经济规律，形成公平竞争的市场环境。为避免“非公36条”的覆辙悲剧，更加有效地实现“新36条”的目标要求，需要注意以下几点：

1. 变革观念，解放思想，消除思维障碍

要继续冲破计划经济体制遗留下来的旧观念、旧思想，树立现代市场经济的新观念、新思想。中国面对21世纪经济全球化和技术信息化的严峻挑战，在国际上的地位取决于国内实现富民强国的战略目标。为此，必须消除计划经济体制下无谓的意识形态争论，冲破姓“公”姓“私”的怪圈与内耗，防止陷入国退民进抑或国进民退的抽象思维，提倡具体企业具体分析，民资、国资、外资各有作用的动态结构，以利于我国整体经济发展和社会和谐稳定发展。

2. 深化体制改革，为民营企业发展消除体制障碍

为使民间资本进入新放开的领域，就必须进一步深化垄断行业改革，缩小政府行政审批范围，建立执行政策监督问责机制。因此，通过深化经济体制改革和进行政治体制改革，为民营企业发展和民间资本的进入清除体制上的障碍，必将成为“新36条”得以实施的关键所在。

3. 按照市场原则，依法实行公平的市场准入

“新36条”对民间资本进入的投资领域规定不能满足民营企业发展的要求，例如民间资本在某些领域只能参股，而不能以独资、控股的方式进入，我相信这些规定将会在以后更新的“36条”中予以完善。但问题在于现行“新36条”中已明确规定民间资本允许市场准入的一些行业和投资领域，依然存在各种阻力与难题。有关部门和垄断企业往往采取或明或暗、或直接或间接的办法抵制或拖延，导致并加剧了“玻璃门”和“弹簧门”现象，造成“准入限制”“行业禁止”的非市场行为。所谓公平竞争环境，就是各类企业依法平等地进入市场，公平、公正、公开地进行市场竞争。法律没有禁止的行业和领域，民营企业都可以进入。

4. 在经济结构调整和企业兼并重组过程中，做到一视同仁

虽然五年前的“非公 36 条”明确规定了促进民营企业发展的多项条款，但在近几年连续不断的“产业振兴规划”“经济结构调整”“产业优化升级”“企业兼并重组”“政府投资拉动”以及其他经济活动中，“非公 36 条”的相关条款并未得到有效的落实。问题在于这些经济活动中对民营企业设置种种限制条件，不断提高进入门槛，用行政权力干预正常市场行为。因此，在未来实施“新 36 条”过程中，必须坚持公平对待市场主体和平等保护物权的原则，以企业的经济实力和市场竞争力作为选择企业主体的标准，破除按所有制划分企业的传统标准，一视同仁地对待各类企业，发挥民营企业在经济结构调整和企业兼并重组中的积极作用。

5. 处理好消费者、民营企业、政府三者的利益关系

市场经济活动中的三个最重要成分是消费者、企业、政府，能否处理好这三个成分的关系是市场经济成败的关键所在。因此，在实施“新 36 条”过程中，促进民营企业发展，构建公平竞争环境，必须处理好消费者、民营企业、政府三者的利益关系。这三者的利益关系可以概括为：消费者是第一位利益，民营企业是基本利益，政府是不可缺少的利益。民营企业在维护消费者权益基础上依法获取利润，并依法交税进入政府财政收入。政府在维护消费者合法权益前提下开创新型政企关系，由过去的全能型政府，转变为新型的服务型政府，把企业想什么与政府干什么有效地结合起来。改变政府机构设置的缺位、越位、错位状况，包括维护消费者利益不到位、单纯用行政手段干预市场行为这些问题的解决。政府对民营企业的管制应当是“牵牛鼻子”而不必亲自去“抬牛腿”，更不能干预具体经营活动。

6. 为民营企业生存与发展营造良好的创业与创新环境

虽然民营企业创办环境有所改善，但在一些地区，创立民营企业的相关手续中仍然存在着涉及的政府部门过多、程序复杂、收费过高等不合理现象，制约了民间资本创业的积极性。如某地创办一个服务型民营企业，注册资本3万元，办了两个月的手续，各种收费3 000元，占注册资本的10%，创业成本太高了，时间太长了。政府应在金融、税收、信贷诸方面扶持民间资本的创业和民营企业的创新，尤其是中小型民营企业的生存与发展。“新36条”提出政府帮助民营企业进行产业升级，参与国家级的课题和研究，表明未来民营企业技术创新和产品开发可以获得政府资金的资助，但这些条款规定不具体，缺乏明确资助比例和相关可操作性程序，仍需细化。而且，不仅要发展高新技术民营企业，还要重视发展劳动密集型民营企业，处理好大中小型民营企业的关系，鼓励通过城乡联动、工农互动的途径来推动民营企业的创业与创新，实现民营企业从无到有、由小到大、由弱到强的健康发展。

7. 重视民营企业自身的制度创新和文化建设

中国民营企业的发展，必须解决两个层面的问题：在宏观层面，为民营企业构建长期稳定发展的外部环境；在微观层面，重视民营企业自身的制度创新和文化建设。两者缺一不可，切忌片面、极端、刮风、炒作。从民营企业自身的角度来看，“新36条”的颁布，为民营企业发展带来了一个新契机，应当抓住机遇，通过制度创新和文化建设，促进本企业由小到大、由弱到强的健康发展，提升本企业的市场竞争力，由国内市场走向国际市场。

民营企业制度创新的方向是建立现代企业制度。由于每个民营企业的创办历程、产业类别、规模大小、技术含量及其特点不同，因此，各个民营企业制度创新的具体操作及其途径存有差异。但是，从当前全国民营企业存在的问题来看，必须通过制度创新来解决所有者、经营者、管理者、员工的利益关系。从正值白热化的国美电器内斗事件中，人们至少看到了即使像国美这样的大型民营企业，仍然存在着大股东、小股东、董事会、经理人、管理层之间的利益冲突，未能通过规范的公司治理结构来有效地解决利益博弈问题。而且这场利益冲突正在延伸到员工、客户、债权人以及同国美存在交易关系的各种人的利益。从一定意义上来说，打败民营企业的不是外部环境，而是内部制度的科学性、合理性、合法性。民营企业的技术创新和制度创新都是重要的，但技术节省生产费用，制度节省交易费用，因此，制度高于技术，必须通过制度创新来获取民营企业的长期发展。

民营企业的文化建设就是要塑造为实现经营目标而具有凝聚力的全体员工认同的价值观。只有内部有凝聚力，才有外部竞争力。民营企业文化建设的实质是提高人的素质，处理好个体、群体、组织（企业）三者之间的关系。民营企业文化建设与制度创新是相辅相成、彼此补充的关系。关键在于处理好制度与人的关系，其中制度是延续的，人是暂时的。民营企业创办初期，实行家族式管理，有积极作用，可以维系企业生存。但当民营企业发展到一定规模后，必须重视自身制度创新和文化建设，以求得企业稳健发展，成为长寿型企业，避免夭折成为短命企业。浙江台州民营企业的平均生命周期为 3 ～ 5 年，10 年以上的企业存活率不足 10%，其中家族式管理是导致民营企业短命的重要原因。因此，重视企业制度创新和文化建设是民营企业的生命线。

（原载《人民论坛》，2011-01-15）

● 非公有制经济发展需要跨越几道坎

改革开放以来，我国个体、私营等非公有制经济发展的成效及其对社会经济的贡献是有目共睹的。进入新世纪，非公有制经济发展进入了新阶段，面临着新关口，而能否实现新跨越，取决于其能否妥善地解决在发展过程中出现的新问题。

一、产权问题

20 世纪 70 年代末 80 年代初是非公有制企业的初创阶段，主要是做好某个产品或某项业务，以实现较快发展。随着企业规模的扩大及财富的积聚，到 80 年代中期，一些企业开始提出二次创业、三次创业，其实质是解决企业发展过程中的产权问题。到 90 年代中期以后，产权问题成为制约非公有制企业发展的带有普遍性的根本问题。由企业产权纠纷引发的社会经济问题，直接影响着非公有制经济的持续健康发展。非公有制企业解决产权问题的方向，是实现产权多元化和股权结构合理化，以明晰产权，有效地进行资本扩张，提高资本利用效率。如浙江省的一家非公有制企业，创办于 80 年代初，虽然其产品与业务在市场上有一定地位，但由于产权问题的束缚，到 90 年代初一直发展缓慢。该企业 1994 年和 1998 年进行了两次产权变革，吸收新的产权主体并调整股权结构，顺利地实现了企业规模扩大和资源优化配置，成为具有较强市场竞争力的现代大型企业。

非公有制经济发展过程中的产权问题，往往表现为局限于个人产权，难以协调企业各方面的利益关系。创业初期的企业个人产权以及对个人产权的高度关切是必要的，也是非公有制企业发展的基本动力。但是，当企业发展到一定规模，则应通过多种形式实行开放式的产权结构，多方吸纳资本，通过股权结构调整来增强企业的凝聚力，消除单纯的封闭式个人产权对企业发展的制约，使企业获得新的动力。至于是否一定要由某个人或家族控股企业，则取决于企业的发展目标和市场价值判断，而控股又有绝对控股与相对控股之分。非公有制企业产权形式的发展趋势是建立和完善多样化的企业产权制度，包括个人独资企业、合伙企业、有限责任公司、股份有限公司等多种形式的产权制度和股权结构。

解决非公有制经济发展过程中的产权问题，必须重视产权保护的可操作性，完善保护私人财产的法律制度，防止对非公有制企业财产的损害，以利于非公有制经济的持续发展。

二、组织问题

在非公有制企业创办初期，产品与业务较为单一，企业规模较小，企业组织结构比较简单。随着企业规模的扩大，产品和业务趋于复杂化和多样化，从而对企业组织变革与结构调整提出了要求。

解决企业组织问题的关键是合理设置企业内部的各类业务部门，明确这些部门之间的分工与协调关系，处理好企业总部集权与各个部门分权的关系。如果有子公司，还必须处理好母公司与子公司之间的关系，建立规范的企业集团组织结构。非公有制经济在快速发展过程中，一些企业组织结构落后，仍旧停留在创业的初始阶段，导致企业组织混乱，甚至在激烈的市场竞争中被淘汰出局。而能够适时进行组织变革的企业大多获得了更快发展。广东省顺德市的一家非公有制企业，创业初期是一家街道小厂，老板一人说了算，发挥了“船小掉头快”的优势；后来规模扩大了，就改为事业部制的分权式组织结构。“不改就是死路一条”是这家企业的深切体验。怎么改？这家企业概括了“集权有道、分权有序、授权有章、用权有度”的十六字诀。因事设职，因职设人，人事相符，责权相当，是各类企业组织工作的基本要求。其中的“事”，是指市场竞争与客户服务对企业的要求，是企业生存与发展所必须做的事。“事”是企业解决组织问题的出发点与落脚点。

建立健全公司法人治理结构是现阶段非公有制经济发展中的一个核心问题。非公有制企业在实行公司制产权制度的过程中，必须相应地建立公司组织机构，即建立股东机构、董事机构、经理机构，并按照公司法人治理结构的原则和要求，处理好这些组织机构之间的责、权、利关系。非公有制企业的发展方向是建立现代企业制度，按公司法人治理结构的内容来处理好所有者与经营者之间的分工和协调关系，处理好公司内外各种利益相关者之间的利害关系，包括实行职业经理人的聘任制度。当前一些非公有制企业第一代创业者面临的所谓“寻找接班人”问题，其实质就是由家族制企业向公司制企业的转变问题。非公有制企业的发展具有阶段性特点，一般来说，创业阶段是个人奋斗起步，随后是动员家族成员奋斗，发展到较大的公司阶段，则聘用社会人才共同奋斗。各类企业应从实际出发，有效地解决企业发展过程中出现的组织问题。对家族制问题应不走极端，不强求一律。如果是个人独资企业，则可以沿袭家族制企业结构；如果是股份公司，则应建立公司法人治理结构。

三、管理问题

非公有制企业在创办之初，往往是创业者抓住一个机会，凭着自己的胆识、技能及冒险精神，勇闯市场而获得成功。但随着企业的发展壮大，人员越来越多，企业管理日益成为突出问题。管理是企业的永恒主题。当前非公有制经济发展中的一个重大问题，是一些企业管理水平偏低，停留在业主个人管理阶段，未能有效地建立专业化、职业化的现代企业管理制度，不能适应企业发展的需要。因此，建立内部条件与外部环境相结合、战略管理与业务管理相结合，包括生产管理、营销管理、科技开发管理、人力资源管理、财务管理等在内的现代企业管理制度，显得非常紧迫。

随着短缺经济时代的一去不返，非公有制企业在市场竞争中经历了大浪淘沙的过程，有的昙花一现，有的成长为参天大树，其中起决定作用的是企业的质量管理和品牌意识。质量管理是企业生存与发展的生命线，品牌意识是企业综合素质的集中体现。质量管理和品牌意识是企业做大做强的立足点，只有把质量管理和品牌意识转化为企业的实际行动，并解决好企业管理中的每个细微问题，企业才能长盛不衰。

四、人才问题

成功的非公有制企业一般要跨过四道坎：原始积累、产权多元化、公司法人治理结构、职业化管理。学会过五关斩六将：过财富关、制度关、战略关、人才关、文化关；斩小富即安者、不认同公司价值观者、不与公司共成长的落伍者、缺乏团队精神者、不敢承担责任者、事必躬亲的业主自己。在一些非公有制企业，人才短缺已成为发展的瓶颈。因此，应重视培养和吸纳各类人才特别是科技开发人才与经营管理人才，使企业成为学习型组织；建立和完善激励与约束相结合的薪酬制度；提高各类人员的素质，尤其是企业家自身的进取心与诚信度，通过建设创新型企业文化来增强企业凝聚力，促进企业发展。

五、体制问题

非公有制经济的蓬勃发展，迫切要求更新观念，进一步深化经济体制改革。当前，不同地区的非公有制经济发展很不平衡，其深层次原因仍是思维性障碍和体制性障碍。因此，深化改革，为发展非公有制经济创造良好的环境十分必要。比如，进一步明确非公有制企业的平等地位，确认非公有财产同公有财产一样不可侵犯；继续解决非公有制经济的市场准入问题，对非公有制企业一视同仁；完善对非公有制企业的信贷支持体系，尤其是解决有发展前途的成长型中小企业的融资难题，建立风险投资与信用担保体系，培育和发展职业经理人市场、产权交易市场、社会化服务体系以及规范市场经济秩序等。实践证明，良好的体制环境对促进非公有制经济发展具有极其重要的作用。

（原载《新华文摘》，2003（10），转自《人民日报》2003-07-15）

● 民营企业如何建立与完善现代企业制度

一、民营企业搞公司制不要“一刀切”

公司制不等于就是股份制，公司制是现代企业的组织形式，股份制是现代公司的资本形式。民营企业要以公司为主体来建立现代企业制度，但并不排除个人独资企业制度和合伙企业制度的存在。

民营企业不要搞成股份合作制，因为这样不太规范。当前，股份合作制面临的挑战主要是平均持股，而平均主义导致低效率，没有动力，一个人两种身份，会助长吃光、分光的短期行为，因此它不是终极的企业制度，只是一种过渡形式，发展下去有矛盾，难以持久。民营企业发展方向是公司制，但民营企业要规范利益关系，家族产权要明晰。不能笼统讲家族制不好，保护一点家族制有进步意义，但不能停留在家族制度上。既想搞公司制，又不想打破和处理家族制，产权问题就无法解决。民营企业的家族制产权早处理早主动，迟处理就被动。

现代企业制度的组成主要包括以下三大部分：一是现代企业产权制度；二是现代企业组织制度；三是现代企业管理制度。其中，产权制度是前提，组织制度是保证，管理制度是基础，三者不可分割，紧密联系在一起。

二、民营企业要解决好公司的产权制度问题

民营企业产权需要落实到个人，包括家族企业的产权都要落实到个人，否则就会产生产权纠纷。产权如果是个人独资的，由个人说了算。如果是合伙人产权制度，则是合伙人商量着办。“合伙”与“合作”是两个概念，合伙是产权关系，合作是劳动关系，两者的含义不同。如果是公司产权制度，就要按公司法人财产制度运作，这就必须处理好以下三个问题：

（1）要探讨股权多元化如何实现的问题。股权多元化最重要的是个人股权，民营企业的个人股权是基础，但应吸收外部法人股权，包括战略投资者和社会投资者。吸收家族外来股权主要应包括：

1）经营者股权。不给经营者股权，经营者没有积极性。如果给予经营者股权，就要考虑如何分配经营者的股权。经营者股权的分配方式，可以是现股、期股或给予期权激励。

2）科技人员股权。科技创新对民营企业十分重要，除了引进设备和技术外，比较有实力的民营企业还需自己研发新技术、自主开发设计。而若要科技人员与股权挂钩，可以采取三种形式：一是技术入股。即将技术人员所掌握的技术作价入股。二是股权激励。即技术转化为企业产品形成价值后，再给他股权。三是高薪聘请。即舍得付出高薪吸引一流的科技人才和掌握核心技术的优秀人才，这是民营企业发展的关键。

3）员工股权。即给予员工股权，增强员工责任感和工作积极性。

（2）要解决股权结构的问题。股权结构的调整目标就是股权结构要合理化。股权结构合理的关键是个人股、家族股与其他股权各自所占的比重。如何使股东之间避免利益争夺，是股权结构合理化的核心问题。就目前来看，民营企业还处在发展的初级阶段，其管理制度、组织水平等都远未达到成熟阶段。股权结构合理有利于民营企业的发展，但不能绝对地讲是集中好，还是分散好，不提倡用一种固定模式

来发展民营企业，也不提倡一种固定的股权结构比例。股权结构合理就是要建立一种股东利益协调的机制，处理好股权结构合理与股东利益两者的关系。民营企业要研究“人性”，要处理好股东之间的矛盾，不能养懒人。一方面要研究富人机制，怎样守规矩，依法纳税，对社会尽责任，对竞争对手不能作假；另一方面要研究穷人怎样创业与就业，不能盯着富人分财产，不能仇富，穷人造反不值得提倡。

（3）要解决如何实行股东所有权与公司法人财产权分离的产权制度问题。在合伙企业，合伙人之间容易产生矛盾，一旦发生矛盾企业就容易解体，这是因为合伙企业依赖于合伙人之间的关系是否融洽。而在公司，即使股东有矛盾，其产权制度也是有延续性的，因为公司制度是实行股东所有权，股东所有权与公司法人财产权是分离的。股东所有权与法人财产权关系分离，关键是股东要拥有投票权、分红权、转移权、知情权、优先认股权五个股东权，要维护这五个股东权，但股东权不能超越公司法人财产权。公司法人财产权是公司法人统一财产的权利，不因股东个人股权的变更而改变。公司股东所有权必须与法人财产权相分离，如果不分离，那么股东所有权的转移就会危及法人财产权。公司法人财产权是公司统一的财产。股东个人可以转移公司股权，但并不改变公司法人财产权的统一性和完整性。

总之，股权多元化、合理的股权结构、实行股东所有权与公司法人财产权分离的产权制度，是民营企业发展的三个产权问题。

三、民营企业要解决好公司的组织制度问题

民营企业建立公司组织制度，关键是要处理好三个问题：

（1）要处理好公司总部集权与内部各单位分权之间的关系。要建立合理的公司组织结构，做到大权独揽、小权分散、集权与分权有机结合。

（2）要处理好公司内部的分工协调问题。要建立规范的公司法人治理结构，解决好公司内部上下、左右的组织关系，建立横向联系，

建立垂直指挥系统。公司法人治理结构的核心是解决公司法人财产治理的权力结构，要解决好股东机构、董事机构和经理机构之间的组织关系，实际上是权力关系。

（3）要处理好集团公司作为母公司与其子公司的组织关系。母公司与子公司的关系是法人与法人之间的关系，既要处理好母子公司体制的投资关系，又要处理好两者之间的业务关系。

四、民营企业要解决好管理制度建设问题

民营企业的管理制度建设，要解决以下几个方面的问题：

（1）要建立战略与业务管理相结合的管理制度。战略管理中要找准民营企业的定位和发展方向。但战略管理又必须落实到业务管理上，提升执行力。

（2）在战略管理中要处理好主营与兼营的关系。民营企业一定要有核心的主营产品、业务和技术，在发展主营业务的同时还要处理好兼营的业务，关键是要有好项目。两者之间的关系是，民营企业主营要强，在市场上有发言权；任何一项兼营活动都要盈利，不能盲目扩大。在主营强、兼营活动盈利的情况下，兼营业务也可以从事一些非相关的业务，必要时，主营也可以调整，但要有把握。

（3）要建立科学的业务管理制度。在业务上，要建立生产、科技研发、人力资源、营销、财务等综合的、系统的、科学的管理制度，这是民营企业管理走向科学化、规范化发展的方向。

（4）处理好管理工作中制度建设与人本管理的关系。关键是要处理好以人为核心、以人为本的管理。要处理好制度建设与人的关系，人员要能进能出。要提高人的素质，要建立好的制度，搞好企业文化与团队管理。

（原载《中国企业报》，2004-08-19）

●“山坡上”民企的管理跟进

我的这个讲演题目是要说明，民营企业的总体形势是在发展，但如同登山一样还处于山坡上。1978 年改革开放到现在，民营企业做出了伟大的贡献，但民营企业的发展是曲折的、反复的。从大的方面说，民营企业在中国的发展历程可以追溯到 1949 年，我把它分成几个阶段，第一阶段是 1949 年到 1956 年。这个阶段的中国经济是多种成分并存的状态，对新中国成立后的三年经济恢复时期和第一个五年计划任务的完成起到了积极的稳健的作用。第二阶段是从 1956 年搞了一场对资本主义个体工商业的社会主义改造运动开始，直至 1966 年到 1976 年的“文化大革命”，消灭民营企业，消灭私有财产，搞到 1978 年是清一色的国有企业。第三阶段是 1978 年 11 月党的十一届三中全会决定后又出现多种经济成分并存的新局面。但实际上，在这个大阶段中，又存在若干小阶段，其间也存在小曲折、小反复的问题，并非一帆风顺。

从中国民营企业发展史来看，2003 年是一个标志性的年份，因为这一年修改了《中华人民共和国宪法》。在新宪法中，写进了“保护私有财产”的条款，重新确定了民营企业和私有财产的法律地位。我算了一下，从 1956 年开始消灭民营企业、消灭私有财产的政治运动，到 2003 年重新确认民营企业、私有财产的法律地位，历经 47 年的时间，近半个世纪。无独有偶，在人类历史上还有一个 47 年，这就是 1895 年恩格斯在为马克思著的《法兰西阶级斗争》一书写的导言中说，1848 年《共产党宣言》提出要消灭私有制的观点“只是一个幻想”。我们从中国民营企业的正反面实践和恩格斯的科学认识中可以得到启示，从社会生产力发展视角和实践是检验真理的唯一标准来思考社会经济问题，就要坚持与时俱进，及时地勇敢地否定自己过去认为很正确但在实践中证明行不通的观点，使自己真正成为社会经济发展的动力。

中国民营企业的健康发展，不仅在冲破陈旧观念和消除体制障碍方面要完成艰巨的复杂的“爬坡”任务，而且在民企自身的管理创新方面同样面临着繁重的细致的“爬坡”任务。面对日益激烈的国内外市场竞争，民企管理跟进，必须加快步伐，跨越式发展，如同逆水行舟，不进则退；如同爬山，不上则下。凡是成功的民营企业，都在管理创新方面下功夫。如浙江的正泰集团长期坚持自主创新的管理思路，思路决定出路，使企业更上一层楼，不断攀登市场竞争的高峰。正泰集团的创始人南存辉深有体会地说：“民营企业管理创新要耐得住寂寞。”不搞形式主义、轰轰烈烈、热热闹闹，切忌浮躁、炒作、虚夸，必须做到面对市场，从长计议，脚踏实地，努力运营。民营企业自主创新的最重要两件事，一是自主研发，二是自主品牌。正泰集团每年把销售收入的 3% ～ 5% 用于创新和开发新产品，开始时遭到很多股东的反对，这些股东认为应该分掉，或至少也应该存入银行以获取利息。但正泰集团更新观念，转变思维，通过算细账，认识到企业只有存储技术才是存储未来，实现管理、技术、成本、服务的综合性集成创新，不仅提升了国内市场竞争力，而且使产品出口到俄罗斯、中东等国际市场，走上“以技术换市场”的新路子，获得每年 50% ～ 60% 的国际市场增长率。正泰集团已成为全国低压电气行业

100 项标准制定的参与者。

在民企的管理跟进过程中，如何评价家族管理，是一个绕不开的难题。对待民营企业家族管理的判断，要避免简单化、极端化的思维方式，防止陷入“好与坏”或“优与劣”的无谓争论之中。应提倡从每个民营企业管理的实际状况出发，具体企业具体分析，采取动态发展的眼光来分析民企的管理跟进与管理创新。一般来说，在民营企业的创业初期，由于企业资产是个人所有或家族所有，当然可以老婆管财物、儿子搞推销、儿媳妇搞采购，旁人不要干预，更不应一味地批判家族管理。事实上，相当多的民营企业是靠家族管理而创业成功。当然，这些民营企业家族管理的成败，在很大程度上取决于家族管理人员的素质。因此，实行家族管理的这些民营企业，为了企业自身的生存与发展，同样存在着管理跟进与管理创新问题。

更为重要的是，在民营企业发展过程中，由于企业规模逐渐扩大，技术不断进步，业务更加复杂，特别是发展为股权多元化的公司制企业，就必须不断改进管理，实行管理制度创新，即按公司法人治理结构的要求，从现代企业组织制度的视角，保证企业的持续发展。对民营企业的管理跟进来说，既没有固定不变的管理模式，也没有千篇一律的管理模式。

民营企业的管理跟进，不是单纯追求某种管理方法的改进，而是要进行管理制度的创新，建立系统的现代企业管理制度。管理就是体系，管理就是程序，管理就是流程。民营企业的管理跟进的基本方向，就是从企业内部条件与外部环境的实际状况出发，建立并完善战略管理与业务管理相结合的现代企业管理制度。民营企业战略管理体系的建立，必须解决企业发展战略制定与实施过程中的五大难题，即处理好规模与效益、成本与质量、价格竞争与非价格竞争、进入市场与退出市场、主营与兼营这五大关系问题。民营企业业务管理体系的建立，就是要形成综合的系统的科学管理制度，建立与完善包括生产管理、营销管理、科技开发管理、人力资源管理、财务管理这五大管理系统在内的现代企业业务管理制度。

民营企业的管理跟进，其根本目标是求得企业的长期发展和持久生命力，而企业制度建设和企业文化建设是企业长期发展的两大支柱。民营企业制度建设的目标是建立规范的现代企业制度，包括现代企业产权制度、现代企业组织制度、现代企业管理制度三大组成部分。民营企业文化建设的目标是形成具有凝聚力的全体员工认同的企业价值观，用以指导企业稳健的可持续发展。应当坚持以人为本的企业管理创新思路，提高个人素质，提倡团队精神。在民营企业管理跟进过程中，个体行为是起点，群体行为是基点，组织行为是目标。管理是通过别人来做好工作的过程。管理的实质是同人打交道。为此，民营企业的管理跟进，必须做到企业制度建设与企业文化建设的有机结合：制度抑制人性恶的一面，文化引导人性善的一面；制度是硬的，文化是软的；制度是有形的，文化是无形的；制度是外在的，文化是内在的；制度是他律，文化是自律；制度是物质的，文化是精神的。总之，两者彼此补充，相互促进，共同推动民营企业的管理跟进，提升市场竞争力，不断攀登一个又一个高峰。

（在“第三届中国民营企业家大会”上的专题报告，
2006–07–31）

● 论企业与创业

从 20 世纪 70 年代末开始，中国大地上涌现出一股创业热潮，随之而来的又是二次创业或三次创业的提法，至今人们这股创业之情仍然有增无减，这是中国经济发展和社会进步的具体表现与希望所在。

所谓创业，归根到底，就是创办企业。所谓二次创业或三次创业乃至多次创业，实际上，就是从无到有、从小到大、由弱到强，不断完善企业和发展企业的过程，或者是遇到困难与挫折之后的企业再调整、企业再改组、企业再重建，或者是如同国外企业面临信息技术挑战而进行的组织变革及流程再造。

当然，在此之前，中国也有“全民企业”（后改称为“国有企业”）。不过，也是从 20 世纪 70 年代末开始，对这类企业进行大规模的改制（或称为改革）。究其原因，就是这类企业不是真正的企业，充其量只是“全民”“国家”这个大厂之下的一个小车间或小作坊。这类企业的改制，在不同程度上反映着中国大地上的创业潮流，但属于从旧企业转为新型企业的创新过程。从这个意义上说，所谓创新，也就包含着创办新型企业。

上述两股潮流的共同目标，就是中国真正企业的兴起，回归企业的本来含义和真实价值。

什么是企业？企业是集合经营要素并在利润动机和承担风险条件下为市场提供产品或服务的组织。

这个企业概念中的“集合经营要素”，包括对生产要素、营销要素、无形资产、信息流、资金流、人员流、物流的自主利用及其组合；“利润动机和承担风险”，是企业的基本功能和实质内容，即企业是独立的会计核算单位，企业是制造利润的机器并依法承担由此而引起的一切风险和社会责任；“为市场提供产品或服务”，包括有形商品和各类服务业；“组织”，是集合在企业中的出资者、经营者、管理者、作业者及各类人员的总称。这个定义概括了企业的基本含义、基本特征和基本职能。

随着时代的变迁，从农业社会到工业社会再到信息社会，企业的表现形式越来越丰富、越来越复杂，简直是令人眼花缭乱。企业处于从夫妻店到跨国公司巨头不断变化的“万花筒”之中，特别是现代服务业的兴起和发展，各种运输、银行、保险、法律、会计、咨询、广告和其他服务型企业层出不穷。但是，所有这些，都贯穿着一条主线，即企业的基本性质是明确的，不可改变的。

在国外，创办企业，尤其强调企业作为营利性组织与社会上其他非营利性组织的区别。例如，美国的非营利性组织，一般为公共服务机构，包括工会、社区组织、医院、学校、实验室型科研组织、宗教组织、国际救济和发展合作组织等，在法律上明确规定这类组织不允许从事营利性活动，企业组织与非企业组织的界限是清楚的。

在中国，对企业概念的界定，除了明确企业作为营利性组织与社会上其他非营利性组织的区别之外，还有一些特殊问题需要解决。例如，“政企不分”现象就是中国历史上的特殊问题，这正是“全民企业”（国有企业）不是真正企业的实质所在，从根本上混淆了企业与工厂的界限，把单个工厂等同于一个企业。英文中的企业一般表述为enterprise、business、firm，其中有的可译为“厂商”，即既“厂”

又“商”。但中国的“全民工厂”（即国有工厂），只“厂”不“商”，不是真正的企业，其改制的首要条件是应达到既“厂”又“商”的要求。1988年颁布《企业法》之后的一次研讨会上，我明确指出当时是以单个工厂为对象的企业法，不能反映企业的真正概念，实行“厂长负责制”也不能体现企业的本质。

企业是创业的目标，创业是企业的动力。各种各样的企业，都是创业活动的表现和结晶；企业的诞生与延续，自始至终都要保持和发展创业精神。创业精神是创新精神的一种表现，但创新活动的涵盖面更广。例如，上述的“实验室型科研组织”，也需要在科学技术研究方面的创新精神，但这个“组织”本身不是企业，而是一种非营利性组织。如果把其中的某项科研成果转化为营利性活动，即创办一个企业，则称之为创业活动。又如，哥伦布是个黄金迷，深信黄金能把人的灵魂引入天堂，敢于驾小船漂洋过海四处寻找黄金。当他自称到了印度却未能为西班牙王室找到黄金时，在世时被人们骂为骗子，但500年之后即1992年，西班牙人却隆重纪念哥伦布开创了一个新时代，称他是发现美洲新大陆并最终证实大地是一个圆球的开拓者，这种创新与探索精神值得人们赞扬，但哥伦布并没有创办企业。

从企业经营内容、经营方式、服务对象、收入来源的角度来考察与研究，人们创办企业的方法是多种多样的，不是千篇一律的，而是不断变化与发展的。

有的人看到社会上有某种需要，于是就盘算着怎样迎合这种需要，并愿意拿出自己的财产作本钱去冒风险，创办一个企业。这个人便成为这个企业的创业者。在这些人中，有的人本身有点发明创造或开发出了某种新技术，企图通过创办企业来实现前人未曾有过的新产品、新业务、新技术，创造并积累更多的财富。有的人虽然没有什么发明创造，但却能够采用一种新方法，把现有产品、现有业务、现有技术有效地集合在一起，从而创办一个新企业。例如，亨利·福特并没有发明汽车，但他采用了一种汽车生产装配线的新方法，使汽车生产效率大大提高，满足市场对汽车的需要，创造出新型的汽车企业；麦当劳快餐店的创始人雷·克罗斯，既不是汉堡包的发明人，也不是路旁餐馆的第一人，但他采用一种新的经营方法，即把标准质量的饭食同快速服务和便宜价格集合在一起，成立了一个新的企业。

牛仔裤发明人李维·斯特劳斯的创业历程，使人们得到更多的启示。当年随着美国西部兴起淘金热，年轻的李维·斯特劳斯也来到加利福尼亚州投入淘金大潮，但他很快发现淘金并不划算，于是改做小买卖，摆卖日用小百货，果然适应了当时的美国西部环境。因为发现黄金而突然涌入的大量淘金者，缺乏各种生活日用品，李维的小百货店就赚到了第一笔钱。但他并不满足于小百货店的现状。善于观察市场和分析当地环境的这位年轻人，有一天听到一位顾客在买针线时嘟囔着说："我穿的这条裤子真差劲，不到一个月就破了。"说者无意，听者有心。这位顾客的话引起了李维的思考：淘金者整天同沙石打交道，普通的棉布裤子当然容易磨破，若是生产出一种耐磨的裤子，肯定会受淘金者的欢迎。经过在淘金场地的耐心访问和观察，他决定用帆布缝成裤子，并在这种帆布裤子上缝几个口袋，便于淘金者存放金矿石。李维的这种帆布裤子一经推出，立刻被淘金者买走，一传十，十传百，淘金者纷纷前来购买，生意兴隆，供不应求。于是李维又放弃小百货店，专门生产这种帆布裤子，这就是牛仔裤的由来。后来他又把短裤改为长裤，使矿工免受蚊虫的叮咬。接着牛仔裤又冲出了矿场范围，在美国乃至其他国家的年轻人中受到欢迎，李维又发现法国生产的一种哔叽布的耐磨力强而且比帆布更加柔软，于是不断采用新布料制成新颖、美观、实用的牛仔裤，以适合更广泛消费者的需求。

"世界零售之王"沃尔玛创始人萨姆·沃尔顿的创业经营方法更具有鲜明的个性：从"学会珍惜每一美元"开始。萨姆是一个土生土长的农村人，在 1985 年被《福布斯》杂志评为"美国第一富豪"时，大多数新闻记者仍称他为卖杂货的“乡巴佬”。他 7 岁开始送牛奶和报纸，还饲养兔子和鸽子出售。1945 年退伍后，他从美国经济并不发达的阿肯色州的一个乡村小镇白手起家，并把军人作风带到了零售业中，经过 40 年锲而不舍的奋斗，使沃尔玛的连锁店遍布全球，发展到现如今销售量高居全球首位的巨型跨国公司。“学会珍惜每一美元”是萨姆对待金钱的态度，意味着决不乱花一分钱。他说：“如果沃尔玛公司愚蠢地浪费掉一美元，那都是出自我们顾客的钱包。每当我们为顾客节约了一美元时，那就使我们自己在竞争中领先了一步——这就是我们打算一直做的事情。”萨姆的这种创业风格，一直坚持在企业经营的全过程之中，促成了企业的不断创新和生产率优化，是企业成功的法宝。他发明了条形码、无线扫描枪、计算机跟踪存货等，如今已成为行业标准。

尽管人们创业的动机和途径不同，企业经营方法即经营模式多种多样，但说到底，其核心在于解决企业“做什么，如何做，怎样赚钱”的问题。具体来说，就是要决定创办的企业干什么、怎么干，怎样做买卖、做交易，怎样建立一种交易机制，能够确保各种经营要素有效地集合在企业之中，并创造价值和增加利润。同时，还要把创业精神贯穿在企业经营的全过程，贯穿在企业的资源开发、要素利用、生产方式、营销体系、科研活动及其他各个环节之中，推动企业的不断创新和持续发展。

创业并非总是成功的，创业失败的事例比比皆是。21 世纪技术信息化和经济全球化的挑战，加大了企业科技开发的不确定性和经营环境的变化莫测，使得创办企业更不是一件容易的事情。但在这种情况下，仍然涌现出诸如微软、英特尔、戴尔及其他一些新企业，而且具有新的生命力。这些成功企业的共同特点是采用了新型创业工具和经营方法。例如在创办企业时采用孵化器和引入风险投资机制。孵化器是高技术企业的孕育者，风险投资是高技术企业的接生者；孵化器是高技术企业的加速器，风险投资是高技术企业的催化剂。对高技术企业的创办来说，其失败原因往往在于管理不善和资金不足，那么，孵化器和风险投资的集合，则是应对创业困难的重要途径。

中国大地上的创业活动，在汲取国外成功企业先进经验的同时，又具有自身的鲜明特点。例如，温州人的创业精神有“四千”的说法，即走遍千山万水，说尽千言万语，吃尽千辛万苦，想尽千方百计。最典型的表现是温州人爱唱六首歌，即爱唱《国际歌》，体现了创业靠自己，不靠神仙皇帝的思想；爱唱《国歌》，体现了前进、前进、永不退缩的思想；爱唱《我的中国心》，体现了爱国之心永不变的思想；爱唱《敢问路在何方》，体现了路在脚下，摔倒了自己站起来的思想；爱唱《永远是朋友》，体现了朋友多了路好走的思想；爱唱《好汉歌》，体现了该出手时就出手的善于抓住机遇的思想。20 世纪 80 年代我到温州考察与讲学时，深感温州人的创业精神实际上已经成为一种精神文化。温州人讲创业不讲就业，找市场不找市长，已成为一种时尚的文化理念。创业，不仅解决了自身的就业，而且有助于解决社会上的其他人就业问题。2003 年 1 月，我应邀参加“首届温州企业文化年会”，深感温州财富源于温州企业的创业文化和创新意识。温州人创办企业和发展企业的特点是，从零做起，一步一个脚印，务实肯干，一丝不苟，只要有一分钱赚，都会不遗余力地去实干，从不好高骛远、好大喜功、眼高手低，力戒浮躁心态，不像有些地方的人，大钱赚不来，小钱不愿赚，只好两手空空，一味抱怨天不助我。从一定意义上说，在 21 世纪的中国大力倡导创业活动，必将对未来的经济发展和社会进步产生深远的战略推动意义。

入世后的 21 世纪，中国创业空间与机遇比 20 世纪要更加广阔、更加丰富多彩。农业的企业化与产业化经营大有作为，仅农产品的储存、深加工不到位造成的损失一年就有上千亿元人民币，这正是创业的经营方向；大力创办“农业综合企业”（agribusiness）是解决中国未来农业、农村、农民这“三农”问题的重要途径；制造业的发展更是世界各国关注的热点；高新技术企业处于方兴未艾的状况；服务业的商机越来越广泛，仅物流业的货物运输一项，作为第三方物流服务提供者的专业化企业只拿到全年 2 000 亿人民币中的 2%，只相当于国外发达国家的 1/5 ～ 1/4，作为货物运输的专业化企业发展大有可为；在与人们生活息息相关的各个领域里，也决不只是餐馆等行业才可创办企业，实际上百姓生活所涉及的衣、食、住、行、生、老、病、死乃至其他各个方面，许许多多难题都尚未解决，都蕴藏着创业的商机。

创业与就业的关系，是 21 世纪中国发展过程中必须面对的战略课题。通过创业来解决就业问题，是处理两者关系并促进中国社会经济稳健发展的基本思路。21 世纪的中国就业问题及其严峻形势，是众所周知、毋庸置疑的。由于历史与现实的种种原因，又使得中国社会的失业承受力是极其脆弱的。为使中国社会维持稳健发展的良好态势，给予失业群体必要的基本生活保障和社会福利，是完全正当的。但考虑到国家财政转移力度的限制，这种对失业群体的生活福利扶持本身并不能从根本上解决就业问题。更为重要的是，从社会发展的角度来考察，社会效率始终是生产力发展的基本要求。因此，在解决就业问题的过程中，提高社会生产力发展的效率，是贯穿全过程的一条主线。对中国社会来说，效率与就业的矛盾又是一个极其复杂的难题。正是基于上述分析与研究，我感到在中国大力提倡创业，是解决就业与失业、效率与就业问题的最有效途径。

为使创业在就业中发挥越来越重要的作用，对中国社会来说，必须消除不利于创业的观念性障碍和制度性障碍，鼓励人们创办企业并确立企业在社会中的崇高地位。尽管从 20 世纪 70 年代末伊始的创业活动为我国解决了大量的就业问题，现阶段的中国创业空间与机遇是前所未有的，但妨碍人们创业活动的一些歧视性观念和体制性因素仍然处处可见，在有些领域甚至是根深蒂固与相当顽固的。例如，服务业领域是 21 世纪人们开展创业活动的重要板块，通过创业提供就业岗位的前景是广阔的，具有极大的吸纳就业人员的能力与潜力。然而，一些服务部门由于长期的行政性垄断，不仅导致效率低下，而且也不利于创造更多的就业机会。还有一些服务行业的功能定位错乱，缺乏对这些行业的服务业企业解决就业问题的长期战略思考，一旦出现某些临时问题，往往忽略这些创业企业的服务功能，甚至动不动就提出停业、关闭、取缔，其后果是既不利于合理地规范解决创业企业出现的一些问题，又使这些服务业企业解决就业问题的积极性受到冲击和挫折。有些地区为了应付以失业率考核地方政府政绩的做法，又人为地保护一些不具有竞争优势的本地企业，也不利于人们创办企业，尤其是把外地就业人员挤出劳动力市场，从而损害劳动力市场的发育。我感到政府的作用是大力倡导通过创业作为解决就业问题的基本途径，依法规范人们创办企业的行为，培育劳动力市场并使其健康发展，促进就业问题遵循市场经济规律不断地得到良性的持久的解决。

世界各国的创业环境与政府在企业注册、开业手续、行业准入、审批程序诸方面的行政规定是密切相关的。因为创业的起点是注册一个企业（或公司）及其所需要的行业准入和各项审批，得到相应执照和完成审批程序之后才可正式开业。各国政府对这些方面的政策规定以及开业后的行政管制存在着相当大的差别。一般来说，在法制健全的国家，有着较好的创业环境，除非政府行政部门确有证据表明创业者行为违规，否则任何政府部门无权拒绝注册或吊销营业执照；在法治不健全的国家，即使得到了营业执照，企业也始终面临着被不清不楚地吊销执照的可能。以美国与意大利两国创业环境比较为例，从公司注册到开业所需经过的审批步骤，前者为 4 步，后者为 11 步；为完成公司注册合格各项审批所需费用占人均年薪之比，前者为 1%，后者为 25%；从开始申请注册到公司开业所需等待的天数，前者为 7 天，后者为 121 天，可见创业的难易程度差别之大。这就是为什么一些意大利人选择背井离乡、移民美国去谋取职业和创办企业的缘由，以至于在纽约等美国大城市出现诸多的“小意大利”城。现阶段的中国的创业环境正在朝着利民的方向发生变化，呈现出良好的发展势态，但国内各地政府行为的差别较大，而且涉及创业过程的政策法规时松时紧，随意性较大，缺乏延续性。为此，必须重视研究并借鉴世界各国在创业理论与实践方面的有益经验，立足于我国实际，不断完善和规范全国的创业环境。

（原载《经济与管理研究》，2005（5））

● 中小企业改革与发展

第一部分 中小企业的伟大意义

中小企业的存在和发展，有着经济发展的客观原因。目前，由于经济活动越来越具有广泛的联系性和替代性，迄今为止，还没有哪一个超级大企业能够完全覆盖某一个部门的全部资本货物市场和消费品市场。在国内市场与国际市场的界限越来越模糊的情况下，大企业更不可能做到这一点。所以，中小企业不仅在工业起步阶段发挥过重大作用，就是在技术信息化与经济全球化的现代社会高度发达的情况下，也仍具有重要地位，并且不断重现辉煌。纵观近现代经济发展史，不仅是一部企业规模不断扩大的历史，而且也是一部中小企业大量存在、不断提高素质、逐步与现代企业体系融合的历史。而这正是中小企业存在和发展的根本原因。

因此，政府对中小企业要给予高度重视。中国改革过程存在两大障碍：一是观念的障碍。解放思想，更新观念，将是一项长期而艰巨的工作。二是利益冲突难以解决。改革本身就是权力的再分配、利益的再调整。人们往往难以抛却既得的利益和权力，依然是屁股坐在市场经济的椅子上，脑袋还是计划经济，所以，企改工作往往出现“一刀切”“走过场”的错误倾向。尤需指出的是，中国企业“官本位”思想仍然相当严重，行政级别是计划经济留给企业的落后的概念，要办好中小企业就必须取消行政级别。企业好坏不在于大小，而在于强弱，市场经济注重的是职业成就，只有这样，中小企业才能求得生存和发展。

与此同时，中国各类中小企业在市场经济中发挥着巨大作用，主要表现在如下几个方面：

1. 在繁荣市场中发挥作用

近年来，随着国有中小企业改革的深入，政府对中小企业采取了比较宽松、灵活、完全适合市场经济发展需要的政策，促进了中小企业向能发挥其各自特长的方向发展，使之各展所长。通过放开放活中小企业，不少中小企业在“小产品大市场”“少投入高效益”“短平快”方面创造了许多辉煌业绩，极大地繁荣了国内市场，甚至有的企业以顽强的生命力跻身于国际市场。

同时必须看到，总体市场繁荣表现出了“供过于求”的弊端，在宏观方面解决此难题有三条途径：一是刺激内需，但非常艰难，农村市场由于农民购买力太低，仍是潜在市场，不是现实市场。二是限制生产，据统计，目前商业积压 8 000 亿元人民币，工业积压达 20 000 亿元人民币。限制生产同时意味着工人工资的降低，这将进一步恶化消费环境。三是调整收入分配，现在中国分配不公问题已日益暴露，贫富差距过大。据统计，我国 98% 的储蓄存款为 2.5% 的人口占有，美国 60% 的存款为 40% 的人占有，这说明中国中产阶级没有形成。富人消费又是无序消费，不能刺激正常消费，造成商品更易积压，如商品房积压量已达 7 000 万平方米。由此，繁荣的同时，使大量的中小企业陷入困境。

中小企业要生存和发展，一方面要充分利用政府的政策，更要在微观上定好位，定位原则：（1）争取间隙市场。市场往往是千差万别的、千变万化的，大企业开发—生产—销售需要较长时间，中小企业完全可以采取“短、平、快”手段，迅速占领大企业生产的间隙市场，切忌与大企业发生正面相撞。比如，香港中小企业主要靠小商品占领市场。（2）与大公司起配套作用。在美国，一家大公司往往能带动 500 家中小型企业，自制件与外购件各占 50%，目前自制件比例正进一步下降，如举世闻名的耐克运动鞋公司，只负责设计和销售，生产任务交给全球的生产厂家。

2. 中小企业是解决就业问题的“蓄水池”

美国 80% 以上的企业是中小型企业，雇员不到 20 人的小企业创造了美国全国 66% 的新工作机会。吉林省公主岭市十五大前大量工人下岗，十五大后“筑巢引凤”，“不求所有，只求所在”（不管所有制形式，不管行政区域，不管行政条条）地吸引外地客商前来办厂，一下子吸引了 2 000 多温州市民前往办厂，基本解决了本地下岗工人重新就业问题。

3. 中小企业是企业家产生和成长的场所

企业家有两大特征，一是职业化，二是创新性。现今中国大企业“官本位”思想严重，加之干部制度存在严重弊端，严格意义上董事长、总经理等企业职务并不是干部，而大企业常常发生“董事长”“局长”互换，这不符合市场经济“企业家职业化”原则，任命程序往往缺乏公开性、透明性。这种影响在中小企业就相对较弱，企业家也就容易产生。企业家应当具备“创新意识，开拓精神”。创新是灵魂。企业家的最大作用是留下一个好制度，要强调制度建设、制度创新。大企业给企业家创新的环境较差，而中小企业相对宽松，需要创新的因素较多，也就容易创新。纵观全球，绝大多数企业家产生于小企业，著名者如松下幸之助。

第二部分 中小企业存在的问题

目前，中国中小企业总的形势是“两极分化，多数困难”。

两极分化的具体表现是一极优势企业在市场竞争中起着越来越大的作用，另一极则是有些企业日益陷于死亡境地。造成分化的原因有：

（1）市场竞争机制的作用。中国80年代的改革实质是市场化的改良，真正的改革是从1992年邓小平同志南方谈话后全面铺开的，市场竞争由此变得更为激烈，市场供求关系也就变化更大，竞争法则是“优胜劣汰”，竞争结果是优势企业更强大，劣势企业逐步被淘汰。必须引起人们注意的是，市场竞争机制刚刚开始起作用，下一步还要继续。

（2）供求关系发生变化。供求规律是永远不变的规律，造成我国现有商品市场失控的一个重要原因是重复建设。重复建设是一个极其复杂的体制问题，主要症结在于投资责任不明确，常被人们戏称为“三拍工程”：拍脑袋、拍胸脯、拍屁股，使市场供求关系更加不规范。

（3）对外开放格局的形成。中国是一个人口大国，孕育着极大的市场，外资进入的主要目标是这一市场，这给中小企业更大的竞争压力。“多数困难”体现着数学正态分布规律，效益好的是少数，效益极差甚至倒闭破产的是少数，绝大多数陷入不好不坏、半死不活的困难境地。中小企业主要困难有如下几条：债务沉重，人员负担过重，社会困难（乱摊派、乱收费现象严重）；具体问题还有技术力量落后，外部环境存在突出问题。

在以上大形势下，要办好中小企业，企业必须“认清形势，求得共识，同舟共济，开拓局面”。

“认清形势”，就是要认清“两极分化，多数困难”的大形势。只有认清了形势，才能使大家产生危机感，这是企业求得生存和发展的动力，海尔集团张瑞敏“球体爬坡”的理论即是形象印证；只有认清了形势，才能自己解放自己，丢掉幻想，投奔市场。

“求得共识”，主要是解决好企业与政府、企业内部各组织关系的问题，企业内部党委、工会、团委、妇联等群众组织各有重要性，但都必须清醒地认识到：吃饭问题才是企业最重要的问题。试想，一个企业要破产了，政府救不了，上级对口组织部门同样救不了，归根结底要靠自己。思路决定出路，路就在自己脚下，企业内部各组织必须求得如此共识——产品订单等生存要素是共同需要的。

“同舟共济”，就是要内部团结，企业难办主要源于市场压力、各级政府给予的压力；一个好的企业往往表现在“外部有竞争力，内部有凝聚力”。但现在国有企业中，离心力大于凝聚力，非经济因素干扰太大，更增加了办好企业的阻力。一句话，要办好企业，内部不能搞内耗。

“开拓局面”，小平同志强调不要总议论，要实干，企业员工不是公务员，只有不断开拓市场，才能求得企业及本身的生存。

第三部分　中小企业的市场经济环境分析

我国中小企业主要分布于化工、轻工、纺织、建材、机械等行业，另外高新技术、流通领域、娱乐行业也广有分布，这些行业主要特点是准入限制少、流通快。非国有企业主要分布在非垄断领域。

从地区而言，我国中小企业主要分布于东南沿海省份，户数总额、盈利水平均高于中西部、东北省份，在国民生产总值中占 52%，今年有可能进一步提高到 55%。例如，经济增长速度较快的浙江省，主要归功于中小企业发展迅猛，现在中小企业已占企业总数的 99.7%，其中私人企业解决了 110 万人口的就业问题。

随着我国中小企业分布行业、地区日渐广泛，企业规模的划分标准应重新界定，新标准不以人数、行业为准，而以年生产总额为准，新标准如下：

特大型企业：年销售收入 50 亿元人民币以上。

大型企业：年销售收入 5 亿元人民币以上。

中型企业：年销售收入 5 000 万元人民币以上。

小型企业：年销售收入 5 000 万元人民币以下。

虽然我国中小企业行业、地区分布不同，但总体而言，其所处市场环境均存在如下问题：（1）不公平的政策环境。中国为发展某种行业，往往采用“优惠政策”加以刺激，从 80 年代开始给予乡镇企业的优惠政策基本上走到了尽头，“优惠政策”本身就是不公平的表现。政策的不公平性具体体现在：1）银行体制改革滞后，中小企业尤其非国有中小企业难以贷到款，造成大部分中小企业资金困难。目前，中国银行界存在更为突出的问题，今年 1 ～ 5 月份储蓄增长 8 000 亿元，中国人民银行还准备发行 1 500 亿元，但因为银行贷款机制限制，企业得不到贷款，银行系统严重的“肠梗塞”。2）税赋较重。3）乡镇企业虽然享受了一定“优惠政策”，但须交纳农业税金。4）国家减负工作忽视了私人企业的减负。（2）不规范的竞争秩序。近几年来，《反垄断法》立法不够，《反不正当竞争法》执法不力，致使中国产品低水平过度竞争，同类产品低价竞销，市场无序，质量差的挤垮质量好的。

作为单个企业，应从以下两个方面分析市场经济环境：

一、分析宏观经济环境与微观经济环境相结合

如上所述，宏观经济环境虽然存在两大问题，同时也存在众多有利于中小企业发展的因素：（1）政府开始重视中小企业，逐步走出了一味抓大放小的误区，解决了成分论。（2）支持私营企业参与国有中小企业的改制，加大了对中小企业的贷款力度。（3）政府管理机构改

革，变直接参与企业管理为宏观管理，等于给企业松了绑，政府对中小企业的支持功能将主要表现在：协助贷款、财政支持、人才培训、信息服务。（4）建立中小企业融资网络，已在上海试行。主要途径：设立中小企业发展基金；成立专门的贷款担保机构；鼓励互助会的成立；贷款企业多种形式融资，中小企业也可进入资本市场；尽快进一步降低利率，给中小企业的创新提供无息或担保贷款，并给予必要补贴。（5）加大《反不正当竞争法》执法力度，《反垄断法》已在加速建立中。

企业同时要重视微观经济环境，主要考虑所处的行业状况对本企业的影响。微观环境不等同于企业本身，而是企业之外、行业之内的环境。微观经济环境比宏观经济环境更显重要，因为企业竞争主要是行业内部的竞争，在微观经济环境中主要研究两类人：

1. 消费者

这是由市场经济“把用户摆在第一位”原则决定的，一是要研究消费者的购买欲望，市场需求量是一个总体概念，市场需求不等于现实需求，研究目的在于激发需求者购买本企业的产品；二是要研究购买力，这主要取决于消费者的收入水平、支付能力。中国人口众多，孕育着大市场，现在主要任务是解决支付方式：（1）现货交易；（2）赊账交易，应致力提高国民商业信用度，促进企业改变会计成本计算法，增强机会成本意识，在汽车、住房等大的消费方面应实行分期付款；（3）期货交易，生产者找到市场，购买者转移了风险，购买行为是指在一定时间、一定地点以一定价格达成交易行为的完成。

2. 竞争者

只分析消费者，不分析竞争者，是没有战略眼光的表现。

二、分析国内市场与国外市场相结合

目前对国内市场的分析较多，主要是打破地、市、县区域观念，形成统一的国内市场，有利于市场经济的顺利发展。

而国际市场，则应重点分析中国加入 WTO 后对中小企业的影响，影响大致如下：

（1）对农产品市场的影响。五年内农产品关税将下降到 17%，对农产品生产企业、加工企业、服务企业冲击较大，但农产品市场同时受地域、运输等限制因素影响较大，故不会构成严重冲击。当然，不同产品影响程度不同。

（2）动植物检疫方面的影响。中国已承诺取消美国小麦、肉类、柑橘进口的禁令，对我国鲜果、肉类市场将有所影响。

（3）有关反倾销：中国企业不善于运用反倾销条例，随着外贸出口额增长，主要在服装、鞋类、玩具、家电、箱包行业，要学会运用反倾销条例保护自己。

（4）关于补贴和反补贴，对幼稚工业的保护。国外认定中国是发达国家，对汽车等行业则难保护，并且八年内要逐步取消补贴，不能提高补贴。

（5）对金融服务业的影响，金融改革开放在加快。

（6）对电信服务业的影响。现在中国邮电合一，处于行业垄断地位，实质不利于电信事业的发展，将来，基础电信 93% 的业务可向国外市场开放，电信技术方面，将完全取消计算机行业的关税。

通过对中小企业市场经济环境的综合分析，可以看到，中小企业应善于规避不利因素，合理利用有利因素；不利因素是挑战，有利因素是机遇，决不可只埋头苦干，而不顾环境如何。

第四部分　中小企业改制形式的选择

中小企业改制形式选择的原则：一切从企业的实际出发，根据企业的自身情况来决定企业的改制行为。判断标准是：只要企业能够求得生存和发展，促进生产力的发展，就能选用。这充分体现了邓小平同志“发展是硬道理”的经济思想。其实，改制本身不是目的，改制的目的是增强企业的竞争力，促进企业的发展。

改革与发展的关系，均应服从于市场竞争力，改革必须循序渐进，适时而动。1993 年以来的中小企业改制主要存在两个问题：一是走过场，长官意识重，换块牌子而已；二是“一刀切”，如诸城的股份合作制改造。依据十五大精神，企业改制最终归于三种形式：

（1）公司制。未来的公司主要有两大来源，第一类是现有国有企业改制而来，第二类是个体、乡镇、私营企业要进一步发展。

股份合作制企业是改制最早采用的形式，它主要产生于三种情况：个体、私营企业；乡镇企业；集体企业。后来诸城开创先例，将其引入国有企业改制，取得较好效果，现在又发展为股份公司。这说明改制不可能一劳永逸。现在诸城又遇到了新问题：股份制按股份决定表决权。随着持股差距拉大，职工原来的平等表决权也应随之变化。制定合理可行的投票表决制度迫在眉睫，应根据具体情况对个别大股东适当增加投票权。这可一步到位，也可分步进行。总之，改制要更重视结果，不能只重视过程。

（2）个人独资企业，即自然人为个人拥有的企业，个体业主制企业。

（3）合伙企业。合伙制是指两个或两个以上的个人按照合伙契约共同出资并经营的企业。

在改制过程中将逐步取消集体企业、乡镇企业、民营企业，这些企业形态本身概念不清，具有产权不清等不确定性。通过改制，国有企业在中小企业中所占比例将很少，发达国家占 5% 左右；发展中国家占 10% 左右；在我国，1978 年前是 100%，现在占 40% 左右，今后还将逐步减少。

可供选择的改制方式有如下几种：

（1）出售，分为分解出售、整体拍卖。拍卖过程中要打破几个思想误区：一是认为个体经济是拾遗补阙的；二是公有制与私有制水火不相容论；三是所有制的比例论。国有企业出售目前估价一般过高，无人购买；集体企业因为只有经营者，没有所有者，无法完成购买行为。

（2）兼并，实质是企业扩张的需要。企业扩张方法一般有：1）新建，优点是满足企业主愿望程度较高，缺点则是投资大、周期长；2）扩建；3）兼并，优点是省时、成本低，缺点是受被兼并方限制较大。扩张之路往往是三种方式交替进行。兼并对被兼并方的益处在于免于破产，使困难企业起死回生。但在中国由于兼并过程中有过多的政府行为，同时存在“多兼并、少破产”的错误意识，企业兼并成功率很低，仅为 20% 左右，而发达国家高达 50%。

（3）破产，难点在于资产评估，债务清理，人员安置。

改制过程中需解决的几个问题：

（1）资产评估，评估应按市场收益法，不能按重置成本法计算。

（2）债权债务处理。兼并则协商转移，破产则走破产程序，一个企业出现下列三种情况可申请破产：资不抵债，即资产负债率超过 100%；在资不抵债的情况下，企业失去了信用能力；欠两个以上债权人的债。破产有三大作用，一是维护债权人公平合理的偿债；二是债务人得到解脱；三是竞争讲究“优胜劣汰”，破产对生产力发展有积极推动作用，企业也有新陈代谢。这是整个社会企业有活力的表现。与此同时，应当防止“破产不停产，职工不离厂”的假破产、真逃债现象发生。

由于 80 年代拨改贷，使我国国有企业负债率相当沉重，平均负债率高达 70% ～ 80%，空壳率已达 30%；三线企业的搬迁费，由于国家财政不足，也是造成国企债务沉重的原因。最严重的是，银行债务难以处理，现在全国银行难以收回的贷款有两万亿元，原因是呆账处理金不够。针对这一问题的解决思路：以某个时间为基点，将以前的不良资产剥离出来，出售给专业的资产管理公司，通过催收、债权转股权、拍卖、资产重组等手段来处理。

中小企业解决资金短缺的思路：国家注入资金，已经不可能；通过转变机制能够扭亏的尽量扭亏，但不容易；不能扭亏的，则走破产程序。内部融资将是中小企业解决资金来源的主要途径。

第五部分　中小企业产权制度建设

产权制度建设在改革后是首要的任务，改制过程本身就是厘清产权的过程。在中小企业产权制度改革过程中，必须解决两大问题：

一、要有明确的股东

中小企业改制中，在选择公司形式时，不要改为国有独资公司。按照《公司法》第 64 条，特殊行业可改为国有独资公司，但国务院至今未有细则。国有资产实质就是权力资产，只有国有资产不符合“股权多元化”的改制要求。股东来源既可是个人，也可是法人（以各类基金为代表），不必过分强调国有控股，更不可过分强调国有股份绝对控股。

改制后，新兴中小企业要重视人力资本的利用。企业要“以人为本”，追根究底要“以人才为本”，有技术、技能的人可以多持股。分配方面也要按新产权方式进行分配。按劳分配与按股分红相结合。

二、企业要拥有独立支配法人财产的权力

改制后的公司实行所有权与经营权相分离，独资企业不具备此特点。核心内容是股东所有权与公司法人财产支配权分离。公司法人财产具有以下特点：

（1）独立性：独立于股东，股东不得直接干涉企业的日常事务。

（2）统一性：公司的法人财产是不可分割的。

（3）价值形态和实物形态相结合。所以，企业法人财产可以流动、交易。

（4）股权和债权相结合。

第六部分　中小企业组织制度建设

企业组织机构由决策机构、执行机构和监督机构组成。企业组织机构处于组织系统的最高地位，拥有各个层次的全部权限和职责，对企业组织结构乃至整个企业组织工作都有重要作用，是企业经营活动正常运转必不可少的组织保证。

组织结构涉及企业内部层次的分工与协调，重点是处理好集权与分权的关系，这就要求从企业实际出发，坚持以下两条原则：责权利相结合；自我激励与自我约束相结合。当然，在市场经济讲究“利益”原则的前提下，我们不能过分强调外部激励、外部约束，而应该加强分配制度改革，以充分调动管理者、决策者及员工的积极性、主动性和创造性。

组织机构的作用应该得到人们充分的认识和重视，因为所有权与经营权分离后，解决好高层权力的分配，做好分工与协调，形成公司组织的整体力量，这决定着公司的命运。

有限责任公司的内部组织机构由三部分构成：

1. 公司的决策机构——股东会、董事会

股东会是依照公司法和公司章程规定，由全体股东组成的决定公司重大问题的最高权力机构，是股东表达其意志、利益和要求的主要场所和工具。股东会是有限责任公司的决策机关，公司内的一切重大事务均须由股东会决定。但股东会不是公司的常设机关，亦非执行机关，而是公司股东的议事机关。股东决议有关问题一般是通过会议的形式进行的。普通决议一般采取资本多数决议，即代表资本超过资本额二分之一时，决议就成立。特别决议是针对修订公司章程、清算等重大问题的决议，《中华人民共和国公司法》规定特别决议必须经代表三分之二以上表决权的股东通过。

有限责任公司设立董事会，由股东会选举产生。公司或其他法人为股东时，也可选为董事，须指定自然人为代表。股东会与董事会是委托信任关系。董事不仅需有经营管理的才能，而且个人品质和信誉也要良好。在董事会成员中，各个董事之间是平等的，不存在上下级关系。

2. 公司的执行机构

公司的执行机构是指由公司高级职员（包括总经理、副总经理、高层管理者等）即高层经理人员组成、具体负责公司经营管理活动的执行性机构。这些高级职员受聘于董事会，在董事会授权范围内，拥有对公司事务的管理权和代理权，负责处理日常经营事务。执行机构负责人通常由总经理担任。公司执行机构是公司业务活动的最高指挥中心。

公司执行机构是一个执行性机构，必须实行首长负责制，即公司经理个人负责制。如实行集体负责制，则会出现无人负责的情况。经理同机构中其他成员的关系是领导与被领导、上级与下级、首长与助手的关系，其他成员必须服从总经理的指挥。公司执行机构的主要职责是贯彻执行董事会做出的决策。决策机构从决策上把握公司的业务活动；执行机构则从具体事务上负责公司的一切业务活动。但不能由此理解为决策机构负责公司一切业务活动的决策，而执行机构只是负责执行决策机构制定的一切决策。因为决策与执行是相对的概念。公司的决策机构只是把握重大决策权，而执行机构在其职责范围内也有权做出决策。

经理是执行机构的核心，是公司董事会聘任的职业经营管理者，他们不是政府官员，没有行政级别，有的可成为企业家，但不一定都是企业家。经理与董事会之间是委托代理关系，不是一般意义上的领导与被领导关系，在董事会授权范围内经理有相对独立的指挥权和组织权。经理不实行任期制。

3. 监督机构——监事会

主要职责是防止董事会成员、高级经理人员滥用权力，违反法律和公司章程，损害公司所有者的利益。

（在“全国中小企业改革与发展研讨会”上的专题报告，1999-11-10）

● 中小企业的生存环境与发展趋势

是谁给我们这个社会提供了最多的就业机会？面对这个问题，许多人马上想到的往往是石油、石化等行业，或者长虹、海尔等大企业的名字，然而，正确的答案是：中小企业。今天，将近 800 万户中小企业给中国人提供的就业机会已经占总数的 80% 以上，远远超过了大型企业。然而，中小企业的生存环境却远不如大型企业，能够生存十年以上的中小企业只占中小企业总数的 1%。中小企业怎样才能健康成长，给我们做出更多的贡献呢？为了探讨这个问题，国家经贸委和国家统计局等部门专门举办了一个会议。

在我国，年销售收入在 5 亿元以下的企业被称为中小企业，它们的规模虽然小，但是对国民经济和社会稳定的贡献却并不少。截止到 1999 年底，我国共有中小工业企业 792 万户，在所有大中小型工业企业中，中小企业的销售收入占了 54% 的比重，就业人数的比重更达到了 95%。但就是这样一支数目庞大、作用举足轻重的队伍，其成长和发展却长期面临种种制约。

中小企业要成长发展必须打破两个框框，一个是所有制的框框，另外一个是行政级别的框框。要打破按所有制来划分企业这种做法，如果现在工商登记还按企业的所有制进行限制，这实际上对中小企业的发展是不太公平的。在考虑制定政策的时候，应该不论其所有制，所有的政策法规对各类企业都应一视同仁，促进大家在市场当中公平竞争，在竞争当中求得发展。

大企业有一定级别，那么人们就追逐着大企业，而中小企业级别很难上去，社会地位也不高，我觉得应该打破按行政级别来划分企业的界线。目前来讲，因为国有企业有些历史性的问题需要解决，这样就需要对一些历史上的问题采取一些必要的政策措施，但是从长远角度来讲，我们要创造一种公平竞争的市场环境，让各类企业在市场上公平竞争。

中小企业要长大不容易，那么，如果放在国际背景下，我们的中小企业是一个什么状况呢？我们不妨来做一个比较。

中小企业是市场经济中最活跃的因素，为了生存和发展，它们往往比大企业更具有市场意识；中小企业咄咄逼人的竞争态势，也迫使大企业不断改进自己，以保持领先。正是看到了中小企业对市场的这种激励作用，世界上许多国家都采取了积极的措施，对中小企业的发展进行扶持和鼓励。发展中小企业，法规应该先行。

在美国，中小企业提供的就业机会占到了服务业的 60%，制造业的 50%，工业的 70%。而在我国，在中小企业就业的人数达 1.07 亿人，占全部工业就业人数的 83.2%。在我国，中小企业用不到全国工业企业规模一半的资产（48.2%），实现了全国工业企业 74% 的销售收入，同时还为社会提供了 80% 以上的就业机会。

在为人们提供就业机会的问题上，我国同美国的情况大致相同。

所不同的是，尽管美国的社会资产主要集中在一些跨国大公司手里，然而，美国中小企业却主要是以高新技术企业为主，高新技术企业的崛起，带动了硅谷新经济的发展，奠定了美国高新技术产业的基础。

而同样是世界经济强国的日本和韩国，由于缺乏灵活多变的高新技术中小企业，至今没能实现向高新技术产业的转型。

我国中小企业虽说数量已达 792 万户，但大多只是一些传统的劳动密集型企业，高新技术企业不足 10%。成长型中小企业应该有较强的创新意识，应该有较强的技术扶持能力；另外成长型中小企业应该有较灵活的经营机制。它们必须得有特有的产品、特有的服务，才能在社会当中得以生存。传统的产品始终是社会所需要的，但是传统的产品要不断地更新，不断地提高其高科技含量，使产品更新换代，在市场上有更大的占有率。

有关部门对企业成长性的调查研究显示，在 15.42 万中小企业样本中，成长型企业仅为 4.69 万户，占全国工业企业的 30.42%。

对集体、个体和私营企业占主导地位的中小企业来说，面临着种种困难，其中最突出的就是融资难。美国中小型高新技术企业的发展，在绝大程度上，得益于美国有专门的为高新技术和新经济企业融资的纳斯达克市场。

而目前，我国对公司上市仍然有严格的限制。除了要求连续 3 年盈利之外，5 000 万元资产规模的要求对大多数中小企业来说，门槛还是高了点。与国有企业相比，以个体和私营企业为主的中小企业获取银行贷款更难。银行支持了一家国有企业，这个企业到时候钱没还上也就无所谓了；如果拿钱支持了一家民营企业，到时候这个企业没还上的话，那些具体操作的人就有很大的包袱。

在中小企业发展中，另一个困难就是人才问题。由于传统的国有企业是按行政级别划分的，习惯了计划经济的中国人，大都愿意选择级别高的国有企业，国有企业人才过剩，与中小企业人才短缺形成了强烈的反差。因此，不少发展起来的私营企业将目光投向人才济济的国有大型企业。

把国有企业的强项跟民营企业的强项结合起来，利用民营企业机制的优越性，加上国有企业原有的管理基础、技术能力和技术人才，把各自的国内市场和国际市场结合起来，就能够把蛋糕做大了。

中小企业的发展水平，是市场经济体系完善与否的重要标志。但愿有一天，我们的中小企业成长之路会变得更平坦一些。

（在“全国中小企业成长性研讨会”上的发言，2000-01-15）

● 中小企业创新与风险投资引导基金

2007年在国内进行试点的风险投资引导基金，以中小企业创新为基础。风险投资就是要解决具有创新机制的中小高新技术企业在创业期间面临的资金困难和管理困难问题。但是，如何能够使中小企业真正从风险投资中获利？这种风险投资引导基金不同于以往的风险投资，政府不直接投资和运作，而是通过某个风险投资公司投资项目，由风险投资公司具体运作。如果政府直接投资并运作，势必又会陷入国有资产再投入的旧机制中去，风险投资资金就会变相成为国有资本单一投入。为避免重蹈覆辙，我们必须引入新的风险投资机制。因此，政府引导风险投资的政策，对中小企业创新具有一定的现实意义和战略意义。

在实施这项政策时，政府的作用主要是建立更规范的监管机制，引导和制定政策，创造良好的企业外部环境，消除体制弊端。风险投资公司应实行规范的现代企业制度、规范的公司制度和规范的市场投资制度，应吸收除国有资本以外的其他资本，实行股权多元化制度。在选择投资项目时，要选择高技术、高回报、高成长、高风险的“四高”项目，并进行经常性的分析、控制和激励。

（原载《计算机世界》，2006-11-06）

企业经营

On
Enterprises

● 市场经济条件下的行业组织职能

我们在研究市场经济条件下的行业组织职能时，首先要明确市场经济的含义。党的十四大明确提出社会主义市场经济至今已有6年，市场经济的基本含义怎样理解，这对研究行业组织和行业管理是十分重要的。因为我们研究行业组织和行业管理，目的就是为了建立社会主义市场经济体制，立足市场经济的思维，抛弃传统的计划经济方式，保证思路正确，避免出现偏差。

研究行业组织、行业管理要以企业行为为出发点和归宿点，只有这样，才符合市场经济的要求。为了更好地研究市场经济条件下的行业组织职能，必须明确行业组织在市场经济条件下存在的必要性。

1. 市场经济的含义

（1）社会经济活动处于市场关系之中，市场是资源配置和要素流动的基本方式，建立具有竞争性的市场体系，由市场决定价格。这四句话概括了市场经济的最基本的概念。建立竞争的社会主义市场体系，包括商品市场体系、技术市场体系、劳务市场体系、资本市场体系、股票市场体系、金融市场体系等。这些基本原理是不能动摇的，动摇了就不成其为市场经济。

（2）企业是市场的主体、法律的主体，拥有独立自主的经营权，自主地作出决策。

（3）政府对企业行为不再直接行政干预，而是建立起有效的执法机构和经济调控机制，对市场运行给予监控（监督和控制），弥补市场经济本身的缺陷和弱点。

（4）建立开放、统一、有序的市场运行规则。开放不能封闭，统一不能分割，有序不能无序。建立公平、公正、公开的市场竞争秩序。

（5）遵循国际经济交往中通行的规则和惯例。

这五条基本含义，只要我们搞市场经济就会持久地、永恒地起作用。我们的改革是按照这个思路来进行的，尽管这几年有些反反复复，总的还是按市场经济的含义来建立各种制度、法规、法律和政策。

2. 市场经济条件下的政府职能

（1）维护消费者权益是首要职能。这个职能政府做得不到位。如市场上出现的假冒伪劣、坑蒙拐骗现象十分严重，大量侵蚀着消费者的利益。

（2）维护企业的合法权益，尤其是在政府与企业的利益关系上。市场经济条件下企业除了向政府交税外，不再承担向政府交费的义务。

（3）协调企业与消费者的利益冲突。

（4）协调企业与企业之间的利益冲突。这里的协调是强调政府必须是公平的政府，一是政府目前存在着条块分割，自身陷在利益关系之中，地方保护主义严重，想摆脱这些现象就必须解放思想；二是利益冲突，改革的实质是利益的再分配，能做到放弃既得权力、既得利益，政府做到公平就较为容易。

（5）通过宏观调控手段引导企业的健康发展。宏观调控手段应建立在市场的宏观调控基础上，是在发挥市场机制作用的前提下进行的，是弥补市场经济的缺陷和弱点的。市场强调的是企业主体作用，但企业只能站在局部的自身利益来看待社会，看待经济，看待宏观，这就是市场经济的缺陷。正因为企业存在着这个缺陷，企业才需要政府从社会的、宏观的角度制定一个机制来引导企业的健康发展，这个引导与行政干预有所区别。

（6）政府职能的作用。政府通过基础设施、公益事业和其他事业，为企业创造良好的外部环境。政府要解决企业解决不了的问题，如公路、铁路、交通、公共设施、市政建设、基础设施等。

（7）政府要办好文化教育、福利和提高人们的素质。

3. 市场经济条件下企业性质的划分原则

（1）市场经济条件下的企业不应按所有制来划分，如果按所有制划分，必然会使人们陷入无谓的争论之中。

（2）不应按行政条条来划分。多少年来我国企业最大的后遗症是条条林立、条条专政、部门分割、行业分割。所以我们搞行业组织、行业管理不能再重复老路。这种强调隶属关系、部门管理的思维已不符合市场经济发展的需要。

（3）不应按行政块块来划分，尤其不能按地域行政块块来束缚企业的行为。

（4）不应按行政级别来划分。这是我国企业目前存在的一大问题，其严重后果是直接导致政企不分。所以，我们搞行业协会，如果套上行政级别就很难发挥作用。市场经济条件下，除了政府有行政级别外，所有的组织，包括企业、学校、医院、行业协会等，都不应该有行政级别。

市场经济要求建立公平、公正、公开的市场竞争秩序，要做到这些，必须破除对企业传统的四项划分；否则，就很难形成“三公”的市场竞争秩序。市场经济要求制定完备的经济法规，保证经济运行的法制化，以法律为准绳来规范企业与政府的关系和企业外部“三公”

的竞争环境。

4. 市场经济条件下企业行为的特点

市场经济条件下的企业行为，集中体现为企业在激烈的市场竞争中求生存、求发展的行为。因此，企业按照法律规定，独立自主地从事市场经济活动，追求企业经营目标的实现和企业绩效的最大化，包括企业的盈利率、增长率、技术进步以及经济效果，是企业行为的基本动机。

在市场经济活动中，企业的行为具有二重性，即有效性和局限性。企业行为的有效性，表现为市场经济的有效性和可行性，即企业通过市场竞争来实现企业自身愿望并带来社会资源的有效配置；企业行为的局限性，表现为市场经济的局限性和盲目性，即企业过度竞争所造成的不合理性并引起某种行业性垄断的危害性。企业行为的有效性和局限性并存，是市场竞争过程中不可避免的现象。

要解决这个问题，就需要行业组织，其基本形式就是行业协会。因为，在市场经济条件下，行业组织不仅是必要的，而且是不可缺少的。我国经济体制改革的实践过程表明，计划经济旧体制下没有行业组织的地位和作用，而随着企业行为的独立自主性和市场竞争性的增强，政府职能的转变和政府机构的精简，市场经济体制的建立与完善，行业组织便应运而生并将日益显示出其重要地位和作用。

5. 怎样更好地发挥行业组织的职能和作用

（1）关于行业协会在行业管理中的职能。行业协会在行业管理中的职能，就是反映企业意愿，为本行业的众多企业提供信息和人才方面的服务，协调行业内部企业之间的竞争与合作关系，指导企业行为的健康发展。行业协会应当立足于企业，向政府反映企业要求，使企业权益体现在政府的产业政策和经济发展规划之中，并使企业行为遵守国家法律和政策的规定，既保证企业经营活动的独立自主性，又利于企业行为接受政府宏观经济调控的正确引导，维护企业和行业的合法权益。

（2）关于行业协会的作用。

1）行业协会是由企业自愿参加组成的非营利性的民间协调组织。行业协会既不同于作为营利性经济实体的企业，也有别于行政性管理机构的政府。行业协会沟通企业与政府之间的联系，并在企业与政府之间起着桥梁和纽带的作用。

2）行业协会应明确其内部的企业关系。行业协会是市场经济发展的产物。在市场经济发展过程中，企业的市场竞争行为表明每个行业同时存在着许多企业，而且一般行业是大中小企业并存。它们对行业协会态度是不同的，应当分门别类区分开来。市场经济要求的是从每个企业的实际出发，立足于每个企业的不同情况，每个企业都有决定自己命运的条件。

3）行业协会应处理好本行业企业之间的竞争和合作关系。行业协会内部的企业存在着竞争，只有竞争才能优胜劣汰，才能进步，如果行业协会内部扼杀竞争，实际上就保护了落后。但是，有些合作关系是企业自身不能或无力直接实现的。因此，行业协会的形成便成为众多企业的客观要求，是市场经济发展的必然结果。自律价格为什么有争议，实际是一定意义上的保护落后，扼杀先进。如何利用价格竞争，这里存在着过渡性的情况。国外价格竞争与非价格竞争的关系我们应该很好地借鉴，主要应以产业技术和服务质量提高为最终目的，而不是利用降价手段，内部残杀，保护落后，扼杀先进，造成优不胜、劣不汰。为此，只有处理好行业内部企业的合作关系、协调关系，才能起到行业协会应有的作用。

4）行业协会协调合作应该尊重企业的意愿，不能重复过去行政性的手段和做法。特别应当警惕习惯性地把行业协会变成政府的延伸机构和派出机构或变相的行政管理部门，一方面是政府革除了计划经济体制下直接干预企业行为的某些职能；另一方面又变相地通过行业协会对企业行为进行直接干预，使行业协会成为直接干预企业行为的行政性机构。

5）行业协会应该尽可能立足于企业向政府反映企业的要求。目前，行业协会代替政府的行为较多，反映企业的要求不够。如果行业协会是代表政府的喉舌，对企业而言从某种意义上讲等于多了一层政府组织，迟早要被企业所抛弃。为此，行业协会只要企业拥护，就有存在的价值。

6）行业协会的生命力基础在于企业。行业协会应该为企业提供必要的服务，如咨询、交流、信息、培训、展览等，帮助企业解决困难。总之，行业协会要立足于企业，站在企业一边，反映企业的利益和愿望。

7）行业协会应打破所有制界限，打破行业界限，打破地域界限，打破部门界限，不受行政条条的约束。行业协会内部的企业也不应受到所有制的约束，这样，行业协会才能受到欢迎。

8）行业协会的会员应该有退有进，保持新陈代谢和旺盛的活力，这种新陈代谢的基础是企业的生命力。允许退出，可以为行业协会敲响警钟，不断改进自己的不足。

9）行业协会应当做好那些企业不能或无力去做的事情，而企业能够做到的事情应当由企业自己去做，行业协会不要直接干预或越俎代庖。只有这样，行业协会对企业才是真正必要的，不是多余的。

10）行业协会的内部成员企业，无论是企业的规模大小不同，还是企业行为的市场模式不同，都不会改变企业与行业协会之间关系的基本性质，也不会改变行业协会内部成员企业之间的竞争与合作关系。虽然某个或少数几个大型企业可以在行业协会中充当领袖企业，在行业协会中占据主导地位并发挥骨干作用，但绝不能由某个或少数几个企业操纵行业协会，使行业协会沦为某个或少数几个企业控制的企业分支机构或变相的营利性企业集团式垄断组织。行业协会应当制定必要的章程或公约，以维护行业协会内部成员企业之间的平等地位和公平竞争。对违反行业协会章程和公约的企业，可采取必要措施予以处罚，以利于企业行为的合法化和行业的协调发展。

行业协会的职能和作用，不要搞形式主义、“一刀切”，要真正讲求实效，对自己负责，珍惜自己的时间和生命，不要在一个浪潮中摇摆、观望。行业协会在市场经济条件下有权决定自己的命运。

（原载《中国工业经济》，1999（5））

● 企业自主创新的体制环境和制度创新

一、构建企业自主创新的体制环境

改革开放 30 年来的中国经济发展是同企业自主创新取得的成效紧密相关的。经济增长得益于科技创新的成果。在充分肯定科技进步对推动经济发展的同时，必须清醒地看到，我国企业自主创新仍然存在亟待解决的诸多难题。应有危机感、紧迫感、忧患意识。一个具有忧患意识的民族，必将是走在时代前列的民族。

我参与了 2009 年中国企业自主创新评价报告的评审并担任学术指导工作，感到我国企业自主创新与国外发达国家的企业存在明显差距。全国顶尖的 100 家知名企业自主研发费用投入占销售收入比例平均为 3.8%，其中 20 家不超过 2%。国外发达国家的企业经验表明，企业自主研发费用占销售收入 5% 以上企业才有竞争力，若占 2% 则只能维持生存，而 1% 则极难生存。我国企业自主研发人才队伍数量不足、素质偏低且缺乏激励。我国企业创新产品营销渠道落后，缺乏市场开拓人才和开发能力。我国企业执行与参与制定国际标准的程度低下，在 100 家知名企业中仅有 47 家执行国际标准，2 家企业参与制定国际标准。我国企业研发费用投入占全国研发费用不足 1/3，表明我国企业自主创新能力较低，而美国企业研发费用占全国研发费用高达73%，德国为67%。我国企业对外来技术的依赖程度仍然高达50%，获得的美国、日本和欧洲三方的专利权占总数不到1%，关键的核心技术自主研发能力与发达国家有很大差距。

为了提升我国企业自主创新能力，解决企业自主创新的存在问题，应当找出原因，对症下药。我认为最重要的原因是思维障碍和体制落后，为此，必须进行观念变革和体制创新。我国自主创新观念和体制存在的问题是：

（1）适应市场经济体制要求的创新体制尚未建立；

（2）以企业为主体的创新体系尚未形成；

（3）企业制度创新不适应科技创新的要求；

（4）政府职能转变相对滞后；

（5）条块分割比较突出，中央与地方关系未能理顺；

（6）国家经济政策与科技政策缺乏有机衔接，科技资源配置使用效率低下；

（7）在科技与产业方面军民协调不力；

（8）知识产权保护制度尚未健全；

（9）缺乏加快自主创新步伐的紧迫感和危机感；

（10）传统的僵化观念对创新的束缚，社会的创新意识和信心不足。

为了解决上述10个问题，必须深化经济体制和科技体制改革，为企业提升自主创新能力创造良好的体制环境。构建企业自主创新的体制环境，实质上就是处理好创新过程中的市场需求、企业发展、政府职能、科研教育机构、社会中介组织诸多方面的利益关系。为此，必须从长计议，加强自主创新的立法与执法工作，避免急功近利、短期行为。

二、企业制度创新是提升自主创新能力的基本保证

企业必须成为我国自主创新体系的主体。因为企业是最活跃的生

产力载体，企业是提供产品和服务的最基本组织；企业是利益共同体；企业拥有自主权。企业作为自主创新主体的基本含义是企业成为研发主体、投资主体、应用主体。唯有企业为主体，才能使创新保持永恒的推动力和生命力。

但是，长期形成的由政府主导的科技体制，使得企业至今未能成为自主创新的主体。过去叫“推广成果”，结果是推而不广；现在叫“成果转化”，结果是转而不化。其根源在于经济与科技两张皮的问题尚未解决。

怎样才能真正建立以企业为主体的自主创新体系？

从企业外部来说，应深化体制改革，消除几十年计划经济体制遗留下来的思维障碍和深层次问题，形成反映市场经济体制要求的创新体系。

从企业内部来说，关键是要进行制度创新。企业自主创新能力的核心是制度力。企业制度创新是保证企业持续创新的根本动力。

现阶段我国企业制度创新的方向是建立与完善现代企业制度。现代企业制度是国有企业改制和民营企业建制的共同方向。现代企业制度是企业科技创新的基本保证。我国企业研发投入不足、发明专利数量少、产品开发质量不高、关键技术自给率低下诸多问题的存在，根本原因在于企业制度性缺陷。国有企业制度的本质，归根到底，是对政府负责。国有企业在意的不是市场评价，而是政府满意与否。如果一项技术开发期超过任期，待到开发新产品投放市场之日，却已错过调动升迁之时。因此，从根本上说，国有企业制度导致短期行为，缺乏长期创新的动力。当前社会上杜撰“新国企”概念，实际上，是传统国有企业制度的翻版，是对处于行政垄断地位的大型国有企业的凝固化。而垄断，必然导致扼杀创新，导致落后，导致腐朽。因为垄断之后，追求的是超额垄断利润，缺乏通过技术进步和市场竞争而获取利润的长期动力。

当然，必须充分肯定改革开放30年来国有企业改革取得的显著成效。我一直跟踪并参与国有企业改革的历程，直到今天。我对国有企业公司制改造和建立现代企业制度的成效是欢欣鼓舞的。正因为有国有企业改制的成效，才有了中国经济发展、市场繁荣、社会进步、居民生活水平提高、国家经济实力增强的巨大变化。但是，国有企业改革不能停滞，更不能倒退。按照提升企业自主创新能力的要求，我们应当启动新一轮的国有企业改革。这是比 20 世纪 70 年代末、80 年代初更高要求、更深层次的国有企业改革，因为上一轮国有企业改革是解决温饱问题，而新一轮的 21 世纪中国国有企业改革是要解决全面自主创新问题。我们应当拿出比上一轮国有企业改革更大的热情和激情，满怀信心地进行新一轮的国有企业改革，通过建立与完善现代企业制度，提升企业自主创新能力，使我国科技创新达到世界最先进水平。现代市场经济竞争比的不单是产品、人力、技术、资本、资源这些物质要素，更要比制度要素。因为企业制度是根本的、长期的、持续的企业发展动力。

民营企业的创业者天生具有市场观念、开拓意识、创新精神。但是，在企业发展、规模扩展过程中，能否持续创新，则不再是创业者个人创新问题，而是企业制度创新问题。尤其当研发投入不能在短期内收回投资、获取利润，企业是否坚持自主创新就成为困扰民营企业生存与发展的难题。因此，民营企业建立现代企业制度才是提升自主创新能力的长远之计。

在国有企业改制和民营企业建制过程中，应当包含现代企业产权制度、现代企业组织制度、现代企业管理制度三个组成部分。其中产权是前提，组织是保证，管理是基础。在企业自主创新过程中，还要处理好管理创新与技术创新的互动关系和交替进步，技术创新向管理变革提出更高要求，管理创新以组织变革方式保证技术创新的顺利实施。

（在中国工程院“企业自主创新道路论坛”上的专题报告，2010-05-16）

● 科学决策是安全环保管理的首要条件

中国石油天然气集团公司提出的《健康安全环境（HSE）管理原则》，是把环保优先、安全第一、质量至上、以人为本的管理理念落实到集团公司及其各个系统管理全过程的集中表现，具有重要的现实价值和深远的战略意义。HSE 管理原则的最核心价值就是通过科学管理来实现中国石油的安全环保管理目标要求，以利于构建和谐企业，促进中国石油的科学发展。

HSE 管理原则的各项内容，是对安全环保管理全过程的规范化要求，有利于明确安全环保管理过程各个环节及各级管理者的行为准则，体现了安全环保管理的基本指导思想。其中最为突出的内容是明确要求任何决策必须优先考虑健康安全环境，这既反映了科学管理的客观要求，又表明科学决策是安全环保管理的首要条件。

依据科学管理的要求，HSE 管理原则的制定与实施，就是通过集团公司及其各个层级的管理者来做好安全环保管理工作的过程。安全环保管理过程的基本职能表现为决策、组织、指挥、控制及其相关的各项工作，而这些工作正是 HSE 管理原则诸项内容的要求。对安全环保管理工作的科学决策，是做好安全环保管理的组织、指挥、控制及其各项工作的基本依据，包括 HSE 管理原则规定的聘用、培训、管理者业务分工责任及审核、员工参与、事故控制及其处理的各项工作。由此可见，安全环保管理过程的首要工作，是把 HSE 管理原则贯穿在管理决策之中，做到预防为主，源头控制，即在管理决策的全过程优先保证 HSE 管理原则的内容。

为了体现安全环保管理决策的科学性，必须坚持实行安全环保管理全过程的目标管理原则。中国石油的科学发展，应当包括安全发展、清洁发展以及能源与环境协调发展这些重要的战略目标。

中国石油的安全发展，既要解决生产建设与经营活动过程的诸多安全问题，包括员工对岗位危害的识别及风险控制，对事故隐患的观察与处理，各类事故事件的反馈、分析和改进措施，更要重视解决管理决策过程中的重大战略目标制定与实施问题，解决石油作为重要能源所面临的能源短缺、能源安全、环境保护等一系列挑战，提出应对这些挑战的目标要求和有效措施，以利于中国石油在国内外激烈市场竞争中的稳健发展。从管理决策的视角来分析安全环保管理工作的全过程，可以清晰地看到，做正确的事比正确地做事更重要。所谓科学决策，就是决定做正确的事。所谓人事工作，就是体现事是前提，事是根本。现代企业的人事工作，必须坚持因事设职、因职设人、人事相符、权责匹配、责利一致的组织原则。科学的组织原则，是实现科学决策的基本保证。组织工作中的分工原则与协调原则的统一，是现代集团公司的力量源泉。尤其是石油、天然气及其衍生品作为一种战略资源与能源，在技术信息化与经济全球化的现代社会条件下，安全环保管理工作中的科学决策，决定了企业生存与发展的根本方向和前途命运。

中国石油的清洁发展，既是安全环保管理过程的重要目标要求，更是集团公司实现科学发展的具体表现。对中国石油来说，清洁发展的目标要求，既表现在完成清洁生产和节能减排的各项具体工作任务，更反映在实现循环经济的长期战略目标要求。因为循环经济是把清洁生产、资源综合利用、生态设计和可持续发展融为一体，而集团公司作为现代企业则是发展循环经济的主体。循环经济的实质就是运用生态学的科学规律来指导企业的生产建设及其各项经营活动。循环经济是以减量化、再利用、资源化为基本原则，以低消耗、低排放、高效率为基本特征。循环经济的三个层面，即企业内部的小循环、企业之间的中循环、企业与社会的大循环，都是以企业为主体的。由此可见，企业是循环经济的起始点和落脚点。作为循环经济的两大内容体系，即清洁生产和再生资源（包括再生能源和再生材料）产业，都是以企业形态为依托的。必须重视通过企业来实现能源和其他各种资源的高效利用，保护生态环境，获得人类生存环境保护与自我更新和资源永续的能力。特别是中国石油的清洁发展，有利于充分发挥石油、天然气及其相关资源的效能与潜能，必将为我国发展循环经济做出更大贡献。

安全环保管理过程中的决策内容，从公司理论和科学管理角度来考察，基本上包括两个层次的决策，一是战略层次的决策，即公司战略决策，可称之为“大决策”；二是业务层次的决策，即各个部门的战术决策，可称之为“小决策”。公司战略决策的内容，就是在制定战略规划、决定市场容量、确定项目投资、开展资本运营、编制财务预算、采用技术标准及重要人才决策中，必须优先考虑 HSE 管理原则的目标要求。安全环保管理工作的战略决策，对整个安全环保管理工作起着决定性作用。当然，有了战略决策，还必须要有战术决策，即在安全环保管理工作中的具体业务决策。实际上，战术决策是对战略决策的执行，即“小决策”是对“大决策”的执行。若是没有战术决策，就不能使战略决策得到落实，而会导致战略决策落空，名存实亡。战术决策的内容就是在生产管理、营销管理、科技管理、人力资源管理、财务管理及各项业务管理的具体工作中贯穿 HSE 管理原则的相关内容。

安全环保管理过程的战略决策和战术决策的内容，既是科技决策的体现，又是目标管理的要求。所谓目标管理，就是一种管理程序或管理过程。通过集团公司及其各层组织分工与协商，确定总目标并层层分解为具体目标和个人目标，再依据这些目标的要求，对安全环保管理的各项工作进行评估、考核、奖惩。安全环保管理决策的科学性，既要保证目标制定的正确性，又要重视实现目标过程的有效性。决策管理的实质就是通过别人来实现目标和做好工作的过程。

为了保证安全环保管理决策的正确性和有效性，企业必须重视分析内部条件与外部环境。对企业内部条件的分析，就是通过对生产过程、流通过程、有形资产、无形资产各类要素的考察与判断，包括劳动力、劳动对象、劳动资料、采购、销售、供应链各个环节以及专利、技术诀窍、品牌、企业形象诸多方面的分析，分别找出安全环保管理的优势条件和劣势条件。其目的是充分发挥企业内部有利于安全环保管理的优势条件，尽快消除对安全环保管理有影响的劣势条件或使其影响减少到最低限度，以利于安全环保管理的科学决策。对企业外部环境的分析，就是通过对企业外部的自然物质环境、政策法律环境、社会文化环境、宏观经济环境、微观经济环境的调查与研究，包括国内市场与国际市场供求关系的变化、能源技术及资源利用的趋势、经济周期的波动乃至气候环境的变动，从中发现对安全环保管理有利的因素和不利的因素。其目的是及时抓住企业外部对安全环保管理有利的因素，防范并消除企业外部不利因素对安全环保管理的影响，即在安全环保管理工作中必须抓住机遇，迎接挑战。如分析当前国际金融危机对能源企业发展及安全环保管理决策的重大影响，力求做到化危为机，以确保中国石油的健康安全环境，体现 HSE 管理原则的优越性和实践性。

在安全环境管理决策的制定与实施过程中，必须设置科学的公司组织结构和有效的公司治理结构。为了设置科学的公司组织结构，现阶段应着重解决以下几个问题：（1）依据 HSE 管理原则的要求，建立与完善精干、高效的安全环保管理部门，对不利于安全环保管理工作的现存机构进行必要的调整和变革；（2）在明确安全环保工作部门职责权限划分的基础上，强化各个部门之间的横向协调关系，实现分工与协调的有机统一；（3）在上下级管理部门建立强有力的垂直指挥系统，以保证安全环保管理决策的坚定执行；（4）处理好集团公司作为母公司与子公司在安全环保管理过程中的组织关系，既保证集团公司的集中性和统一性，又发挥子公司在安全环保管理工作中的主动性与创造性。

建立与完善有效的公司治理结构，必须做到：（1）发挥董事会对安全环保管理的战略决策作用，以利于科学决策和民主决策，判断安全环保管理过程中的潜在风险，避免决策失误，有效地控制决策风险；（2）通过董事会聘任总经理，建立以总经理为首的安全环保管理指挥系统，有效地实施安全环保管理决策的各项内容；（3）在以总经理为首的安全环保管理系统中实行个人负责制，以利于安全环保管理决策在各个层次、各个环节、各个部门、各个岗位的有效执行；（4）建立与完善安全环保管理决策和执行过程中的风险评估及风险控制机制，及时反馈有关信息，以取得安全环保管理的最佳效果和企业生产经营活动的最大业绩。

安全环保管理工作具有长期性、全局性、前瞻性的特点，绝不是急功近利的短期行为，切忌形式主义和应付差事的表面工作。因此，必须从企业制度入手，着眼于企业制度创新，抓住企业制度建设这个根本课题，世世代代、坚持不懈地解决安全环保管理过程的诸多难题。这是安全环保管理的最重要战略决策。安全环保管理工作中的制度创新目标是建立现代企业制度。现代企业制度是以公司制度为主体的市场经济体制的基本成分。在安全环保管理过程中，必须处理好市场经济体制三个成分的关系，即市场、企业、政府三者之间的体制关系。同时，集团公司从产权制度、组织制度、管理制度三个方面入手，形成公司内部各个系统的安全环保管理工作制度保障体系。这三个部分的企业制度创新内容，是相互联系、相互补充、缺一不可、统一整体的关系，其中产权是前提，组织是保证，管理是基础。安全环保管理过程中的企业制度创新，必须同企业文化建设有机地结合起来。企业文化建设的最实质内容就是形成为实现管理目标而具有凝聚力的全体员工认同的价值观。为此，必须不断提高人的素质，讲究团队精神，处理好管理制度与人本管理的关系。企业制度创新与企业文化建设是做好安全环保管理工作的两大支柱。

中国石油的 HSE 管理原则，是依据集团公司的发展战略目标，借鉴全球化的国际大型跨国公司的有效经验，并结合自身的实际状况而形成的基本原则，已在安全环保管理工作中取得了明显效果，而且必将发挥更有效的积极作用。HSE 管理原则不仅适用于石油、石化行业的企业安全环保管理工作，而且对能源产业的其他企业以及各行各业的企业安全环保管理工作同样有着积极的启迪和借鉴价值。如近期一座大型现代化煤矿瓦斯爆炸，伤亡惨重，这起重大事故的根源是管理问题。国内外现代企业的正反经验教训表明，中国石油的 HSE 管理原则的各项内容及其科学决策和有效实施，对安全环保管理工作具有普遍价值和指导作用。

（原载《中国石油报》，2009-03-05）

● 企业要制定合理的发展战略

企业制定发展战略应注意处理好以下几个方面的关系：

（1）微利与暴利的关系。暴利是在短期内急剧地增加利润，这往往是投机行为所带来的。现在应当提倡微利战略，微利战略属于企业的正常投资行为，这是企业永恒生存下去的保障。

（2）价格竞争与非价格竞争的关系。价格竞争是通过价格的调整（主要是降低价格）来扩大自己的市场份额，获取更多利润。非价格的竞争，包括广告宣传、推销、改进服务、改进产品等，已成为现代企业竞争的主要方式，国外企业对此极为认同，运用也十分广泛。

（3）进入市场战略与退出市场战略的关系。现在企业间实施兼并收购、资产重组，目的只有一个：扩大规模、开发市场，这就是进入市场战略。根据自身条件的变化而调整企业的发展战略，适时退出市场，也不失为明智之举。

（4）主营与兼营的关系。市场经济是讲究多种经营的，这样可以分散风险，而问题在于要找准市场、抓住主业。在市场竞争中，主营一定要强，要有优势，力争第一；兼营是主营的补充，不能主营丢了副业补，更不能搞了副业吃主营。

（原载《北京青年报》，1999-03-01）

● 企业发展下一步应着重解决的三个问题

中国企业发展下一步要着重解决的三个问题:

第一，确立和保障企业和企业家的法律地位。企业的推动力是企业家，确立和保障企业和企业家法律地位的实质是，在中国社会经济发展过程中如何建立一个稳健的财富创造机制与财富积累机制的问题，落后的关键就在于打乱了财富正常的创造机制和积累机制。改革开放 20 多年来，企业有了一定的财富，也涌现出一批企业家。但是，这些企业和企业家面临的问题仍然是严峻的，最主要是企业家财富的安全感、人身安全感方方面面的法律保障不够。

如果一个企业没有良好的发展环境，企业家整天提心吊胆，那么就会出现要不把资金抽到国外，要不就办护照移民，要不就花掉等现象，这些都不利于促进生产力提高，必然就导致中国社会要么停滞，要么不稳定，要么倒退，要么再陷入贫穷当中。25 年改革开放以来财富创造来之不易，应该珍惜这 25 年的方向。

第二，企业怎么发展。企业文化和企业制度是企业发展的两大支柱，这两者要相互配套，缺一不可。而现在中国和国外企业的差距一个是制度的差距，一个是文化的差距。

企业文化的实质是什么？它要解决企业利益和员工利益的关系，

无论是国有企业改制还是民营企业建制的问题，都碰到企业利益和员工利益的冲突问题。所以，企业文化就是协调企业利益和员工利益的冲突问题、矛盾问题，协调企业中所有人的个人利益，包括股东、员工、董事、经理在内，协调企业发展的眼前利益和长远利益的矛盾。现在企业文化出现偏向，有人把社会上一大堆口号拿过来贴标签，然后搞一些文艺活动就认为是企业文化。这不是企业文化的实质，企业文化实质上就是价值观和利益观的协调问题。

企业文化解决人的无形的道德问题，企业制度解决人的有形的行为问题；企业文化提倡人的善的一面，企业制度抑制人的恶的一面；企业文化解决人的自律问题，企业制度解决他律问题。

第三，建立现代产权制度，是国有企业改制和民营企业建制的共同方向。国有企业最主要的问题是制度性缺陷，其中排在第一位的缺陷是产权制度缺陷；其次是员工身份和人事制度缺陷。民营企业发展到一定阶段，也面临产权纠纷。

（原载《中国企业报》，2003-11-21）

● 关于中国企业家队伍建设的几个问题

中国要建设企业家队伍，我认为需要解决几个问题。

一、观念变革

这是中国要建立企业家队伍的前提条件，我认为当前中国社会有两大偏向。一是官员队伍过于庞大，企业家队伍十分渺小；二是政府一些决策局限在政府各部门的利益之间的调整，而政府决策中的企业家声音太小。这两个偏向说明，我们企业家队伍的地位和作用没有得到充分的认识和肯定。所以观念变革首先要充分认识和切实加强企业家的地位和作用。我认为企业家的地位和作用又来自企业的地位和作用。因为企业家是创办企业和发展企业的人，所以要提高对企业家作用的认识，必须增强对企业地位和作用的认识。在中国，企业数量和质量都应大大发展。一方面企业的数量要增加，另一方面企业质量还应提高，这都取决于企业家的数量和质量。特别是在我国当前建立现代企业制度的关键时刻，企业家队伍建设问题确实是具有战略意义的。根据我的研究，早期企业家是着眼于创办企业和拥有一个企业，因为在市场竞争中能站出来，洞察社会的需求，勇于创办一个企业，这本身就能体现企业家的品质。但是，现代企业家不仅是创办企业，更主要是着眼于发展企业。创办企业、拥有企业，可以成为企业家，也就是说企业主可以成为企业家。但是，现代企业中并非所有的企业主都是企业家，而且大多数企业家本身并非都是企业主。原因在于现代市场经济的竞争更激烈，技术进步的步伐更快，所以创办企业是一回事，创办之后怎样使企业生存、发展则是另外一回事。创办企业的人并不一定能发展企业。因此，只有能发展企业的人，才具有现代企业家的特征。

在目前我们实现社会主义市场经济体制目标的过程中，中国需要一支企业家队伍。特别是中国的国内市场竞争很激烈，并已演变成为国际市场的一个组成部分。所以，不应小看占领国内市场。我认为占领国内市场本身就是占领国际市场的组成部分。企业家应把国内市场和国际市场统一起来。现代企业制度下的企业必须是现代企业，它有两个支柱，一是现代技术，二是现代管理，其关键是现代人才。而现代人才中，需要大量的技术人才，也需要大量的管理人才。中国更需要的是帅才，能够领导大量管理人员、技术人员的人，这个人就是企业家。所以企业家不仅自己是个管理者，更重要的是在企业中能起统率作用。因此，企业家的组织才能是非常重要的，只有企业家才能统率大量的管理人员和技术人员。

二、企业家的职能

我认为企业家有自己独特的职能，他不同于科学家、工程师。他的职能是把产品生产出来，满足市场的需求；能把科学的原理、先进的技术用在生产上，并适应市场需求，而且能获取利润。所以，企业家的职能是必须把产品生产出来，把科学原理、设想变为产品，满足消费者的需求。企业家从事的是高级复杂劳动，是社会化大生产发展的产物，是社会分工的结果。这是企业家与旧体制下的管理人员的区别。企业家在履行职能上有几个特点：（1）善于把生产和流通结合起来、把生产与金融结合起来、把生产与科研结合起来。旧体制下的企业管理人员是单纯的生产组织者，而现代企业家不仅重视产品生产，而且重视流通，重视资本，重视科研。（2）善于把企业的内部条件和外部环境结合起来。旧体制下的企业管理人员仅依据内部条件进行管理，而现代企业家必须善于分析企业的外部环境，且要把内部条件和外部环境结合起来。（3）善于把经营战略和管理方法结合起来。企业家要看到企业的未来，现阶段，则要考虑到20世纪末或21世纪初的产品、市场、技术和发展方向。没有战略头脑，只应付眼前，难以成为企业家。（4）善于把经营的各种要素结合起来。其中最基本的要素，包括资源条件、劳动力、资本、技术。其中技术要素是非常重要的，并对其他三要素起引导作用。企业家必须善于用技术来引导其他三要素的运用及其综合效益。

三、企业家的职业特征

企业家本身就是一种职业。企业家的职业特征是把创办企业和发展企业作为自己的第一位工作和毕生事业来追求。这不是单纯追求金钱，也不是做官的桥梁。从商和从政是两种不同的职业。我认为中国必须有一支稳定的企业家队伍。在市场经济条件下，要确立职业的观念，这在中国是很重要的。“第一位”的含义：（1）以此工作作为谋生的手段。企业家应以办企业的收入作为谋生的手段。（2）要把办企业和发展企业作为终生的目标来追求，立志于办企业。（3）一心一意、全力以赴，为此目标而努力奋斗。（4）以此成就作为人生的最大满足。

在现阶段，我们提倡企业家职业化有两重含义：（1）从社会来看，是社会分工专业化的表现。企业家必须是一支稳定的队伍。（2）从个人来看，职业化就是一心一意追求企业成功的过程。所以，企业家职业化就是指创办企业并把经营企业作为专门业务的专业化过程，就是政企分开的过程。

四、企业家精神的核心内容

创新意识和开拓精神是企业家精神的核心内容。旧体制下的企业管理人员是一种单纯服从的角色，而社会主义市场经济条件下，建立现代企业制度，从企业家来说，其精神面貌首先要改变单纯服从的观念，树立起独立自主的观念。企业家的独立性、自主性又来源于企业的独立性、自主性。企业家的活动是一种具有高度创造性的活动，既是一门科学也是一门艺术，是科学与艺术的结合。在国外，现代企业家已不是单纯的财迷，企业家的目标不是单纯地追求金钱，而是追求自主性、创造性。在中国，企业家一方面要防止片面追求金钱的倾向，但更重要的是克服旧体制下长期形成的服从的观念，确立自主性、创造性，树立创新意识和开拓精神，主要是开发新产品，运用新技术，利用新人才，开拓新市场。企业家是企业经营事业的推动者。一个企业要办好，至少要有一个企业家。企业家对于企业生产什么产品，占领哪些市场，始终要保持清醒的头脑。企业家是经济效益优化的判断者，能判断什么项目可以给企业带来最大的利润和效益。企业家是企业未来发展的预测者，能预测同行业企业的变化、国内外企业的发展趋势，从而确定本企业的发展方向。企业家是经济理论和管理实践的结合者。作为一个企业家，必须掌握现代经济理论和科学管理知识，同时又有丰富的管理实践经验，胆量和才能结合，科学和艺术结合。在国外，企业家精神已成为大学的一门课程。

五、中国企业家队伍的形成

从全国来看，中国企业家队伍包括企业主、经营者、管理者三个层次的人。我国的各类企业，包括个体企业、乡镇企业、三资企业、国有企业和其他各种企业，都需要形成各自的企业家队伍。这样，中国的经济才有希望，才能发展。对国有企业来说，在现阶段，按照党的十四届三中全会的要求，就是建立现代企业制度，按公司制度来改造现存的国有企业。在大型国有企业、公司制企业中，企业家队伍主要是在公司董事和经理阶层中形成。对于公司制的国有企业来说，企业家队伍主要是在高层管理者当中形成。一般讲，小企业至少要有一个企业家，大公司需要两三个或三四个企业家。公司的董事和经理阶层中可以出现企业家，但他们本身并不等于就是企业家，因为董事、经理只是职位与职务，而企业家与单纯担任董事、经理的职位与职务是有区别的。企业家在担任董事、经理的职位和职务的同时，对办企业已经入门，是能人，有业绩，并具有企业家的精神、素质和能力，这样才成为企业家。

六、企业家队伍形成的制度建设

中国企业家队伍形成要建立一套制度。从中国现阶段实际出发，企业家队伍形成的制度建设要重视的几个问题是：

1. 企业高层经理应实行聘任制度

由企业和公司来聘任，这有利于按企业家的条件、经理的条件选聘经理。不是因人设事，而是因事设职，因职设人，并有利于人才的竞争。《公司法》已明确了，但目前还有阻力和难度。

2. 建立经理人才市场和经理注册制度

目前我们有技术市场、劳动力市场，就是没有经理人才市场。经理的聘任应实行公开化，并实行经理注册制度，明确经理的条件，包括学历、资历、管理能力、经营业绩等，按这些条件，通过法定程序，获得经理资格，并从具有经理资格的人中聘任经理。这就需要建立一套制度。我认为有条件的地区可先行一步。

3. 实行经理无任期制度

不要套用政府官员的任期制对待经理和企业家。因为聘任后是否继续任职不取决于任期，主要取决于经理的业绩和企业的经营状况。

这就可以使企业家从长远着眼，用战略眼光来办企业，克服我国企业大量存在的短期行为。厂长四年任期制的弊端是很大的。关于经理的年龄条件，我认为年龄条件不是绝对的，而是相对的。但董事会应实行任期制，因为属于决策层，又是集体决策，所以，应保持董事会的新鲜活力。

4. 实行经理报酬的薪金制度

工资制和薪金制是两种不同的报酬制度。工资是按小时按件来计算，薪金是按年来计算的，经理的衡量标准是以年为周期，并应将报酬公开。

七、企业家队伍建设的环境保证

我认为当前要加快中国企业家队伍建设，根本问题是要加快体制改革，为企业家队伍的形成创造良好的环境。因此，完善环境是当务之急。

1. 维护企业的独立性和自主性，使企业真正具有法人资格

这是企业家队伍建设的基本保证。如果企业没有独立性、自主性，不具有法人资格，那么企业家就谈不上有创新精神和开拓精神，还是单纯服从观念。政企分开，从 1978 年开始讲，已 16 年了，至今并未真正解决。

2. 取消企业高层管理者的干部称号和行政级别

企业家在市场中应按照公平、公开、公正的原则来进行竞争。在竞争中确定企业家的级别。企业家的级别应用市场竞争中产品的级别、质量的级别、管理的级别来衡量。必须改变单纯用行政评比、行政检查来评价企业家工作好坏的做法。企业家要由市场来评判。市场判断企业家主要靠两类人，一是消费者，二是竞争者。

3. 改革人事制度

对公司经理不采取行政任命的办法，而由企业按照《公司法》的规定，由董事会聘任。可以有过渡时期，分类指导，但改革思路和指导思想必须明确。公务员由国家人事部门确定，但企业管理者应由企业自己确定，这本身也是企业自主权的一个重要方面。

4. 建立保护企业家合法权益的有效制度

通过立法来建立维护企业家权益的制度。

（原载《中国企业报》，1995-04-06）

● 技术发展与企业人才

技术发展的规律表明，技术进步不仅是科学家、发明家、工程师的事情，而且也是经济学家、管理学家、企业家的事情。19 世纪末期以来，改变人类生活的重大技术发明，除了第一代电子计算机，其他几乎全部来自公司制企业，如发电机（西门子，1866）、电话（贝尔，1876）、电灯（爱迪生电器照明，1879）、交流输电（西屋，1889）、汽车批量生产（福特，1903）、合成橡胶（杜邦，1931）、尼龙（杜邦，1934）、聚乙烯（帝国化学，1936）、晶体管（贝尔，1947）、激光器（贝尔，1948）、光纤技术（贝尔，1957）、第二代电子计算机（飞歌，1957）、集成电路（得州仪器，1959）、第三代计算机（IBM，1964）、第四代微机（英特尔，1971）等。这些事实充分证明：企业是技术发明和技术进步的主体，技术发展规律与经济发展规律有着内在的联系。因此，研究并掌握技术与经济、技术与管理的基本理论和实践内容，分析技术经济与管理科学在企业成长中的地位和作用，具有极其重要的现实价值和深远的战略意义。

尤其是我们面临着技术信息化和经济全球化的 21 世纪新时代，对中国企业成长来说，既有机遇，又有挑战。技术信息化是建立在高度工业化的基础上，经济全球化是建立在高度市场化的基础上，国外发达国家的企业经历了上百年乃至几百年时间才进入到这个新时代。而中国企业正在加快步伐赶上并完成这个历程，从小农式到工业化再进入信息化，从计划经济体制下的科研与生产“两张皮”转轨到市场经济体制下的科研与生产相结合再走向全球化的跨国公司式的现代企业制度。为此，在技术与经济转型的整个过程中，中国企业必须抓住机遇，迎接挑战，迫切需要技术经济与管理科学的基本原理和基本知识。

为了适应技术经济与管理学科发展的要求，我们必须培养能够掌握并融会贯通多门学科知识的创新型复合人才，具有知识综合性、业务实践性、决策系统性、行为科学性、思维创新性的“五性”基本特征和素质要求。

（在“企业技术与管理人才培养研讨会”的发言，2005-05-26）

● 资产与负债的关系

人们一直认为，资产越多越好，但实际上资产多了，负债也多了。有的企业买了机器设备，但发挥不出来作用，闲置在那里，资产就是负债。为了这些资产，需要支付房租、水电费、人员工资，还要支付设备贷款。这些企业的资产和负债及现金流没有处理好，使得资产变成负债。

就个人理财来说，也存在类似的状况。有人一听到社会上忽悠保健品和美容保养品等就沉不住气，冲动购买，是典型的非理性消费。有人买回来的东西不爱吃、不爱用，好像就是为了心理安慰似的。结果就是家中一大堆营养素，一大堆面膜、眼霜，一大堆西洋参等，还有很多从医院开回来的治大小毛病的药。这些东西反而成为心理负担，看到化妆桌上的美容品就想，有空赶紧用吧！看到餐柜边的保健品就催促自己，快快吃吧，别过期了浪费。一直等到积累到自己无法忍受的地步，积累到这些东西过了保质期，狠狠心当垃圾清理掉，才终于解脱了日复一日的心理压力，这种心理负债才还清。有人在搬家时才发现存放在凉台上从未动用过的物品，只得当成废品处理，但这些物品却长期占用了主人有限的、宝贵的住房面积和凉台空间。

但是，这并非意味着没有资产和一无所有才是最轻松的。只是说明拥有资产前，要有承受负债的思想准备，不要羡慕那些资产丰厚的人，他们背负的负债可能也不是你愿意承受的。如果你没有能力、没有把握让资产增值，没有能力、没有条件背负相同的负债，就不用着急拥有资产。这就是企业理财和个人理财过程中的资产负债率及偿债能力底线的基本原理。

当然，也有变负债为资产的情况。为什么美国是最富的国家，也是负债最多的国家？这是负债有效地促进了资产增长。资产就是负债的同时，反过来，负债就是资产，美国用借来的钱为自己赚取了更多的资产，使得负债变成资产。

对于个人来说，是不是借钱读书、借钱创业就是一种变负债为资产的体现呢？这取决于各自的知识和技能以及对资产与负债关系的理解及风险处理。

（在“企业理财研讨会”的发言，2006-10-08）

● 企业防范财务危机的五项要点

企业在创业的阶段，各个方面都会比较谨慎；等到了企业高速发展的阶段，来自市场等各个方面的诱惑便接踵而来，企业家在这个时候很容易头脑发热，扩大生产、加速供货，希望尽可能地增加市场份额。但是这个时候最容易埋下财务危机的隐患。

企业要防范财务危机的风险，主要有以下五项需要企业家注意。

第一，应该重视产品的边际利润、资本周转速度以及现金流等基本的财务参数。现在国内的相当一部分企业在起步的困难时期很关注这些参数，而到了高速发展的时候就把它们扔到一边不理了，这就会埋下财务危机的祸根。

第二，建立现金流量分析表制度。企业应该依据财务报表、现金获得和使用的状况，考虑到折旧的非现金后得出独立的先进流量分析表并建立相应制度，这样可以在一定程度上有效地避免现金缺口导致的财务危机。

第三，企业的发展中，企业家应该处理好主营和兼营产品的关系。企业在成长壮大中肯定会进入一些新的领域，有了机遇一定要抓住，但前提是企业在拓展新领域的时候一定要有稳定的盈利能力，有长远的财务管理制度。

第四，企业家应该处理好企业发展中外部和内部的关系，即物流价值链系统上下游和企业实际财务状况的关系，企业的信用等级以及与客户、供应商之间的关系。这些关系在平时如果维持得好，将是企业能够渡过财务危机的法宝。

第五，建立危机预警指标，优化企业负债结构。一般来说，市场占有率、客户流失率、产品毛利率等可以看做企业财务方面的关键值即危机预警指标。而在企业的债务结构中，长短期债务的结构关系应该注意优化，以免结构失调带来现金断流乃至破产。

（原载《北京青年报》，2003-11-10）

● 企业的资产重组与资本运营

一、为什么要进行企业的资产重组和资本运营?

资本经营是把企业的有形资产和无形资产都变为可以经营的价值资本来运作，不单纯看到物质的方面，而是使得有形资产和无形资产都得到充分的发挥，目的是要在同样的条件下获得企业更大的发展，实现资本价值的最大化。资产重组、资本运营既要对企业的存量给予重视，发挥其更大的作用，同时对增量也应该力争收到更大的效果。我们进行资产重组和资本经营，在市场经济条件下，要看未来账，要把企业的有形资产和无形资产放在市场竞争中来考察。因此企业通过资产重组和资本运营，最大的目的是要增强企业的市场竞争力。企业资产的保值增值应该是在流动当中来保证。过去我们国有企业是在计划经济条件下，不把企业的资产、资本看作流动的，而是看作固定的，所以不能发挥作用。资本经营和产业经营的关系，归根到底企业还是要搞好产业经营，只有最后拿出产品、拿出服务，到市场竞争中获得竞争力，企业才能获得生存和发展。

在资产重组、资本运营这种观念的指导下，现在企业有很大的变化。过去是争投资、争项目。现在有了资产重组、资本经营的观念以后，着重于项目投资的效益、效果，希望在同样的资本前提下能获得更大的回报。这一观念不仅使现在的企业发生变化，它更大的作用在于改变了人们的想法，启发我们重新认识企业的资产，认识企业的资本，在同样的条件下，争取让资本收到更大的效果，这个观念变化给企业带来的影响比任何收益都要大。

二、资产重组、资本运营的方式是什么？

资产重组、资本运营的方式是多种多样的，要根据企业的不同情况来加以运用，比如收购、兼并、重组、参股、控股、交易、转让、租赁还有其他多种资产重组和资本经营的方式。但是要做好资产重组、资本运营，也不是一件容易的事情。

资产重组、资本经营对企业来说是战略决策的问题，要从长远、全局、发展的角度来决定进行怎么样的资产重组、资本运营。最后还是市场来检验、客户来检验、用户来检验。

在资产重组、资本运营当中要发挥企业的优势，这里有一个很重要的战略问题，就是企业主营和兼营的关系。在资产重组和资本运营当中有进入市场的战略，也有退出市场的战略。退是为了加强自己的主业，国外有些公司每年都要对下一年度怎么进行资产重组和资本运营作出一些战略性决策，要收购哪些企业，要新建哪些工厂，现在有些技术被淘汰的，就从哪里退出。这样，资产重组和资本运营对企业来说是一个不断调整自己的过程，总的来说是壮大。要运用好资产重组和资本运营对企业来说要求比较高，应该有一批懂得资本经营的人才，包括董事、总经理、董事长。在国外都有日常专门配备的人才——兼并员，他们在社会上搜寻、瞄准一些兼并对象。通过这几年的资产重组、资本运营实践，应该得到这么一个启示：这是企业的一项经常性工作，不能采取搞运动的方式，也不能采取走过场的形式，更不能采取赶浪潮的做法。

如何处理好股东和公司法人财产权限之间的关系，是个重要问题。母公司作为一个股东，作为一个投资主体，它投资到了子公司当中，子公司拿着这些资产去运作、重组，它作为公司法人要承担什么责任？股东投入到这个公司当中，他们的关系既有联系又有区别。股东拥有所有权，公司拥有法人财产的资本权，这个权限要明确。股东假如投资到这个子公司当中，他要承担投资的责任。但是他不能干预子公司的运营。股东的所有权主要表现在有选举董事的权利，另外拥有分红权，还有就是转移权，股东可以把上市公司股票转移。公司法人对运用股东投资的这些资产、从事重组和资本运营要承担责任。股东有股东的责任、权限。公司的法人有法人的责任、权限，这两者是有联系又有区别的，这就是资产的机制、财产的机制，这个机制就是两者既有统一，又有权限和职责的分工，两者是相互约束的。为此，需要建立比较完善的公司法人治理结构，从组织上来保证法人治理结构资产重组、资本运营的有效进行。

企业扩张的方式大致上有这么几种：第一种方式就是新建一家工厂或者新上一个项目来扩大它的规模。第二种扩张方式是改建扩建。第三种方式就是收购、兼并。收购是资产重组和资本运营的一种方式，但是要按照市场经济的规律来进行，才能收到应有的效果，也就是要尊重兼并方和被兼并方、收购方和被收购方双方的利益。但实际上由于我国企业操作过程当中出现的种种问题，收效不是很理想。其中最重要的一个原因是国有资产的责任没有明确。这里面政府应该引导，但最好政府不直接采取行政手段去捏合、拼凑。将来企业的兼并，还是应该通过制定法律，依法来进行，资产重组、资本运营才能够有效地进行下去。

现在国有企业的情况很不一样，应该通过多种办法来进行，其中包括改进它的管理，发挥它的效用。在进行资产重组和资本运营的时候，应该着眼于企业的整个长远发展。比如说，上市公司还是应该提高企业的整个资产运营效率，包括管理重组、管理工作的改善。要把资本运营的效益和企业整个产业经营的效益有效地结合起来考核，在高新技术条件下，不断地开发新的领域，使得整个产业经营向前发展，资本经营才有可靠的基础。在这个过程当中，国有企业如何处理好产权、财产责任、组织制度的建立，还有管理工作的改善，这几个方面要有效地结合起来，才能使企业的资产重组、资本运营收到更好的效果。在这方面，如何在资产重组、资本运营当中建立起一个有效的责、权、利相结合的制度，是很重要的。

三、企业资产重组和资本运营现实的难点是什么？

首先，资产重组、资本运营的思路是什么，这个要明确。现在思路不完全统一，有人提出：现在我这个企业不良债务太多，你通过资产重组、资本运营把我的债务解脱了。再比如有些上市公司，它的业绩不佳，想通过资产重组来掩盖一下它的不佳，从而提高它在社会上的某种形象。所以资产重组的思路是什么，这是我们今后的一个难点问题。要从企业的发展战略的思路来看待资产重组和资本运营。既要有利于企业效益的提高，又要有利于当前企业的资产利用得更好，而且不能损害社会资源的利用，去损害别的企业的利益。

另外一个现实的难点是资产重组、资本运营要冲破现在条块分割的体制。现在国有企业还是条条块块，造成企业愿意做的事因为条块分割难度很大。所以企业进行资产重组、资本运营要解决跨行业、跨地区、跨部门的问题，这就涉及要冲破现在条块分割的体制。

我们现在的企业还受到很多旧观念、旧体制的束缚。要冲破一些旧观念、旧体制的束缚，包括这些已有的所有制结构的束缚，资产重组才能有效地进行。这些难点有的是企业本身很难克服的，这就需要有关方面来冲破原有体制的障碍。

再一个难点就是资产重组和资本运营涉及人员重组，涉及人员结构调整的问题。这个问题要真正解决好，还需要在资产重组和资本运营的过程当中配合解决。今后企业在发展过程当中人员结构的调整和就业结构的调整可能是一项经常性工作，长期固定在一个岗位上，或者不动的状况可能很少。这样人们通过知识结构的调整，技术、能力的调整，也就为资产重组和资本运营排除了一个困难。

（原载《石油企业管理》，1999（12））

● 邓荣霖谈高新技术的产业化和市场化

实现高新技术产业化，首先应该树立科学技术商品化和市场化的指导思想。多年来，科学技术之所以发展缓慢，很重要的一点就是科学技术的主体没有明确，政府不可能成为科学技术的主体。在现阶段条件已经具备的形势下，首先，我们应该适应市场经济体制，抛弃计划经济体制的观念，按照市场经济规律促进科技进步；其次，科技进步必须与现代企业制度的建立紧密联系，因为建立现代企业制度必须掌握现代科学技术，现代企业制度不仅是搞产权规划，现代企业还必须是掌握现代科学技术的企业。因此，科学技术的主体更有必要加以明确，现在条件已经成熟。

科学技术可以分为三类：基础研究、应用研究和开发研究。基础研究是搞基础理论的研究，它的特点是投资大、风险大、周期长、见效慢，国家财政应该给予重点支持；应用研究是把基础科学的原理应用到工业过程和生产过程中，把成果变成产品，变成设备；开发研究是指不断地开发新技术、新工艺和新产品。我认为应用研究和开发研究应该在企业里进行，而不是在科研机构里进行，这已经是被世界发达国家所证明的一个规律。因此我们讲的高新技术产业化实际上是高新技术企业化，即把发展科学技术变成企业的行为。

科学技术本身是一种商品，它是有价值的，不再是过去那种无价值的推广。因此，高新技术产业化实际上是市场化的体现，同时也是企业化的体现。企业是产业的主体，产业结构的调整要依靠企业，多年来产业结构的调整之所以进展缓慢，就是因为企业的行为没有与之协调起来，没有按市场的规律来引导。现在企业的一大弱点就是只搞生产，不搞科研，把科研当成是科研机构的事。而从现代企业来说，应该实现生产与科研的结合，企业既是生产基地，更是科研基地。国外的企业首先是科研基地，不单纯是生产单位，它拥有自己雄厚的科研力量，应用研究和开发研究成果基本上是出自本企业。而我们的企业缺乏自主开发能力，尤其是大企业，走的也是引进再引进的道路。因此政府应该提出明确的政策加以引导。

1993 年 11 月中央提出了现代企业制度概念，现代企业制度的优越性之一就是实现科研和生产的结合，如果不能做到科研与生产的有机结合，现代企业制度是失败的。另外现代企业还是产业资本和金融资本的结合，科研开发没有雄厚的资金不行。我认为加强科技的投入主要还是应靠企业，政府的财政主要应该保证基础研究，应用研究和开发研究还是应由企业来投入。不应该鼓励旧体制下形成的把科技成果送给企业的做法，要提倡花钱买成果。另外企业搞出来的研究，也可以进入市场。改变落后的局面应该由企业开始。现在企业有种错误的认识，认为搞科研是吃亏的事。“科学技术是第一生产力”落实不到企业，就等于是一句空话。

促进科学技术的发展，前提就是科学技术要商品化，不能无偿地转让，政府要加以解决、加以引导，并拿出一笔资金资助。美国大公司的重要项目也是政府给予重点支持的。归根到底是要有完善的机制，使企业内部有动力，有科技进步的愿望和需求，比现在政府送项目要好得多。

现在的根本问题是企业如何实现高新技术产业化。我认为要注重以下几方面：

（1）企业应该把研究和开发工作作为生存与发展的基础，企业的竞争是靠产品的竞争，而产品的竞争是靠科技的竞争，企业应该明确这一点。

（2）企业应该重视科研经费的筹集和投入。由企业出面来筹集科研经费，企业用它的利润来投入科研是不够的，一个企业要想实现良性循环，至少要拿出销售收入的 10% 用于科技投入，再加上折旧 10%，起码是企业资金的 20% 用于科技投入，国外好一点的企业是 20% ～ 30%。这样企业必然会有一个良好的状态，科研经费的筹集和投入是企业应该自己解决的问题。当然我们现在的企业面临很多困难，但从长远考虑，必须把这个问题提到议事日程。

（3）要设置雄厚的科研机构，一个现代企业必须有一套科研系统，企业应该精简那些不必要的机构。设置雄厚的科研机构，要提高科研人员和科研机构在企业中的地位，现在科研人员的地位不是很高，不利于企业的发展。

（4）企业应该加强与科研机构、高等院校的联系。社会上的科研机构还是应该保留，但是只搞科研，不搞生产、不搞产品的科研机构应该减少。应该走科研机构出成果，企业出资金的道路，形成新的良性循环。企业必须与科研机构结合，从这个意义上说高新技术企业化势在必行。

（5）应该提倡科技与创业相结合。科学技术产业化是一个艰苦的创业过程，要付出艰苦的劳动，政府应该保护科技创业的力量，对不利于科技发展的，要加大打击的力度，要给予科技开发一定的保护，这方面的政策要明确。

另外，就是科技人员的待遇问题。科技进步靠谁来进行，首先靠企业，企业是科技的主体，这一点可以明确。但一个企业首先应具有高水平的总工程师和科技人员，才能保证企业的发展。在这方面政府应该提出政策，对优秀科技人员实行市场议价的报酬，实行公开招聘，允许企业高薪招聘企业的总工程师和科技带头人。我认为科技人员当前主要的问题是缺乏帅才，一般的科技人员还是很多的。给帅才以高报酬，我认为是完全必要的，并且应逐步形成制度。

（原载北京市科学技术委员会编：《跨世纪的抉择——北京经济发展战略研究报告（B本）》，附录10，北京，北京科学技术出版社，1996）

● 企业兼并与经济发展

企业兼并和收购简称并购，是现代市场经济发展中的普遍现象。兼并是指一个或一个以上的企业，被另一个企业吸收合并成一个企业，所有财产及债务债权，均由其负责处理；收购是指一个公司用现款、债券或股票购买另一个公司的股票，以获得对该公司的实际控制权。

随着中国市场经济的发展，企业并购将会起到越来越重要的作用。中国经济发展期待着“航空母舰”的出现，进入世界 500 强已成为世纪之交非常振奋人心的口号，关键在于怎样实现这个愿望。我认为，唯有按市场经济规律办事，适者生存、优胜劣汰，企业才能在市场竞争中求得生存与发展。企业并购的优势就在于不仅把企业做大，而且把企业做强，从根本上改变传统计划经济体制遗留下来的企业或是小而强或是大而弱的后遗症。因此，企业并购是企业由小到大、由弱到强的一种基本方式，是未来中国经济发展的必由之路。

中国第一部《证券法》的突出贡献就在于，放宽了证券市场上收购的举牌条件，包括取消了自然人不能享有平等权利的限制，赋予了个人投资者和机构投资者同等的权利；突破了收购上市公司流通股举牌限制的跨度；减少了一次收购过程中需要公告的次数，有利于降低收购成本和增多收购事件；改变了原有法规对协议收购缺乏规范的状况；改革了上市公司传统的经营观念和经营方式，使上市公司本身也成为资本市场的商品。

并购企业成功的要领是通过并购来发展核心能力，增强市场竞争力。为此，必须权衡企业规模扩大的利与弊，必须分析并购目标企业的优与劣，科学地作出并购决策。前者是要考虑规模扩大的收益性和风险性，使得交易费用低于市场机制的价格；后者既要分析目标企业的硬件（机器、设备、厂房之类），更要分析目标企业的软件（人的素质、企业机制之类）。否则，违背市场经济规律必定会受到惩罚。

当前中国企业并购存在的突出问题是，不尊重并购企业的法律主体和市场主体地位，由政府用行政手段指导一些劣势企业硬塞给优势企业，其后果不仅是损害了优势企业的利益，不利于社会资源的优化配置，而且对我国产权市场、资本市场的长远发展构成障碍，不利于市场经济的发展。

政府在企业并购中的作用是，依据相关法律来规范并购过程中的企业行为，为企业并购提供必要完善的游戏规则；加速中介机构的市场化进程，纠正中介机构的违规行为；尽快建立社会保障体系，为企业并购解除后顾之忧；打破条块分割的体制，消除跨地区跨部门的企业并购中的种种阻力，协调银行、财税、保险、劳动、国资管理等部门的利益关系。

现阶段的中国企业并购，不仅涉及企业发展与经济发展，而且直接与企业改革和体制改革相关，因此，国有企业改革与建立现代企业制度过程中的产权制度建设，必将为企业并购创造有利的前提条件，推动企业并购的健康运行。

（原载《经济界》，1999（6））

附　　录

On
Enterprises

● 关于“内部人控制”问题和对国企经营者的激励约束

——访国家经贸委企业研究中心专家委员会副主任邓荣霖教授

“内部人控制”问题和对国企经营管理者的激励约束问题，是近年来人们十分关注的问题。什么是“内部人控制”？它产生的原因特别是后果是什么，应采取哪些措施进行反控制？如何解决对国企经营管理者的激励约束问题？带着这些问题，本刊记者专门走访了著名经济学家、中国企业改革与发展研究会常务理事、国有资产管理学会常务理事、中国人民大学博士生导师邓荣霖教授。我们的谈话就从与西方现代公司制共生的“内部人控制”问题开始：

邓教授：“内部人”是指企业内部包括公司的董事、经理、高级职员等起支配地位的人员，内部人的出现和壮大就产生了与股东利益偏离的、相互矛盾的一个独立的利益集团。所谓“内部人控制”是指内部人在现代企业中通过财务管理、财务决策造成的与股东权益的财务目标相背离的现象。“内部人控制”主要起源于所有者与经营者、所有权与经营权的分离。最早的企业所有者（股东）本身就是经营者，也是管理者，所有权、经营权合一。随着生产力的发展，企业经济规模扩大后，经营管理的复杂性提高了，所有者就必然要委托经营者来经营，形成了委托与代理，产生了所有者与经营者、所有权与经营权的分离。分离的结果就形成了一个经营管理者的阶层。他们是从企业当中独立产生出来的，既不是所有者的附庸，也不是政府的附属品；既区别于所有者，也区别于政府官员。我们现在所谈的“内部人控制”必须是在“两权分离”的大前提下产生的。

记者：这样说来是“两权分离”为“内部人控制”的产生提供了条件，那么产生的具体原因是什么？“两权分离”的主要利弊又表现在哪里？

邓教授：“两权分离”给企业的发展带来许多好处，最主要的是：一方面股东可以集中精力考虑“资本”运作的整个效益；另一方面经营者又可以利用自身优势考虑“企业”的发展。这种社会分工，极大地促进了生产力的发展。在这种情况下，股东的所有权可以表现为两种：一种是“用手”投票，选举或罢免董事；一种就是“用脚”投票，在股票、证券市场上抛出他的股票。股东用这两种方式来控制企业和行使他的权利。但是，“两权分离”也使我们看到“内部人控制”的问题。其产生的具体原因有：一是股权的分散化。在一个企业的资产由大量股东拥有的情况下，每一个股东很难掌握本企业的绝对控制权，股权的分散化为经理、董事等实现内部人控制奠定了基础。二是经理阶层掌握着管理企业所必需的知识和技能。分离造成了追求目标的差异性，也造成了知识的非对称性、信息的非对称性。经营者在管理中掌握了大量知识、信息，而所有者没有掌握，这就使“内部人控制”成为可能。三是委托投票机制给经理人员控制企业、控制公司提供了一种法律保障。委托投票本来就是为股东享有平等参与权设计的，但实际上这种委托投票成了大量股东争夺经理的一种手段。这种竞争也就表明了代理人——经理地位很重要，经理地位的提高和权力的扩张为“内部人控制”创造了条件。四是股票的可转让性，为经理人员消除股东对经理人员可能产生的不满，或者瓦解股东形成的对

“内部人”的反抗提供了条件。股东不满可以把股票转移，经理人员却始终不变，这就造成了“内部人控制”现象。

另外，在现代企业当中，股东本身的形态发生了很大的变化。国外现在大多数的股东都是以法人股东形式出现，原来纯粹的个人股东变为机构投资者——法人股东，或者叫共同基金、养老基金和其他的法人股东投资者。这种股东形态的变化使得所有者与经营者的分离状态进一步发展，进一步削弱了所有者对经营者的影响。所有权的变化最主要表现在股票的处置权。股东尽管参加股东大会、股东会，用手投票产生董事、高层经理，但实际上这种权利在逐渐被“用脚”投票来代替，这个问题的产生，就又使得“内部人控制”这样一个很重要的问题出现。有人说既然会产生“内部人控制”，就不分离好了。这是不行的，社会化大生产的发展已到了非分离不可的地步。分离给社会带来了好处，但也带来了“内部人控制”问题。

记者：“内部人控制”会造成哪些损害股东利益的行为和不良后果？

邓教授：以“公司制”为代表的现代企业，是各种利益代表和法律关系的汇合点。“两权分离”在企业中产生了两大利益集团。“内部人控制”的出现使所有者与经营者所追求的目标存在差异。所有者追求最大的利润和股票价值；经营者关心的是自身的利益，最主要是权力、报酬、保障、工作环境、生活舒适程度等。因为“两权分离”和“内部人控制”的存在，经营者可能过分追求自身的权力扩大，经理有可能找出种种理由进行企业规模的盲目扩大，但这不一定对股东有利，如过分追求能给经营者带来利益的经营享受、进行各种消费……会造成企业的“预算软化”（即开支不受约束）和所有者“代理成本”的提高。“内部人控制”还表现在：公司的经理报酬很高，高到超过了他的业绩。报酬成倍成倍地往上涨而没有给股东带来多少利益，股息、分红都不高，不成比例。此外，经营者掌握财务情况，可能采取造假账、假报表的办法欺骗股东。

记者：目前对“内部人控制”问题，西方是怎样解决的呢？

邓教授：这几年国外为解决内部人控制采取了一系列行动，比如美国的IBM公司等一些大公司就通过各种方式，撤换了一些业绩很差的经理，另外对很多经理的薪金作了调整。英国对一些大公司的经理、董事的报酬也作了调整。德国的奔驰公司、西门子公司采取措施，迫使经理把经营实况汇报给股东，把财务全部如实公开，防止经理造假账。日本一些经理玩忽职守，股东采取措施诉诸法律打官司。国外解决“内部人控制”的最主要办法就是实行兼并、收购。企业被兼并、收购，经理就失去了地位。按照市场机制的方法，采取兼并、收购，这也是解决“内部人控制”的最好办法。

现在美国对“内部人控制”的反控制措施有这么几条：第一个是董事长和总经理不能同时兼任。第二个是增加外部董事的力量，特别是增加外部有关专家来担任董事。外部专家比较公正，比较超脱。此外他们掌握的社会信息比较多，有助于克服内部人控制，股东也比较相信这些外部董事。第三个措施，就是加强企业的经营审计。董事会不仅要得到总经理的业绩事后报告，而且还要对未来的措施进行审议和董事会内部辩论、确认。也就是说，董事会加强对经理的监督、审计。第四个措施，是扩大董事会、股东和经理层的对话渠道，提升对话的频率、次数，沟通信息。

记者：中国国有企业存不存在“内部人控制”问题呢？您是怎样看待这个问题的？

邓教授：应该注意到现在国有企业当中确实也出现了少数的“内部人控制”问题，有些国有企业领导个人说了算，对企业外部熟视无睹，他愿意怎么搞就怎么搞。因此，对国有企业的“内部人控制”要引起注意和警惕。但另一方面也不能完全照搬西方现在出现的“内部人控制”概念。在我国，随着现代企业制度的建立，一些新的问题可能会跟着出现，所以应加以研究和解决。但是，中国现在国有企业的主要问题是什么？我认为，最主要的问题是：一方面现代企业制度还没有建立和完善，这是个基本状况。另一方面，总体来说我们现在的企业特别是国有企业，企业家阶层还没有形成。不能过分地强调控制“内部人”问题，中国还不到这个时候。“内部人”主要以经理层为代表，而中国的经理阶层、企业家阶层可以说还没形成。现在的不少经理人员，说得不好听，还是官员的观念，按官员的观念、思路来经营企业，他既不照顾所有者即股东的利益，也没有完全的自身利益。我们企业的当务之急，是需要培育和发展企业家阶层，这是个基本任务。总之，现在的问题是“政企不分”“政资不分”，弄不清国有资产的股东是谁，所有者缺位，国有企业在市场上没有竞争力，市场机制也还不规范和完备。这些问题才是我国目前的主要矛盾。这些问题搞不清楚，怎么来谈“内部人控制”？谈来谈去，文章会越做越畸形。这个问题要看怎么分析，要有恰当的估计。否则矛盾结合在一起就搞不清楚了。

记者：您说的“恰当估计”意思是不是不要因为“反控制”而导致对国有企业过度的“干预”？

邓教授：对。我们应该遵循市场经济的发展规律，按照企业在市场竞争中的作用来看待中国国有企业的“内部人控制”问题。解决的目的就是要有利于企业增强市场竞争力，有利于企业人、财、物良性发展，把企业搞好；而不是就“内部人控制”而反控制，就约束而约束。国外解决内部人控制采取的激励约束办法，就是要把企业搞好，否则股东不再进行继续投资，他们这个目标很明确。我们在分析、解决“内部人控制”带来的问题的时候，不能简单地得出这样一个结论：外部人控制一定比内部人控制好，现在要解决“内部人控制”，加强“外部人控制”。这样一来，在中国就又要回到过去那个老路上。过去国有企业就是外部人控制，就是政府来控制。目前，有些人在讲，要反对“内部人控制”，实际上他的思想还是要加强“政府的控制”，强化政府对企业的干预、控制，那样会造成更严重的“政企不分”，这个问题要警惕。

现在，国有企业正在进行公司制改造，按照公司制的“两权分离”方向来进行，分离当中可能会产生“内部人控制”。但在国企进行公司制改造的同时，还存在一个问题要解决，就是企业原来的行政主管部门作为外部人的不规范控制问题要解决。要消除原来外部人——行政主管部门对企业的控制。如果在这个时候过分地、简单地强调“外部人控制”，这也就会造成政府对企业的过多干预。中国要解决“内部人控制”问题，是个多种矛盾交织在一起的问题。改革是要进行综合治理，不能孤立，不能抓住一个问题，说特别特别重要，超过了其他，那会走向片面，搞不好就有可能站在计划经济的旧体制上看问题。

记者：那么，您看当前我国在防止和解决“内部人控制”问题时，应该着手解决哪些问题呢？

邓教授：首先，现在的关键是着手进行制度建设。要设计一种企业制度来安排所有者与经营者的关系。现代企业公司制度首先要建立起公司的法人治理结构。中国从总体上来说，法人治理结构没有建立起来。公司法人治理结构主要处理什么关系呢？一要处理好股东、董事、经理和职工之间的关系，即处理好所有者、经营者、劳动者这三类人的利益关系。二要处理好决策机构（代表是股东大会、股东会、董事会）、执行机构（代表是经理）和监督机构（由监事会来承担）的关系。这三类人、三类组织机构是相互统一、相互制约的关系。这是我们国企当前首先要解决的制度问题。

其次，在处理法人治理结构这三类人、三类组织机构时，要坚持两条原则，第一条叫做责、权、利相结合的原则。国外这个问题基本上是解决了，当然也有过分的问题，也是矛盾不断出现、不断解决的。而我们现在国企的责、权、利是相互脱钩的，不统一的。第二条就是激励机制和约束机制相结合的原则。现在中国往往把激励约束机制分开。强调激励的时候不讲约束，强调约束的时候不讲激励，而且一强调激励约束机制就是进行外部激励、外部约束，这不符合现代企业制度的原则。现在就是要积极着手建立起企业内部各类人能进行自我约束、自我激励的法人治理制度。激励与约束要统一在一类机构当中，坚持这两条原则的相互统一、相互结合。

记者：说到制度建设，您能不能就防止和解决“内部人控制”和激励约束经营者努力工作这个问题再展开谈谈？

邓教授：第一，所有者缺位问题要解决，就是股东的问题要明确，你才能谈得上通过股东来约束、激励经营者。否则，这个问题没解决，你一讲到内部人控制，政府马上就来干预了。所有者缺位问题，这个涉及整个国有资产管理体制的改革。从总体上来说，国有资产的股东是谁？所有者是谁？目前在北京、上海、深圳等地进行试点的有四种形式，即：国家控股公司、国家投资公司、国有资产经营公司、有条件的集团公司。这四种形式究竟哪种好？各有利弊，这个问题还没有解决。反正有一条，这里的公司不是政府，政府不作为股东的直接代表，由公司来负责对国有资产的保值增值。否则就要重复过去政府直接指挥国有企业，那就谈不上“内部人控制”问题的解决。

第二，要建立企业法人财产支配权的制度。企业的法人财产具有独立性。就是企业法人可以支配这个企业的财产；企业财产具有统一性。不管有多少股东入股这个企业，企业财产都是这个企业法人的统一财产，股东不得直接干预。这样使得法人有充分的自主权、经营权。产权明晰，责任才能明确。有财产的支配权，经营管理者才能有积极性。这是一种激励，也是一种约束，是一种内在化的利益激励和内在化的责任约束。企业法人产权的确立，不仅具有使外在利益内在化的激励功能，而且具有使外在责任风险内在化的约束功能。

第三，公司的财产、企业的财产，要实行价格化管理，可以转移，可以交易，产权可以流动。在这个过程当中，可能会产生国有资产的流失，但是不流动也可能会流失。它贬值了，它的经济价值没用了。没有用的国有资产摆在那里，就是一堆废铜烂铁，把它利用起来，交易起来，恰恰是保值增值。当然，在这个过程当中，有些“内部人控制”可能就会从中捞到好处，但不能因有人捞好处就不让它流动。应该建立相关的制度，让国有资产流动、重组，在流动当中把它管起来，防止国有资产流失。这也是充分发挥经营管理者的积极性和创造性的激励约束的一种途径。

第四，建立和完善董事会制度。董事会制度强调的是“法人的代表”，强调集体决策，董事会对股东大会、股东会负责。董事会依据公司章程对经理执行监督，它有权有责任也有利益。因此建立董事会制度这一条也是解决“内部人控制”和对经营者激励约束的有效手段。

第五，建立由董事会来聘任经理的制度。聘任的好处是可以按照条件来选拔、任用经理，有利于社会人才脱颖而出。和经理聘任制度紧密相关的是要建立人才市场。有了人才市场，这样有才能的人到经理人才市场去进行公开、公正、公平的竞争和应聘。变现在行政任命制度为公开聘任制度，减少失误。

第六，要建立经理层薪金制度。企业家和官员的职业、制度不同，报酬也应该不同。企业家有风险，不能用官员坐办公室来衡量看待企业家。这几年我在研究经理年薪制时反复琢磨这个问题，我认为，经理的年薪制可以由三部分组成：第一部分，基本工资。基本工资能保证正常的生活水平，这一点在招聘时就应明确。第二部分，年度奖金。超额完成企业业绩的指标，就可以从中提取一定比例的奖金。假如企业亏损了，就不能拿年度奖金，但基本工资还是给的，因为一个企业的亏损是由多种原因造成的，比如天灾人祸、原材料涨价等等。第三部分，长期激励。是三五年以后才能拿到的奖励，这个就是股票的期权制度。给经理一部分的干股，现在还不能拿，三五年以后才能拿。企业经营得好，内部股票升值了，你就可以多拿了，这样经理就要考虑好好干，确立长期经营战略观念，克服短期行为。

我认为经理年薪制既是激励机制也是约束机制。就经理自身利益而言，激励本身就是一种约束，而且一般来说，激励越大，其约束也就越强。从这个意义上说，只有让经营者享有充分的物质利益，才能实现真正有效的约束。当然，经理的薪金制度的报酬应该公开，接受外部监督。

此外，退休养老保障应按照正常退休制度来进行，一般来说应该从年薪制上使经理们获得日后的退休养老物质保障。但现在这个问题没有解决，使“内部人控制”与“代理人危机”同时存在。这也是现实当中应当解决的问题。这就需要加快建立经理的年薪机制、经理的风险机制和退休保障机制。

第七，建立健全监督机制。首先要健全机构。监督机构主要由三部分组成：董事会、股东代表、职工代表。职工代表包括各类组织，工会、党组织，按照党章和公司法的相关规定，起监督保障的作用。“内部人控制”问题的出现，主要是因为经营管理者的权力膨胀到超出了他的职责范围。因此，非常有必要对企业经营管理者进行监督，防止企业经营者滥用权力。要加强这方面的监督机构组织，保障所有者、经营管理者、劳动者的利益都不受到损失和损害。如果说有了监督机构，没有合理配套的法律、法规，监督机构就会形同虚设。国企“内部人控制”问题的出现，原因之一就是因激励机制不够，约束机制也不够。因此，要建立企业家激励、约束双重机制，实行公开制度。公开厂长、经理的经营状况，公开经营业绩，使其接受企业内部、法律和社会舆论的监督。

第八，加快政府职能转变，实行政企分开、政资分开。最主要的是建立和完善法人治理结构，明晰产权，创造良好的外部环境，包括完善各类市场，通过市场机制来检验企业业绩。加快企业家队伍建设，还要改革人事制度。现在这种行政任命人事制度，带来的问题太多了，已到了非解决不可的地步了，不然国企搞不好。

以上几个方面，我认为都是解决国企当前“内部人控制”问题，解决激励机制、约束机制问题的根本前提和根本途径。

另外，我要特别强调的一点是，对“内部人控制”问题的研究，对国企经营管理者的激励约束机制的研究，要按照现代企业制度以“公司制”为代表的改革方向来进行，换句话说，就是按“公司制”对经营管理者的激励机制、约束机制来进行。对这个观点的研究，现在有所进展。我认为，这个问题是个理论问题，更是个实践问题。我们既要根据国情积极地、尽快地找出一种具有中国特色的好制度，又要借鉴西方现代企业制度“公司制”的有益经验。

（原载《理论视野》，1998（1），记者：瞿艳萍）

● 规范稳妥推进现代企业制度改革

——访中国人民大学工经系主任邓荣霖

现代企业制度改革试点，旨在逐步理顺产权关系，完善现代企业组织制度及管理制度，使国有企业重铸机制，重焕活力，重现效益与辉煌。

那么，对现代企业制度的试点，各界有何反响和评价？记者最近走访了中国人民大学工经系主任邓荣霖教授。

记者：全国性的现代企业制度试点已经展开，请问您对推行这一改革的现状有何评价？

邓荣霖：党中央、国务院提出建立现代企业制度，这是一件具有现实和战略意义的大事件，实现市场经济的目标并与国际经济接轨，必须建立现代企业制度。

回顾我国国有企业15年改革的实践，我国先后制定了近千条的企业改革措施，这对促进社会主义国有经济的发展发挥了不小的作用，取得了很大的功效。但是，就其扭转国有企业诸多根本的弊端而言，还难以令人满意。其原因，一是这种改革基本属于政策性调整的范畴。企业竞争的公平性原则不能体现，对不同类别的企业照顾不周全。二是以行政放权为主要特征。今天颁布10条，明天颁布20条，多在对企业放权扩权的量上做文章。因此，15年来，企业改革一直未能触及企业改革必须解决的实质问题，“自主经营，自负盈亏，自我约束，自我发展”的目标未能实现。

1993 年 11 月，党中央、国务院提出了推行现代企业制度改革试点。半年来，试点工作进行顺利。突出的表现是：全国企业界积极关注现代企业制度的改革情况，理论学习普遍展开，各有关部门及企业的试点方案正在加紧制定中。目前试点中应予注意的问题是，企业习惯关注自己在此项改革中的利益，对改革却有等待观望之势，推进现代企业制度改革的动力反倒比政府差；另外，企业制度的改革需要配套措施，单一企业的改革没有政府大环境的协调，改革不可能继续；再者，立法与执法应统一。试点必须以《公司法》为依据，不能再搞新的条条框框之类的东西，而企业有了《公司法》，改革要依法推进。

记者：您认为国有企业推行现代企业制度，最关键的要解决哪些难点问题?

邓荣霖：我认为在建立现代企业制度中，关键是要建立好现代企业产权制度、现代企业组织制度、现代企业管理制度。这三个制度，直接对应着目前我国企业面临的弊端。

建立现代企业产权制度，就必须按公司产权制度理清国有企业产权不清的问题。公司产权制度的内涵是，一要有明确的股东，出资者必须是具体的法人、自然人；二是公司财产有限责任；三是公司要拥有法人财产权；四是公司资产实行价值流动、市场化管理；五是公司财产所有权与经营权分离。

建立现代企业组织制度，主要有如下内容：对传统的国有工厂的名义法人实行公司化改造；对现有的非规范公司进行公司化改造。可以说现行规范公司的政企分开之日，就是企业政企分开之时。从某种意义上说，目前的政企不分，主要表现在公司政企不分，如两个牌子一个机构，以企代政，公司又兼政府行政职能，还兼行业管理职能。这就使得政企不分的情况更严重了。再一个问题是，公司与内部工厂的矛盾渐多，这也是公司不规范的后果。公司是法人，而工厂去做公司的业务单位，行政撮合起来的“公司”，必然触动原工厂的利益，酿成矛盾。建立公司组织机构，应遵循《公司法》要求，建立完善的股东大会、董事会、监事会，聘任总经理；原工厂有的职代会、工会、党委会应予妥善过渡。

记者：关于现代企业制度的公司财产终极所有权问题，您怎样认识？

邓荣霖：重点是两个问题：一是政府的行政部门要实行政资分开，政资分开，才能政企分开，分开的目的是使国有资产终极所有权有具体的负责对象，并保值增值。二是要设立国有资产专门的管理部门和机构，如投资公司、控股公司、经营公司、国有大企业集团，并由这些机构派出人员实施管理。

（原载《经济工作通讯》，1994（7），记者：杨伯昱）

● 断臂，是有远见的表现

——访中国人民大学商学院教授邓荣霖

一、退出未必就是失败

《财经时报》：柯达作为影像王国的老大，现在不得不转型，您如何看待柯达转型？

邓荣霖：我觉得像柯达这种公司，它面临着高新技术、信息化、全球化的挑战，这是一种趋势。必须适应这个市场的变化、客户的变化，还有技术的变化来调整自己的战略，确定自己的定位。在这个过程中，要根据公司本身的条件和基础来调整。

柯达面临的最大挑战就是传统的产业遇到了市场变化，这个变化主要是技术的变化，还有竞争对手的变化，都在促使它加以调整。怎么调整？我觉得这是多方面因素决定的。柯达转型，采取这种动作，是公司有活力、有竞争力的表现，它能够自己加以调整，而且我觉得它是比较敏感的，朝着21世纪的市场、新的客户的调整变化。

《财经时报》：有人说柯达的转型是被逼无奈，还有评论说柯达转型速度比较慢，已经被对手逼到墙角了，所以不得不反击，不得不转型。您怎样看待？

邓荣霖：任何公司做战略调整，都是迫于无奈，迫于市场的压力，迫于自己的生存，也是迫于发展的需要。柯达转型出于外部环境的变化、内部条件的需要，这是内外结合的结果，不是单纯的由内向外或由外向内。柯达像其他的公司一样，在市场竞争中会遇到风险甚至危机。我觉得任何公司应该都有风险意识，都要有危机感，而且风险越早发现越主动。柯达总体来说还应该算是主动出击。所谓主动出击，它有依据，也就是有预感有风险，有危机，不这么做可能就面临被淘汰，甚至面临死亡的境地。按现在情况来看，柯达基本扭转了原来的被动局面。

所以，我觉得还可以从柯达转型当中，吸取一些对我们有用的思路。我们国内的企业现在也就是两个极端，一是碰到问题了死不回头，还有就是理不顺进入市场和退出市场的关系。现在中国很多企业还有这样一个误区，进入市场就是成功的，退出市场就是失败的，这个看法太片面了。

二、转型无损于品牌

《财经时报》：您刚才说，柯达在争取市场上有进有退这点值得国内企业学习，除此之外，柯达转型还给国内企业提供了哪些重要的启示呢？

邓荣霖：柯达转型过程当中制度建设和文化建设的关系，处理得比较好。因为它在转型过程中，对于旧的制度要改革破除，要建立新的制度，但它的文化一直是延续下来的。不能光看它裁员的一面，因为在转型过程中，公司转型必然会导致组织的变革。

转型过程当中，会碰到困难，会有曲折，甚至有个别的做法不成功。对柯达来说，它会对转型过程中碰到的困难、曲折乃至不成功做调整改进。这是一家百年老店的自主创新，实际上是制度创新、文化建设的结合。这些经验，都值得国内企业学习。

《财经时报》：最近，柯达把医疗器械业务以 25 亿美元的价格卖出去了，有人说柯达转型是有断臂之痛，是用断臂来保全身，您如何来看待这个说法？

邓荣霖：断臂，却能挽救整个柯达，这是值得的。而且有这种精神，是公司有活力、有生命力的表现，是有希望的表现。总体来看，它的发展趋势还应该说是至少有活力，不断进行创新，包括制度创新、产品创新、业务创新，来适应组织变革的需要。

《财经时报》：转型之后，对于柯达品牌有没有影响？毕竟柯达是百年老店，曾经的品牌形象深入人心。

邓荣霖：我觉得转型更能够增强它品牌价值并提升形象，不会说因为转型了就影响品牌。品牌的影响，除了质量问题，或借了钱不还，或者损害客户的声誉问题，柯达没有这些，不影响它的形象。杜邦公司现在搞生物化学了，原来它是搞炸药的，现在怎么就不搞炸药了，难道说就不行了？不是这样的，实际上是公司随着时代的发展、技术的变化、市场的变化，来调整自己，只能说明它更有生命力，更有活力，形象会更好。

三、柯达转型的制度体现

《财经时报》：那您认为柯达是一个成熟的企业？

邓荣霖：没错。不像我们国内企业，很多东西已经不行了，却硬着头皮不搞其他的产业。柯达不是，它是适应内部的调整，适合外部的环境。所以我觉得柯达是长寿型的公司。

《财经时报》：国内企业与柯达这样的公司相比，主要差别在哪里？

邓荣霖：是制度的差别。柯达这种制度是100多年来延续下来的，制度就是公司制度，一个向股东负责的法人制度。柯达调整是为了对投资者负责，对股东负责，也对公司自身负责。另外，最主要的就是有一套完善的公司制度。制度只能根据不断变化来加以创新，包括产权制度、组织制度、管理制度，制度最主要是这三个方面。柯达公司的产权制度、组织制度、管理制度，100多年来延续下来，制度很成熟。看它的资本，这个时期盈利了，那个时期亏损了，盈利多一点，亏损多一点，这个应该说是市场的正常现象，但总体来说，不能老亏损，亏损当中要发现问题，经过调整又盈利了说明它在产权制度上还是用不断创新来调整自己。组织是保证，组织是最主要的机构，组织制度创新能保证产权制度的运行，中国企业跟柯达这一类公司的差距主要是制度的差距。

还有就是文化的差距。文化是价值观的问题。怎么看待公司的价值？实际上我觉得柯达转型是立足于整个公司的价值，它的文化是延续下来的，公司价值，公司利益，要关注整个公司的生存和发展。它的企业文化做得比较好。

《财经时报》：柯达转型是不是被看做是企业发展的方向，很多企业发展到一定情况下应当考虑转型？

邓荣霖：没错。柯达转型是国际上成功的公司转型案例。它把医疗器械业务卖掉，然后重新又并购其他一些业务，这本身就符合调整所面临的具体情况。柯达进入新的领域需要资本，要保证现金流，还要保证时机，就是断臂，这也是有远见的表现。

《财经时报》：柯达以后要走得更远，你觉得在哪些方面要加强？

邓荣霖：柯达最主要的问题，我觉得还是需要新的人才。首先，有新的产业，就要有新的行业的技术人才、经营人才、管理人才，进入资本运作也需要有相当一部分适应新领域的人才；其次，对新的行业，产业制度建设应该加强；最后，内部组织很重要，这些组织的建设应该加强，这样柯达的稳健步伐就能够延续下去。

（原载《财经时报》，2007-02-26，记者：王海珍）

● 中国企业改革的今天和明天

20世纪末和21世纪初，随着中国恢复在世界贸易组织中的地位，中国市场经济与国际社会接轨的趋势已成必然。总结20多年的经验教训，中国政府决定进一步加快国有企业改革的步伐，推动完善社会主义市场经济体系，提高综合国力以增强国际竞争力。在这个大的政治背景下，邓荣霖教授的现代企业制度和公司理论就凸显出高屋建瓴的划时代意义。本报记者就此问题在北京对邓荣霖教授进行了专访。

记者：邓教授，您在1984年就提出了比较完整的具有中国特色的关于公司的理论体系，请您谈谈，当时中国还是计划经济，您是基于何种考虑提出具有中国特色的公司理论的？

邓荣霖：当初我能够提出较系统的公司理论，主要基于以下几个方面：发展公司与发展经济存在密切的关系。我经过反复调查研究发现，经济发达国家，都是公司发达的国家，发展公司与发展经济存在极其密切的关系。因此中国要发展经济，必须进一步发展公司。在1987年出版的《工业公司概论》中，我首次提出：发展国家的主体就是发展以公司为主体的现代企业。我在研究中发现，在市场经济的发展过程中，公司在现代经济体制中，是最现代、最重要、最先进的企业组织形式，因此只有建立现代公司，才能把握中国经济发展的主体。

现代公司和技术进步之间存在依存关系。发展科技，就要发挥公司的作用，因为公司和一般企业组织形式不同，现代公司是生产和科技的结合。我曾在 1984 年 4 月 23 日的《人民日报》上发表一篇文章，题为《要发挥公司在技术进步中的作用》，因为建立现代企业可以有效地避免生产和科技相分离的现象，使生产与科技结合为一个利益共同体。

现代公司是经济体制转换的必然趋势。在计划经济体制下，中国国有企业采取“单厂制”（一个工厂就是一个企业），实行“统购统销、统收统支”，企业只要按照国家指令计划，完成任务了，它就可以生存。而在现行的市场经济体制下，“单厂”不能适应新的经济体制，我在研究发达国家的企业形态中逐渐认识到：公司制是经济体制发展的必然趋势。中国国有企业改革在组织形式上要从“单厂制”生产性单位转变为市场经济条件下公司制单位，可以做到五个方面的结合，即工商结合、工贸结合、农工商结合、生产和科研结合、产业资本和金融资本结合，同时可以发挥两大优越性，即可以提高专业化协作水平，造就新的社会生产力；可以实现社会资源的综合利用，带来规模效益。因此考虑到经济体制因素，体制的改革必然要求企业组织形式发生相应的变化。

长期的教学（实践）研究使我了解企业的内涵。我是 1957 年到人民大学，从那时起我就开始研究国内外公司，我感觉到，公司管理是现代企业管理的代表，反映现在企业管理的真正水平。中国企业管理要达到世界级水平，生产和科研、金融不能脱节，政府需要为企业管理创造良好的环境。

运用外国现代公司成功经验完善现代公司理论。我从 70 年代后期开始出访欧洲各国，考察外国公司组织形式，回国后我就开设了“公司概论”课程，把国内企业改革的经验和国外已经成功的现代公司经验共同吸收到教学中。

在长期的实践工作以及对政策、法律的研究中，我也不断地检验与健全现代公司理论。从 1984 年起，我开始参与全国性公司、地方政府以及各地总公司的公司制改造工作，如北京缝纫机总厂公司制改造咨询等。经过参与从工厂制到公司制的改造过程的执行、研究、方案的设计和发展战略的设计，我意识到建立具有中国特色的公司理论体系，不仅是现实需要，也是未来发展需要，而且让我坚定了继续研究的信心。

我的系统理论初步形成于 1985 年的《公司的地位和作用以及清理整顿公司问题》全国性报告以及河南省第二轻工业厅编制的《公司概论》。在 1987 年出版的《工业公司概论》中，我开始正式提出了系统的“建立并发展具有中国特色的社会主义公司体系”的理论框架，这里包含了中国公司建设发展的各个阶段的每次重复和曲折的发展。

基于上述因素，对于公司的认识，我提出比较全面的观点，主要是：公司是市场经济发展的产物，是市场经济条件下有效的企业组织形式；公司反映社会化大生产的客观要求，是推动社会生产力发展和技术进步的重要力量；公司是企业形式的演变和发展，是生产力发展的必然趋势，多种公司形式并存和发展是增强公司活力的组织基础；《公司法》的制定和完善是公司顺利发展的根本保证。

另外，我分析了 1978 年前后的中国企业状态，结合中国企业当时的状态，明确提出公司将成为中国市场经济下的主要的形式；中国要确定公司是现代企业的表现，就要针对中国企业“政企不分”的特点，要做到“政企分开”；公司在法律地位上是独立的，要避免政府干预；提出了有限责任公司和股份有限公司是它的基本形式；中国公司的发展还需要研究其内部制度，并建立合理的外部环境；要出台《公司法》及相配套的一系列法律。这样就形成了系统的公司理论体系。

记者：中国的国有企业改革经历了这么多年，您认为目前中国国有企业中最迫切需要解决的问题是什么？和改革之初存在的问题有什么不同？

邓荣霖：目前最迫切需要解决的问题是制度创新。

改革之初，我们面临的问题主要是质量、技术、成本等表象问题，随着 20 多年的努力，我们已经逐步解决了一些，但是根本问题还需进一步解决。现在中国国有企业改革的重点就是企业改制，需要制度性创新。所谓的制度创新，就是用现代企业制度取代国有企业制度，用公司制度取代工厂制度。

现在我们的首要工作就是观念变革。以前我们用优惠、倾斜、扶持办法解决企业问题，现在要靠制度，靠公正、公平、公开的制度来解决企业的问题；以前靠推广先进企业的经验，现在要在制度创新的基础上，吸收先进经验，减少行政干预；以前我们通过行政手段更换个别领导人，现在应该通过制度对领导人进行更替。下一步国有企业改革的方向，就是要建立现代企业制度，继续按照公司制度的要求转换国有企业机制。现代企业制度创新包括三个方面：产权制度、组织制度、管理制度创新。就这个问题，我在 20 世纪 90 年代初就提出，未来的企业改革方向要具备两个度：广度和深度。广度就是对所谓的垄断行业、大型企业、事业性企业等都要进行改革；深度就是要重点进行产权制度改革，建立现代产权制度。

记者：中国加入 WTO 后，中央政府提出了产权制度改革的新思路，您认为这将对国有企业制度和结构性的改革产生什么样的影响？请您从正负两个方面谈谈这个影响。如何发扬正面影响，克服负面影响？

邓荣霖：好。就这个问题，我认为，从正面看，这将有利于中国企业融入世界，提升中国企业竞争力，适应中国企业实现经济全球化、技术信息化要求，这是制度创新的前提。中国共产党第十六次全国代表大会提出建立产权制度，将对国企制度创新、提升竞争力产生积极影响，从长远看有助于中国经济结构性改革，有利于中国企业做强、做大，增强市场竞争力。从负面看，产权改革提出后，国企改革面临严峻挑战，因为各种性质的企业都将在市场经济条件下享受国民待遇。

所以我们要争取发挥正面影响，克服负面影响。首先政府要为企业创造良好的外部环境，建立健全法律法规，做到有法可依、执法要严；其次是企业自身要增强危机意识，重视危机管理，按照国际规则深化产权制度改革。

记者：请问邓教授，中国的国有企业改革和其他国家的国有企业改革有什么不同？中国的国有企业改革可以为其他国家的国有企业改革提供借鉴吗？

邓荣霖：对于这个问题我在70年代末就开始专门进行研究，我认为区别是：所占比重不同、环境不同、管理方式不同、内部机制不同以及结局不同。

所占比重不同。国外国有企业在国民经济中比重很小，中国国有企业所占比重很大；中国国企的改革是有进有退，要有所为有所不为。

环境不同。国外的国有企业出生在市场经济环境下，中国的国有企业出生在计划经济环境下，因此如何转换固有的思维方式，是中国国有企业所面临的严峻挑战。

管理方式不同。国外的国有企业基本是依法管理，行政干预较少；中国国企基本是采用政府直接干预的行政管理方式，这就是我们常说的“政企不分”。

企业内部机制不同。国外的国有企业基本能做到员工能进能出，内部人员能上能下，报酬能高能低，资本能够流动。中国的国有企业则不能，员工进出困难，内部员工有行政级别，上下困难，报酬能高不能低，资本需要政府审批，流动困难。

结局不同。国外的国有企业可以做到能生能死，中国的国企能生不能死，因为企业承担太多的社会责任，企业破产对社会震动较大。日本在20世纪60年代末开始对国有铁路进行股份化改革，烟草、电信等行业也进行了相应的改革，是按照市场经济规则进行的，改革比较成功。

由此看来，中国国企的改革比较艰难，但是我认为，中国经验可为他国借鉴。因为中国不仅存在民营企业，而且中国的国企改革是渐进式的，取得了一定的改革效益，维护了社会稳定，保障了员工就业，其经验有可借鉴之处。

记者：在日本的中国留学生攻读企业管理专业的人很多，获得博士、硕士学位的留学生也不少，有很多留学生正准备带着这些理论和经验回国发展，他们也需要进入中国的国有企业工作，请问邓教授，他们现在需要做好怎样的准备才能适应中国国有企业改革的需要？中国的国有企业改革更需要哪些人才？

邓荣霖：他们回到国内，进入国企工作参与改革要做的准备是：需要更多了解中国改革开放的历程；了解和掌握国企改革最新发展方向和趋势；将理论和实践相结合，运用到中国企业实际工作中，要从中国实际出发，吸收借鉴包括日本优秀企业在内的世界各国企业的管理经验。

现在中国企业也顺应跨国公司发展的要求，即人才国际化、全球化、信息化、本土化，我相信从日本归来的学子可以发挥重大作用。目前国企改革需要创新型人才，需要具备专门技术、知识、技能的人才；成功的高级CEO、复合综合型人才；中国目前刚开始进行金融企业改造，需要金融综合型人才；需要国际化开拓人才，以便使更多的企业走向世界；还需要职业经理人。总之，目前中国就业市场广泛，空间广阔，机遇也相对较多。

记者：请邓老师对在日的华人华侨说几句话。

邓荣霖：我曾于 1996 到日本参加过中日企业经营管理研讨会，我认为在日华人都很关注中国改革，并做出了努力，他们在中日企业交流中发挥了重要的作用，为世代交流合作的友好关系做出了贡献，我衷心希望在日华侨的子子孙孙为两国的友好往来继续发挥重要的作用。

（原载日本《日新时报》，2004-05-05，记者：吴欣）

● 数字背后的企业信用

——访中国人民大学商学院教授邓荣霖

记者：企业经营效益的好坏，往往通过各种财务指标直观地反映出来。但是在实际统计过程中，又会受到很多其他因素的影响。请您简要评价一下目前企业中财务统计的可靠性。

邓荣霖：1978 年改革开放以来，我国企业的经济效益由过去计划经济体制下的考核转向市场经济体制下的考核，企业的财务管理、会计核算、数据统计总的趋势都是在朝着市场经济的方向发展；我国的财务会计制度改革也取得一定成效，比过去有了很大的进步，这一点我们应该看到。

但另一方面，现在很多企业的财务统计和会计核算，如果完全按照市场经济条件下财务制度和会计制度的要求，其数字的可靠程度还是有差距的。这主要是由于目前企业中普遍存在呆坏账比较多，待处理损失和待摊费用金额比较大，库存账实严重不符，固定资产少提折旧、多计收入、少列成本，各种准备不计提等。另外，也不排除人为数字造假的因素。这些都影响了财务统计的可靠程度，因而也就不能反映企业的真实情况。

产生这些问题的原因是多方面的。首先，我国的市场经济体制还不够完善，企业对优胜劣汰的市场机制还不太适应，对投身市场后承担的风险和需要付出的代价也不明确。出现财务统计失真，也说明企业经营自主权没有得到应有的发挥，企业经营成果的好坏并不能得到真正的反映。

其次，企业考核机制存在问题。由于政企关系没有理顺，在运用政策方面就会出现偏差，包括财务会计制度、税收、财政、银行信贷等方面，政府干预较多，存在很多报批、审批事项，使得企业的经营业绩主要是向政府负责，而不是对市场负责。还有是在考核指标上，注重总产值、销售总额、业务总收入等单一的总量指标的考核。因为在各类评比、评审中，政府部门往往以这些指标作为重要的评价标准。这样就导致企业为应付上级的评比而一味追求总量指标，忽视结构性指标的平衡，影响企业的经营质量。

记者：诚实信用，是每一个企业生存发展的基本法则。如果企业在财务统计中弄虚作假，大做“数字文章”，可能会造成表面上的一时繁荣，但是由此给企业带来的危害恐怕也是巨大的。

邓荣霖：是的。目前企业统计中普遍存在着数字水分，通过做假账，造成企业表面上的繁荣，出现了所谓的“企业泡沫”，其直接的危害是导致企业信用的缺乏，阻碍企业资金的正常流动，引起企业内部管理的混乱，进而影响到整个市场的规范。所以说，企业信用问题往往会演变成社会性的大问题。

数字统计不可靠，信用不足，又会在市场上产生连锁反应。在很多企业中流传这么一种怪论：企业不做假账，就不能盈利。结果是不守信用的企业大行其道，在市场上占了不少便宜，而诚实守信的企业则受到孤立，甚至还吃了不少亏。“盈利”的企业能在各类评比中获奖，能顺利通过审批达标晋级，成为市场上的“佼佼者”；而那些通过诚实劳动踏实发展的企业，却显得业绩平平，很难榜上有名。市场经济的生存法则是优胜劣汰，在这里却变成了劣胜优汰，那么竞争还有什么意义？在这样的市场环境下，一些企业迫于竞争压力，可能会从诚信转为虚假诚信，如果任其发展，就会越陷越深，最终只能是以丧失信用来换取企业的生存。这绝不是企业的进步，而是一种倒退，与市场经济发展的要求背道而驰！

所以说，少数企业的不守信用，可能会导致更多的企业丧失诚信，最后就可能出现整个企业的信用危机。这对任何企业来讲，无疑都是毁灭性的灾难。如果我们现在对企业信用问题还不给予足够的重视，不仅会给企业自身带来潜在的危害，也会严重影响社会经济持续健康稳定的发展。

记者：数字造假，信用缺失，是当前我国市场经济中的一个不良现象。那么，问题的根源究竟在哪里呢？

邓荣霖：出现数字造假，与前面提到的市场经济不完善有直接的关系，企业政企不分，计划体制残余的影响，都是引发上述问题的体制原因。可能有人会说，在市场经济十分完善的西方发达国家不是也出现了安然、世通等大公司的会计丑闻吗？那又如何解释呢？这个问题要从两方面来分析。一方面是会计制度、财务制度本身有缺陷，存在不合理、不规范的地方，留下风险和隐患；另一方面，就是人为违规做假账。就后者而言又有两种情况。一种是主观过失造成的。由于各种会计制度、财务制度变化较大，相关人员掌握起来有困难，难免在操作中出现偏差。另一种是主动操纵的。会计人员在领导的授意下或是迫于领导的压力，都有可能违反财务规定去做假账。但如果要分析企业做假账的具体原因，情况则是相当复杂，恐怕一两句话也很难说清。

不过，根据我对许多企业的研究，发现在财务管理上普遍存在着一些现象，或许对找到问题的根源有所帮助。一是企业重视对国家具体行政政策的落实，忽视了自主的财务管理；二是重视实物管理，忽视企业综合价值的管理；三是重视总量的考核，忽视结构性的考核；四是重视事后的总结分析，忽视事前的预防控制；五是重视生产成本管理，忽视资金成本控制；六是重视当期收入最大化，忽视远期风险控制；七是重视信贷关系的建立，忽视财务信用的管理；八是重视企业内部管理，忽视社会中介机构的参与；九是重视个别指标的计算，单纯应付各种评比、审批，忽视企业整体的评价。

记者：如果要从根本上解决这一问题，政府和企业自身还应做出哪些努力?

邓荣霖：杜绝假账，倡导诚信，是国家、社会和企业共同的责任。首先，要逐步完善社会主义市场经济体制，加快相关配套法律制度的建立和完善，特别是要加强企业财务、会计核算、内部控制、审计监督等制度的建设，为企业发展提供良好的制度保障。

其次，调动政府各职能部门和社会力量，发挥监督约束作用，打击做假行为，引导企业诚信经营。要建立以信用信息征集、信用状况调查、信用评价、信用自律、失信惩戒为主要内容的企业外部信息制度；法院、银行、税务、工商等部门应将企业不守信用的记录对外公布，向社会公开，让不守信用的企业通过新闻媒体曝光，接受社会舆论的谴责；对失信企业，工商部门年检时应评为不合格，对于两年不能修复失信记录的，应予以注销；银行在向企业发放贷款时，应审查由中介机构提供的企业评估报告和信用记录；对企业领导和会计从业人员要建立信用档案，并作为其任职聘用的参考条件；政府部门要转变职能，多采用经济手段引导企业诚实守信，减少行政干预，改进对企业考核评比的方法。

最后，对于企业自身而言，则要内外结合，加大改革创新的力度。一方面是加快现代企业制度建设。从根本上讲，财务数字直接关系到利益分配问题，包括企业与国家的利益、企业与个人的利益。因此，只有企业的产权制度清晰了，才能有效解决分配问题。组织制度要变革，明确了各部门的职责和权限，才能核算清楚从公司总部到每个员工的利益分配。管理制度要创新，财务管理、会计核算要适应市场经济的要求，为企业服务，对企业负责。另一方面，就是加强企业文化建设。在企业内部要树立信用风险意识，加强信用风险管理，防范来自外部的信用风险，自觉抵制不良信息的干扰，形成企业信用的良性循环。要提高从业人员包括企业领导的素质，特别是职业道德的培养，对诚实守信的人员要表扬、奖励，对不讲诚信的人员要批评教育，严重者要给予惩罚。

（原载《中国邮政》，2004（12），记者：潘建伟）

● 理性看待食品价格波动

近期，猪肉价格、肯德基价格、方便面价格、部分中式快餐价格等相继上涨，涨价一度成为社会热点。如何看待这种现象，社会各界众说纷纭。记者就此采访了我国著名经济学家、中国人民大学商学院邓荣霖教授。

一、价格波动具体问题具体分析

对于当前多种粮油食品全线涨价，邓教授认为，必须认真解决当前物价上涨总水平过快，以及市场价格行为不规范的问题，另一方面要稳定理性地看待价格波动。对于一些涨价现象不能就现象看现象，必须具体问题具体分析。

邓教授举例说，猪肉价格上涨的原因是多方面的，它涉及一个产业的产业链问题，包括饲料的供应，猪种粮种的供应，生猪养殖、屠宰、分销及深加工等诸多问题。实际上，中国生猪生产还是采用小农经济的饲养方式圈养，养猪农户处于整个产业链的最末端，在市场经济中处于劣势。玉米、大豆、粮食、饲料的供应都已经国际化、全球化，小户养猪方式受到了很大挑战。目前猪肉价格上涨，且涨价持续时间长，是近 20 年所没有的。肉价上涨的原因很复杂，存栏下降、价格下降给这次涨价埋下伏笔。邓教授认为，实际上这次涨价就是猪肉生产矛盾的一次集聚和爆发。

“解决问题要立足于长远，立足于根本，不能就事论事。”邓教授说，通过这件事我们还应该看到中国的养猪业与国外的差距，如美国有养猪协会、养猪的相关政策和一套科学体系，并建立了养猪大农场，同时，猪肉是期货交易，有远期价格，因而避免了市场风险，对稳定生猪生产起到了重要作用。而中国现在则没有期货交易。曾经到多国考察过的邓教授建议，中国应该建立生猪期货市场，这样才能建立稳定的猪肉价格体系。

面对一些消费品的集体涨价，大家感觉当前物价上涨总体水平过快。邓教授强调“肯德基、方便面、部分中式快餐价格的上涨要区分看待”。方便面价格上涨有的是原料价格上涨引起的。方便面最重要的原料就是棕榈油，棕榈油的价格上涨近一倍，平均涨幅40%，另一原料价格也在上涨，平均涨幅25%，因此，部分方便面生产企业涨价是正常的，但现在的问题是方便面集体涨价、联盟涨价和以协会名义涨价，这说明市场行为不规范。部分企业有操纵价格的嫌疑，有的厂家高调炒作，搭便车。这种市场价格行为的不规范是应该制止的。因此，对于媒体来说要区别对待，不能一概说不能涨，也不能一概说都涨。

二、看得见的手和看不见的手要结合

“价格始终是市场经济条件下一个敏感的难题，特别是消费品。”作为经济学家，邓教授特意向记者强调。之所以说它敏感，是因为价格问题直接和人民的生活水平有关，特别是一些低收入者会受到影响。所以，政府对低收入者应该给予补贴，维持低收入者的生活水平，“再穷也要有底线”。毕竟，对低收入者的生活给予补贴有利于社会的和谐和稳定，邓教授说。

价格问题始终是个难题，这其中有消费者的利益，有企业、有行业、有政府的利益，是错综复杂的关系。价格是调节供求关系的手段，价格的波动是正常的。如方便面价格上涨，有的是原料上涨，有的就是搭便车。实际上现在很多产品价格上涨是厂家根据利润获取而不是根据成本去上涨，这对消费者来说是不公平的。

方便面集体涨价引起社会的质疑，但是，是不是政府用行政手段直接去干预，效果就很好呢？邓教授说："直接去干预不是解决问题的最好办法，这样很容易造成有价无市，有钱但买不到东西。"实际上，政府应该做的事很多，一方面，政府要对低收入者给予补贴，保障他们正常的生活水平；另一方面，对有些价格，涉及一些公共资源，如水、电、气、交通等政府要利用调控手段去调节。当前，政府也出台了一些调控措施，起到了很好的效果。

价格问题要由市场去调节，由供求关系去解决。政府要鼓励市场公平竞争和有序竞争，价格问题就能解决。政府要有长期行为而不是短期行为，要采用市场手段，而不是采用行政手段。邓教授的看法是，"看得见的手和看不见的手要结合起来，无形的手和有形的手要结合起来"。政府要限制抱团涨价、联盟涨价、操纵涨价、不规范的涨价，而不是去限制某种产品的具体价格。

三、解决价格问题还是一个长期过程

"价格问题要从长远解决，不要炒作、短期行为、急功近利，要用市场规则解决，而不是用行政手段去解决。"邓教授说，价格问题的解决还是一个过程，此次涨价风波只是其中过程之一。所以，我们就要抓住制度，解决根本问题，不是就事论事，解决好企业和政府的博弈关系。另外，中介组织、行业协会必须公正、公平地对待这次涨价事件，而不能站在行业角度去看待。

解决价格问题是一个长期过程，那么在其中，许多人都会关心政府和企业要做什么。邓教授说，政府要制定《价格法》,《价格法》的相应法律和法规要完善；政府要执行法律法则，规范市场价格秩序，防止垄断、哄抬物价等不正当竞争行为；政府要稳定资源、公共产品的价格；政府要对低保和低收入者提供支持，尤其是对那些没有工作的人和老人。

而对企业来说，企业要规划企业制度，要通过建立现代企业制度，合理解决价格问题。对粮油食品的全线涨价，很多人都担心会不会引起通货膨胀。对于这个顾虑，邓教授乐观地说："现在价格上涨总水平过快，市场价格行为不规范，而价格问题特别会影响低收入者，但就整个价格来说，还不能说中国现在是通货膨胀。所谓通货膨胀是指总需求大于总供给，现在是属于通货膨胀的前奏，有这个苗头，所以要引起有关部门的重视，控制价格上涨的幅度。如果控制不好，很容易引起通货膨胀。"

邓教授认为这次价格上涨和整个经济形势有关，现在要防止经济发展过热过快，用必要的宏观调控手段控制价格的上涨，并防止价格上涨出现通货膨胀。中国目前还处于计划经济与市场经济的转轨过程中，价格体系的应用还不科学，对价格的承受能力还有待提高，但中国整体的经济发展还是比较稳定的，所以我们要冷静理性地看待涨价现象。

邓教授最后说，价格问题要从根本上长远解决，还要解决就业问题、社保问题、医疗问题、教育问题、养老问题，这些问题的最终解决都将直接或间接促进价格问题的解决。

（原载《网络报》，2007-08-02，记者：张晓娜）

● 企业社会责任建设需双管齐下

近日，在“中国企业社会责任评价体系构建与应用”专题研讨会上，著名经济学家、中国人民大学商学院教授、博士生导师邓荣霖认为，推动企业社会责任建设不能仅靠行政推动，履行企业社会责任更多的是企业的自主、自愿行为，企业才是履行社会责任的主体。因此，现阶段企业应从制度创新和文化建设上下功夫，硬制度和软文化双管齐下，推动企业社会责任向前发展。

邓荣霖指出，山东省企业社会责任的研究成果和实践经验走在全国前列，值得借鉴和推广。

一、捐款只是一方面

邓荣霖说：“现在对企业社会责任有不同的理解，不能认为企业社会责任就是企业捐款，三鹿集团捐款很多，但是它的奶粉不过关，所以它承担不了社会责任。”除了捐款，从企业来说，调整经营战略、促进企业发展也是承担社会责任。邓荣霖表示：“做好经营战略，把企业效益搞好，就是承担企业社会责任。不要把企业经营和履行社会责任对立、割裂开来，不要认为企业社会责任就是做好事，其实把企业做好就是承担社会责任。特别是国有企业，虽然亏损了，但拿着国家的补贴去捐献，就是打肿脸充胖子。”此外，邓荣霖认为：“不能将企业社会责任无限扩大化，甚至把企业社会责任‘当个筐什么都往里装’，我不赞成把企业社会责任运动化。”

二、不能仅靠行政推动

企业追求利润最大化是否有悖履行企业社会责任？邓荣霖表示：“企业要承担社会责任，前提条件是企业必须是利益体。如果没有利益体，只拿钱捐款，企业不创造利润，这不是企业社会责任。企业是在追求利益的过程中处理好企业与社会的关系的。”

邓荣霖认为，企业既要承担社会责任，也要承担经济责任。“企业经济责任是企业社会责任的基础，企业如果不承担经济责任，更谈不上承担社会责任。而企业社会责任是市场经济与企业实践的产物，只有企业承担社会责任，企业才能发展。企业社会责任的实质是企业与社会的关系，企业取之于社会，又要回报社会。”

他建议，不应过多采用行政手段强制企业履行社会责任，企业要拥有自主权，企业能决定自己做什么不做什么。因此，严格来说，履行企业社会责任是企业的自愿行为。“政府通过行政功能引导企业做什么，不应做什么，但不能代替企业承担社会责任，更不能单纯以行政手段要求企业履行社会责任。”

三、重在企业内部建设

现阶段的企业社会责任该如何推进？邓荣霖说，除了依靠政府、行业协会、民间组织的推动，最重要的是发挥企业的主体作用。

“制度能够保证企业社会责任的长期性、持久性、永恒性，制度是长远和根本的，所以企业制度要适应企业社会责任的要求。”邓荣霖认为，制度创新主要包括产权制度创新、组织制度创新、管理制度创新，产权是前提，组织是保证，管理是基础。只有做好这三个制度的创新，企业社会责任才能长久。

此外，邓荣霖认为企业还要推动文化建设。“要把企业文化纳入承担社会责任中来，它是企业为实现社会责任目标而具有凝聚力的全体员工认同的价值观，在企业社会责任履行过程中，要不断积累和完善具有企业特色的企业文化。”

邓荣霖表示，个人素质是企业社会责任的起点，“企业文化的实质是要体现以人为本的企业社会责任观。所以，企业社会责任既承认个人利益，又要处理好人与制度的关系。制度在企业中起着长远和持续的作用，但制度是死的，人是活的，企业社会责任需要人来履行。有了制度就要强调执行，提高人的素质。只有这样，企业社会责任才能履行下去”。

“企业社会责任从企业内部来说要“软硬兼施”，双管齐下，既要有硬的规定，又要有软的要求，企业制度是外在的，要求企业必须履行社会责任；企业文化是内在的，又促使企业自愿承担社会责任。”邓荣霖说。

（原载《中华工商时报》，2010-02-02）

● 我熟悉深圳

邓荣霖教授是个忙人，在他匆匆从北京飞来深圳为人民大学研究生班讲课之机，记者在晚上 10 点多钟采访了他。

邓荣霖的社会兼职很多，他是中国企业改革与发展研究会常务理事、国有资产管理协会常务理事，并身兼国家几个经济管理部门的高级顾问。在理论界，邓教授可以说是紧跟中国改革的步伐，系统地研究、探索中国现代企业制度的先行者之一。早在 1986 年，我国无论是在理论研究还是在实践中，对公司制认识很不一致，对公司的标准、性质、作用还不很清楚的时候，他就明确地提出了发展有中国特色的社会主义公司体系的八点意见，提出了社会主义市场经济条件下公司的性质、地位、作用及组织结构，并明确提出股份有限公司和有限责任公司是促进我国社会主义市场经济发展的两种主要公司形式，呼吁尽快出台我国的《公司法》。经过 10 年的实践证明，邓教授的研究和预见是正确的，符合中国的实际。1993 年底，全国人大常委会通过并颁发了《公司法》，以法律的形式确立了社会主义市场经济条件下公司的地位和作用。

邓教授在中国经济学界有“邓公司”之称，谈及我国公司制理论的研究、发展和现代企业制度在我国的推行，他如数家珍。他向记者介绍了他主编的几部著作：《工业公司概论》《公司经营学》《现代企业制度概论》。这几本凝聚着邓教授心血的著作都在全国经济学界产生了很大的影响。由他担任主编的《中国企业管理大百科全书》，是我国第一部大型的现代企业管理百科全书，是由20世纪走向21世纪中国管理学领域最权威的大型工具书。

对于深圳，邓教授不仅很熟悉，也很有感情。他自己也记不清已是多少次来深圳。对深圳的企业更是不陌生。早在1987年，他就曾到万科、金田、特发等企业进行过调查和咨询，到石化讲过课，向华侨城提过建议，在深圳参加过多次全国性的学术活动……邓教授认为，深圳在按公司制改造国有企业方面是走在全国前面的，重点表现在深圳是用立法来推动国有企业的改革，深圳的公司制的建设和公司机构的设置都比较重视与国际惯例接轨，重视多元投资，这就使得深圳国有资产的效益比较好。

“深圳的人才机制比较好。这从学员的学习热情中可以感受到。”邓教授很感慨地对记者说。原来，就在记者采访他的那天早晨，华侨城企管部和策划部的经理就把邓教授请去座谈，员工运用刚刚学到的理论知识，联系实际来分析、研究他们工作中的问题。“我觉得，深圳的学生学习的那种主动性、迫切性很让人感动。我知道他们都很忙，有许多学员都担负着比较重要的工作，但他们都排除一切干扰来上课，并且善于思考。正是深圳人才素质和水平的不断提高，才使得深圳一直保持着一种较快的发展势头。”第二天一大早，邓教授又要飞回北京，参加一个重要的学术研讨会。祝愿他不断有新的学术成果问世。

（原载《深圳晚报》，1996-12-02，记者：项玉林）

● 中国烟草企业改革与发展

已过耳顺之年的邓荣霖教授在我国的教育战线上已默默耕耘了近40个年头。虽然身在象牙塔，除了教书育人之外，他对我国的经济生活及各行业的改革发展依然十分关注。邓教授与烟草行业联系尤为密切，他经常接到各地烟厂的邀请去搞调研、作报告，为企业的战略决策出谋划策。而且，邓教授还有一个重要的“身份特征”，他是中国现代企业制度理论的奠基人之一。

一、感悟中国烟草风雨二十载

记者：俗话说“当局者迷，旁观者清”。邓教授，我们首先想请您站在行业外的立场上谈谈对烟草行业的认识。

邓荣霖：虽然我不吸烟，但对烟草的情况也有一些了解。中国烟草从成立到现在历经了20年的风风雨雨，它的每一步发展，每一点进步，让人不得不关注。20年来，烟草系统培育了一批（像红塔、上海、长沙等）优秀企业，烟叶质量不断提高，卷烟成本不断降低，形成一些烟叶基地，烟草整体技术水平和参与国际竞争的能力也大大提高，以卷烟生产为中心也开展了一系列多种经营活动。

另外，通过这几年与烟厂的联系与交流，我感触较深的就是烟草的发展与改革是密切相关的。近几年来，烟草的改革的确取得了一些进展，不论是政府管理体制，还是行业管理体制都在朝着市场经济体制的方向转变。烟草上缴的税利占到整个国家税收的10%左右，对国家所做的贡献不言而喻。但是，从目前来看，烟草的行业体制和企业状况都存在一定的差距，这里包括两个方面，一是与市场经济体制的要求还存在差距；二是与国外企业存在较大差距。我认为，将来烟草企业发展的方向，除了建立现代企业制度，别无选择。

二、国企公司制改造势在必行

记者：我们知道，您是现代企业制度理论的奠基人之一。“产权清晰、权责明确、政企分开、管理科学”，具体到烟草行业来谈，烟草业应如何建立现代企业制度？首先要解决哪些问题？

邓荣霖：烟草业要建立现代企业制度最首要的问题是，对烟草企业进行公司制、股份制改造，这是一个最基本的要求。原来的烟草企业都是工厂制，是一种小农制。它只搞卷烟生产，没有烟叶基地。工厂制下的原料供应是通过调拨或采购来完成的，生产和原料完全是两张皮。而卷烟这种产品和其他产品不太一样，它对原料的依赖性较大，所以，即便是效益较好的烟厂，如果没有稳定的原料来源也就不可能长久下去，工厂制这种做法在计划经济条件下或许可以采用，但在市场经济条件下就完全不适用了，企业交完税后亏损面较大。公司制与工厂制相比较，存在着几点优越性：第一，公司制可以克服工厂制的缺点，较好地把卷烟生产和原料供应结合起来。公司制通过建立烟叶生产基地来解决卷烟生产现代化和烟叶生产小农化之间的矛盾。现在，一些国外大烟草集团走的也都是公司制的路子。

公司制的第二个优点就是可以实现生产和科研的结合。烟草行业的技术特点表面上看相对简单，但它对制丝、卷接等技术环节的衔接与配合要求较高，而工厂制的技术水平却远远落后于生产，没有专门的研究力量和开发力量对烟叶、卷接技术甚至是烟机设备进行研究开发，所以很难真正提高卷烟的质量。公司制就可以通过建立自己的科研力量，结合生产搞新产品开发、技术革新等活动，从而弥补工厂制的不足。

第三，公司制可以把握行业、地区的界限。烟草公司可以实行产品差异化战略，把烟草产品的特点显示出来，增强产品竞争力。表面上看，卷烟产品没有太大区别，然而实际上，不论是口味、香型、区域色彩等，卷烟质量上的区分还是很明显的。但是目前我国烟草产品的低水平重复现象还比较普遍，工厂制下的“小而全”“大而全”使卷烟产品失去个性、特色。另外，现在烟草的地区封锁比较严重，生产和流通在相当大程度上是隔绝的。而公司制就可以打破工厂制的地区界限，跨地区、跨部门较好地把握，游刃有余地把生产和流通结合起来，增加烟草的大市场，大大节省成本。

第四，公司制可以增强企业的规模效益，增强烟草整体的国际竞争力。正如我前面所说，尽管这几年的改革我们已经形成了一些有规模的企业，但参与国际竞争的能力还是明显不足。国企的公司制改造，可以使实力比较雄厚的企业通过市场竞争来兼并或收购那些效益较差的企业，实现整个烟草行业的规模效益。

第五，公司制改造后的烟草企业可以以烟草为主实行多元化经营，可以围绕卷烟搞一些高附加值、深加工的产品。发展一些旨在消除烟草对人类健康不利影响的相关产业。譬如，医疗、药品、生物工程等，把烟草的发展和维护人类健康结合起来，进一步缓解来自国际禁烟舆论的压力。

总之，就目前来看，现代烟草企业的最佳组织形式就是公司制。

三、给企业一片自由翱翔的天空

记者：您前面多次提到公司制的一些优越性，不过有一个问题：

最近，一些先前成立的公司、集团，有几家已经解散或拆分，您认为是什么原因造成的？

邓荣霖：我谈一点自己的看法。我这里提到的公司制是相对于工厂制来说的，是相对于全国180多家烟厂来说的。虽然烟草企业是清一色的国有企业，单一的国有资产，但烟草仍然可以朝着投资主体多元化的方向发展。另外，建立现代企业制度要注意的一个问题是应当以企业为主体，通过市场竞争，采用经济手段完成公司制的改造，而非通过行政手段单纯地、硬性地捏合、拼凑。前几年烟草以省为单位搞了一些集团公司，效果不太理想，就是因为它大多都是硬性拼凑起来的，所以现在不得不解散。从中我们得到一个教训就是，在市场经济条件下，改革要按照市场规律来办事，尽量避免行政手段的干预。所以当优势烟草企业在竞争中的竞争力不断增加，规模不断扩大，当公司扩展到一定程度，可以有下设的子公司，这时这个母公司就是集团公司，它才真正具备了核心竞争力。一句话，建立现代企业制度要以企业效益为基点，以提高市场竞争力为目标，逐步展开，而不是为改制而改制，为建立现代企业制度而建立现代企业制度。

四、市场垄断是大方向

记者：朱镕基总理在政府工作报告中明确提到，“推进垄断行业改革。通过政企分开和企业重组，打破行业垄断，形成适度竞争。尽快实施电信、电力、民航管理体制改革，抓紧研究制定铁路管理体制改革方案。有关部门要加强对改革工作的指导，保证生产经营正常运行和队伍稳定”。结合烟草行业的特点，您认为应怎样理解朱总理的这一指示？

邓荣霖：我觉得，烟草行业的企业首先要通过竞争来扩大自身规模，扩大规模本身也是一种垄断。然而，这种垄断跟行政垄断是有区别的，这里就涉及一个专卖和竞争的关系问题了。世界很多国家都实行过专卖，但专卖的手段不尽相同。美国虽然不实行专卖，但美国烟草公司规模很大，它是靠经济垄断，而不是行政垄断。日本原来也有烟草专卖，但1985年以后，日本取消了专卖，增强了出口能力，正式进入竞争阶段。我认为，我们国家的烟草专卖实际上不算是政府专卖，从某种程度上说是一种地方专卖，烟草专卖对整个烟草行业的发展，目前来看虽然起着非常重要的作用，但地方专卖很容易导致“产大于销”“地区封锁”，从长远来看，并不利于烟草业的发展。专卖制度未来的前景就是通过对现在烟草企业的公司制改造，通过公司竞争来扩大规模，实行烟草集约化经营，然后让几个效益较好的大企业打破地区界限，克服生产、流通的分割状态，成立烟草大集团，为将来取消专卖打下基础。在市场经济条件下，用市场垄断来代替行政垄断是烟草业将来发展的必然趋势。

五、拼凑的小舢舨不是航空母舰

记者：您前面谈到，建立现代企业制度是烟草企业将来的发展方向，那么，建立现代企业制度除了要对企业进行公司制和股份制改造之外，还有其他的要求吗？

邓荣霖：谈到建立现代企业制度，有一个问题就不能不说，那就是企业重组。我认为，不管是哪个行业的企业重组都要始终把握一个总体思路，即按照市场经济的规律，立足于企业，在市场竞争中进行重组。具体到烟草业，进行重组有一个前提：要改变目前这种条块分割的烟草企业管理制度。虽然国家也有“扶大关小”的政策，对小烟厂逐步实行关、停、并、转，但仍有不少企业，规模很小、效益很差，它之所以能在激烈的市场竞争中存活下去，靠的就是“地方专卖”的保护。因为触及地方利益，地方省级公司就必须要对所辖范围进行封锁，从某种意义上说，不封锁就没有效益。那么，企业重组就必须打破这种局面，打破现有行政区划的界限，对生产和流通进行重组，主要就是资产重组和人员重组。

记者：您认为烟草业进行企业重组过程中需要把握的关键问题是什么？

邓荣霖：对于烟草业来说，企业重组的关键在于它必须由市场来重组，而非行政力量硬性地捏合。在这方面，玉溪卷烟厂是一个典范。它的一期工程和二、三期工程都搞得不错。现在重组最大的一个难点就是，如何消除地方专卖，要解决地方利益的问题，也就是要对烟草税收的体制做相应的调整或改革。现在，烟草税收中，卷烟产品税占60%，烟叶税占40%，烟叶税大都是由地方来收，当然也有少数省是交给中央的，如山东和浙江。这样一来，一些经济落后的地方政府就会建自己的烟厂，想方设法把这块税收起来，“肥水不流外人田”嘛。所以我觉得烟草企业改革到今天，已经远远不是一个企业的问题，而是一个体制的问题。只有打破现行的税收体制和烟草企业管理体制，企业重组才可以顺利进行，才可以让效益好的企业逐步扩大，效益不好的，只要需要就可以对它重组，对产品结构、人员分配等给予安排，若是用行政力量来拼凑，效果就不理想了，毕竟拼凑的小舢板不是航空母舰。

六、让市场竞争“开口”说话

记者：前一段时间，我国电信、电力系统都进行了有效的重组。您能否给我们分析一下，企业重组的真实意义何在？

邓荣霖：随着经济结构的调整和经济市场化的加深，国内各个行业、各种不同类型的企业都在不同程度上遇到市场和产业上的重新定位问题，普遍面临着资产优化重组的任务。在这种情况下，企业重组就有着极为重要的社会现实意义，主要体现在四个方面：一是企业重组有助于推动国有企业改革。公司制企业可以利用自身的优势，参与资产重组，兼并、收购一些经营困难的国有小企业，既实现了自身的低成本扩张，又分担了财政和银行的一部分风险，有助于推动整个国有企业的改革。二是企业重组有助于解决优势企业扩张问题。重组是扩张的一条捷径，公司制企业通过实施收购、兼并、联合，可以使资本、技术、信息、人才等各种生产要素迅速向优势企业集中，使优势企业快速成长，实现规模经济，提高竞争力。第三，企业重组还有利于优化企业组合方式。公司制企业通过市场运作，可以以资本为纽带，进行扩张重组，形成跨地区、跨行业、跨所有制形势的大型企业集团，改变现存企业组合方式。最后，企业重组有利于产权结构改革。产权改革的方向是形成多元化产权结构经济组织，公司制、股份制公司是一种多元化的产权结构方式，其重组行为正是对这一产权优势的推广，在更大的范围内实现产权优化。

七、有思路不愁没出路

记者：一个行业在发展的时候，不但要往前看，还要经常回顾一下曾经走过的路。现代企业制度从提出到现在已经有近十年的时间了，1995 年我们烟草企业就开始搞试点，进行公司制改造，组建企业集团，您作为我们企业的“外脑”，也曾多次应邀参与，有关情况也比较了解。您认为，现在烟草企业亟待解决的最主要的问题有哪些?

邓荣霖：刚才我们提到重组包括资产重组和人员重组等，最主要的就是资产和人员这两大重组。资产重组就涉及国有资产的重组，所以在建立现代企业制度的过程中，烟草系统国有资产的管理体制也要相应地改革，即国有资产的责任和股东一定要明确。总的来说，要构建一个国家出资人制度，让国家做大股东。人员重组就涉及人员怎么消化、分配的问题。企业重组的前提就是产业、产品结构的调整——业务重组也叫市场重组。这些年来，我体会最深的一点就是，所有问题归根结底无非就是一个思路问题。企业重组中遇到的难点最终就是要靠思路来解决。思路明确了，可以少走很多弯路。现在就应该按照市场经济的思路来进行，最基本的就是承认企业的利益。

八、加强“骨刺”的杀伤力

记者：入世后，国内的市场竞争肯定是越来越激烈，而且一旦外烟参与进来，国内竞争就升级为国际竞争，那种激烈程度可想而知。您觉得，烟草业在参与国际竞争时应如何提高自身竞争力？主要从哪几方面入手？

邓荣霖：烟草业要提高参与国际竞争的能力，需要解决好这样几个问题。首先，入世以后，烟草企业必须按照 WTO 规则的要求来运作。WTO 文件中对烟草规定得非常严格，给烟草带来的冲击也比较大，主要就是对烟叶的冲击，因为国外的烟叶质量好，价格也便宜。另外国外的化肥及其他卷烟材料都对我国农业造成巨大冲击。这里我想主要谈谈应对的策略。烟草业要按照市场竞争的规则、国际规则来改革现有的这种分散的、小农式的烟叶生产方式，建立一批烟叶生产基地，切实把基地的利益和烟厂的利益捆绑到一起，这就归结到前面所谈到的公司制上来了。

另外，我们还要站在企业的角度研究卷烟市场的供求关系、调整供求关系，我认为这个问题非常重要。研究供求关系就要增强企业的自主权，卷烟有一个特点就是价格需求弹性较大。所以，作为企业来说，处理好各档卷烟的目标市场非常重要。烟草企业的战略目标要建立多层次的系列市场，不能把赌注都押在某一类产品上，要稳住已有的消费者，增加更多新的消费者。中国烟草目前还存在一个通病，那就是对品牌战略重视不够，名牌卷烟缺乏持久性。一种卷烟刚生产出来时间不长，紧接着又生产出另外一个牌号把先前那个给顶了，自己砸自己的牌子。现在是创牌子难，砸牌子容易。要知道国外的卷烟牌号像万宝路、希尔顿等都有几十年甚至上百年的历史。

还有一个问题就是关于打假。我认为打击假冒最有效的是政府的立法，另外执法要严格。烟草的市场竞争如何规范地运行，这是政府应该认真考虑的问题。政府要为企业公司制改造创造良好的外部环境，创造一个公开、公正、公平的竞争环境，政府要加强立法、执法的力度，而不是直接干预企业改革和重组。一句话，企业做企业的事，政府做政府的事，各行其“事”。

还有一个问题也非常值得关注：烟草行业的发展和人类健康的维护之间的问题。一方面，烟草行业要发展，毕竟烟草系统的数十万职工要人吃马喂，况且国家还有一部分税收要从烟草这里拿；另一方面，国际禁烟声势浩大，给全球烟草业带来的压力也与日俱增。如何才能做到既有利于烟草的发展，又能顺应世界发展的趋势，关注人类的健康，这是一个值得深思的问题。烟草行业的命运掌握在自己的手中，今后烟草业要加强如何处理吸烟与健康之间的关系这方面的研究。

另外，烟草企业一方面要提高烟叶的质量、效益，另一方面可以搞一些多元化经营。但每项投资、每个产品都要坚持盈利的原则，最主要的是要保证卷烟、烟叶的核心竞争力，处理好卷烟主业与副业的关系。我知道菲利普·莫里斯烟草公司，它的非烟产业已经占到总营业额的46%，1000多亿元人民币，规模相当大了。国内有几家烟厂做得也可以。比如玉溪卷烟厂，前几年由玉溪投资建的水泥厂，效益还不错；它还在澜沧江上建了一个大型水电站，解决了西双版纳的用电问题。另外与卷烟生产相关的烟机业，也应加快发展步伐，解决一流卷烟设备的制造问题。现在国产卷烟设备的消化率普遍较低，大部分一流烟机都依赖进口，国内目前尚没有生产能力。

烟草业解决好以上这些问题，就可以在发挥本土优势的基础上，提高国际竞争力，在日趋激烈的市场竞争中立于不败之地。

九、让制度管人而非人管人

记者：邓教授，您曾多次参加我们烟草系统的活动，也经常与各大烟厂的老总打交道，您认为我们烟草企业管理者的素质如何？烟草企业的管理水平如何？

邓荣霖：企业管理，这正是我下面要谈的一个问题。我认为，企业的管理者对一个企业而言，就是支柱和灵魂。一个好的领导者对企业的改革和发展至关重要，所以对他的要求也就格外高。作为企业的决策者，他不能仅仅把自己的思维定格于如何创造性地有效整合企业组织内有限的资源，以实现既定的战略目标，还必须从整个社会和产业的角度，重新审视管理中的变革和所要追求的核心要素。

这些年通过与烟草企业的联系和交流，总体上，我的感觉是：烟草企业的管理工作做得比较细致、到位。但是，在不断变化的新形势下，烟草还需进一步解决这样几个问题。第一个问题就是战略管理和业务管理的关系问题。市场经济体制就要求企业的管理人员转变计划经济时期的陈旧观念，确立战略管理和业务管理齐头并进的新观念。对烟草企业而言，所谓战略管理就是要分析烟草市场的发展方向、供求状况，然后确定有关企业发展的长远的、全局性的、方向性的决策问题。但是目前，烟草系统有一个特殊情况，就是烟厂每年的生产任务都是由计划指标来决定的。所以要想让领导人、管理者的作用得到充分发挥，就必须对现行的行业管理体制进行改革。这就又回到我前面讲到的体制改革的问题上去了。所谓企业的业务管理，简单地说就是对战略管理的具体落实，包括生产管理、营销管理、人力资源管理、科技管理和财务管理等。

第二，要建立一套综合的、系统的现代管理制度，改变原先单纯的人事化管理制度，建立健全并进一步细化包括生产管理制度、财务制度等在内的各项制度，并且要严格地加以执行，执行得不严格不如没有，执行得到位与否是非常关键的。

第三，就是要处理好制度与人的关系，要处理好这层关系，首先就要解决一个“人”的问题。要提高员工各方面的素质，加强对干部、职工全方位的培训，以适应市场经济的要求。另外还要树立一种“团队精神”，大力提倡企业文化。最近，我一直在搞企业文化这方面的研究。我发现，现在我们的企业文化出现两种倾向：一种是生搬硬套一些社会口号，什么“奋斗”“创新”等等，千人一面，企业文化毫无个性可言；另一种倾向是有些企业把单纯地办几台文艺演出、搞几次产品促销误以为就是企业文化，想法过于简单化、庸俗化。那么，企业文化究竟是什么？我认为，企业文化是为实现企业经营目标而具有凝聚力的得到全体员工认同的价值观。企业文化是一种价值观，是一门学问。企业文化是一项全面的文化建设，需要有计划、有目标、有步骤地来进行。

十、企业就是实干、行动、具体、细节

记者：企业的发展壮大，是每一个企业家都热切期盼的。对我们烟草企业来说，在当前这种形势下，企业要做大需要具备哪些条件？或者说需要处理好哪几个关键性的问题？

邓荣霖：烟草企业要做大，我认为第一要有一个明确的发展战略，增强烟草产品的竞争力。企业要做大首先必须做强，要增强企业产品核心竞争力，这里包括核心产品、核心技术、核心业务、核心能力。做强还有一个前提就是做精，包括提高产品质量、降低成本等，做精之后才能在竞争中增强竞争力，才能做强、做大。

第二，战略目标要落实到各项具体工作中去。企业管理要从每一个细节抓起。我研究了一辈子的企业，总结了这样几句话：企业就是实干，企业就是行动，企业就是具体，企业就是细节。企业在实干中才能做强、做大。

第三，企业要把内部条件和外部环境紧密地结合起来，首先要分析内部环境，要分析自身的优势、劣势，要扬长避短，想办法把优势发挥出来，把劣势降到最低限度；再就是要分析外部环境，分析外部市场、供求关系，还要研究国家政策的变化及客户的要求，绝对不能闭门造车。分析外部环境就是要把有利条件利用起来，规避那些不利因素。现在流行的一句顺口溜很有道理：碰到绿灯快步走，遇到红灯绕着走，没有路灯摸着走。

第四，企业要做强、做大还要处理好主营和兼营的关系，也就是多元化中主业与副业之间的关系。市场经济是讲究多种经营的，这样可以分散风险，问题在于要找准市场、找准主业，在市场竞争中，主营一定要强，要有优势，力争第一。兼营是主营的补充，不能主营丢了兼营补，更不能搞了副业吃主业。就拿烟草行业来说，烟草的主业就是卷烟，那么，卷烟业一定要强。在主营强的情况下，可以本着盈利的原则，搞一些与主营相关的兼营产业。在主营强且兼营产业盈利的情况下，甚至也可以经营一些非相关产业，当然也必须是在盈利的原则下进行的。一句话，不是为多元化而多元化，多元化要有主心骨，不能四面出击，哪一门热就往哪里投，多元化绝对不能炒作，要从实效出发。

第五，企业做大，还要处理好微利和暴利的关系。所谓暴利是指在短期内利润急剧增加，这往往是投机行为带来的。现在，我们应当提倡微利战略，微利战略属于企业的正常投资行为，薄利多销，这才是企业永恒生存下去的保障。从长远来看，微利的情况也是比较现实的。当然，如果是高新技术产品，暴利是可能的，但大多数情况下还是微利。然而现在，大多数企业是“小钱不愿挣，大钱挣不到”。像烟草这种高税产品，本身税很高，它的利润肯定是微利，是细水长流。

企业要做大还有一个非常重要的问题就是要处理好价格竞争和非

价格竞争之间的关系。价格竞争是通过价格的调整来扩大自己的市场份额，获取更多利润。非价格竞争，包括广告宣传、推销、改进服务、改进产品等，已成为现代企业竞争的主要方式，国外企业对此极为认同，运用十分广泛。据我所知，国外烟草业的非价格竞争也非常激烈，且竞争的手段呈现多样化的趋势。各大集团都通过向消费者提供各种服务来做强、做大。

十一、客户永远是对的

记者：这里，我有一个问题：我们都知道像冰箱、空调等这些家用电器，它有售后服务这一说，比如安装、维修等，也有专门的人员从事这项工作。而卷烟一旦卖出去，抽完就没有了，根本不存在什么售后服务。烟草业作为非价格竞争手段的服务应该包括哪些方面？

邓荣霖：卷烟的服务就是围绕如何方便吸烟来展开的，像销售渠道、销售方式，另外与老客户建立经常性的联系，建立客户的分类档案，提供一些烟草的有关信息等，这都属于“售后服务”。要知道，客户就是上帝，只有抓住上帝，企业才能发展。虽然有些时候客户的要求可能会比较苛刻，甚至会有一些“非分之想”，但是，要记住一句话：客户永远是对的。今后，烟草业还要在如何更好地为客户提供服务这方面多动动脑筋，多搞一些这方面的研究。

我想说的有关企业做大的最后一个问题，还是前面曾经提到的——要处理好制度与人的关系。我不否认以人为本的管理方式，要培养员工的责任感、风险意识和自我控制能力。我所说的以人为本的管理，是有团队精神的人，而不是单个的人。我不主张企业内部搞个人英雄主义。人的作用体现在哪里？就体现在他能制定出先进的制度上。因为在所有的企业创新中，制度创新是根本。人是暂时的，制度有延续性，制度是永恒的。现在我们的企业落后就在于靠的不是制度而是人，总以为依靠某个人的力量就可以把企业搞好，一旦领导人换了，就把前一任领导在任时的制度全盘否定，毫无延续性可言，结果是既劳神又伤财。

总而言之，企业做大靠的是集体的力量，当然也不能忽视领导的作用，应该是两者的完美结合。

（原载《东方烟草报》，2002-03-08，记者：赵蓓　邢丕震）

● 给铁路运输企业重新定位

——访中国人民大学商学院教授邓荣霖

铁路系统的网运分离虽然早在2001年就无果而终，但是，中国铁路的跨越式发展目标面临的建设资金的紧缺，以及在入世中提出的开放日程表，都注定中国铁路市场化运营的改革方向。那么在市场经济条件下，铁路运输企业应该具备什么样的条件？中国铁路运输企业的改革目标是什么？这些都是不可回避的问题。

记者：建立现代企业制度旨在塑造规范化、制度化的市场主体，作为经济活动，微观组织的企业应该定位明晰。铁路运输企业定位一直比较模糊，在建立现代企业制度过程中，应如何解决运输企业的定性问题？

邓荣霖：从我国目前的实际情况看，铁路运输企业在明确定位过程中主要应解决以下几个问题：

一是明确铁路运输企业是一个利益体，有自己的独立利益，所以其经营活动应与其利益挂钩。

二是要给予铁路运输企业自主权，即有权决定运输企业的经营活动。如广深铁路股份有限公司，有权在规定的范围内决定运价。只有这样铁路运输企业才是真正的企业，即市场经济条件下的企业（在计划经济体制中不是真正的企业，是政府的延伸机构、附属机构）必须具备的特征。铁路运输体制改革，需建立现代企业制度，必须做到政企分开，即明确政府和企业各自的职责。

三是要给铁路运输企业合理定位，我认为目前这一问题并没有解决。就全局而言，铁路是个大法人；到了铁路局，铁路局说是法人(目前铁路定位铁路局是市场主体，但并不能真正行使其自主权)。法人内部不能再有法人，企业定位之后，企业就是利益体，是个法人，不存在二级法人、三级法人，不能套用过去计划经济、军事行政化管理方式，应按市场要求来做。

记者：铁路运输企业的公司制改造将会牵涉许多层面，具体来说需要进行哪些方面的改革？

邓荣霖：一是要做到政企分开，将有关政府的职能从铁路分离出去。

二是要做到政资分开，也就是管理国有资产的政府机构和经营国有资产的股东机构要分开。目前铁道部、铁路局这些既带有政府职能又带有行业管理职能的机构就面临着改革，以适应政企分开和政资分开的要求。但无论怎样改都要是一个对国有资产负责的机构，这是一个非常重要的问题。

三是投资和贷款要分开。投资者是以股东的形式出现，对于投资者来说是盈利和风险并存。投资成立的股份公司，即铁路运输企业，就是市场主体。它有权去举债、去贷款。国外铁路建设一般都要有50% 的资本金，然后才能借贷，铁路运营以后就要还贷。

四是要改革现有铁路建设基金制度。在原有体制下，采用铁路建设基金制度是有效的，确实发挥了很大的作用，但它的有效性依赖的基础是“政企合一”的体制。因此，铁路要进行市场化的改革，必须改革现在的铁路建设基金制度。铁路建设不能光靠铁路自身的积累，铁路要大发展，不能仅用一条运营铁路盈利的收入来投资另一条铁路。

五是要加强铁路系统内部资金的管理，强化铁路自身资金流通的功能。作为一个企业，铁路运输企业财务管理应该改进，财务管理的基本功能有三：筹集资金、运用资金和控制资金，这里就涉及一系列管理、服务工作要做。现在铁路一方面资金很紧，另一方面资金利用浪费也很大。

记者：铁路行业的改革需要铁路自身锐意进取，但也离不开方方面面的支持。您认为政府对铁路的改革和发展应该承担什么样的角色？

邓荣霖：政府对铁路管制的核心问题是运价管制。运价直接影响到铁路运输企业的收益，也影响到铁路的投资回报率，还关系到铁路能否在国际资本市场成功进行融资或集资。

应该肯定，铁路是基础设施，国家应该对其运价进行管制，国外也都是采取这种做法。但是，铁路要筹集资金，必须处理好投资回报率这个现实问题，而投资回报率的直接影响因素之一是运价。政府如果规定了铁路的运价，同时就应该承诺一定的回报率。总体来说，应该改变这种硬性管制的政策，在一定范围内规定限价，给铁路企业一定的定价权，也就是在一定的范围内，采取与市场经济体制相适应的、更为灵活的运价管制政策。

针对铁路项目投资大，而且投资回报期比较长的特点，国家应该给铁路企业一些必要的支持。这些支持包括赠予土地，并授予相应的开发经营权。通过铁路企业对这些土地的经营开发，提高土地的综合利用效率，带动铁路沿线经济的发展。

因为铁路还有一定的公益性特点，所以铁路在一定的情况下要承担一定的社会义务，比如救灾运输、军队运输、支农运输等。这些低于成本的运输，国家财政应当给予适当的补贴。

记者：现代企业制度可以说是一个制度集合，那么铁路企业在进行公司制改造中，应进行哪些制度性的建设？

邓荣霖：一是产权制度建设。主要是两项制度：第一项制度是股东制度。股东制度就是要明确谁是股东，即谁是投资者。股东的权利和义务应该是对等的，比如股东的分红权、投票权、转移权和对铁路公司承担责任应该是对等的。另外，多个股东之间的关系应该是平等的。第二项制度是企业法人产权制度。铁路运输公司是法人，拥有法人财产自主权。多个股东出资，组成一个铁路公司，铁路公司的财产是法人的统一财产。

二是组织制度建设。国有铁路企业改为公司制企业后，其组织制度建设包括如下两项内容：第一，铁路公司内部的组织结构要理顺。最重要的一条，铁路公司是法人，内部的单位不是法人。这就要处理好铁路公司和内部单位的关系，主要处理好集权和分权的关系，哪些权限集中在铁路公司这个法人总部，哪些权限分散在法人内部的各个单位。内部各个单位不管是叫分公司还是叫站段，反正都不是法人，这是铁路公司组织结构的一条基本制度。铁路公司是个利益体，不是行政关系，不是像我们现在这种体制，铁道部管铁路局，铁路局管站段。铁道部与铁路局的关系是利益关系，而目前改来改去铁道部实质上仍是个大利益体，通过清算办法和高度统一指挥，把各局、站段的收入都“圈”进来，这还是军事化调拨制度，基层单位是没有积极性的。第二，铁路公司组织机构要理顺完善。以铁路公司为例，主要处理好股东、董事、经理三者关系。体现在铁路公司组织机构建设上，主要是建立三类机构：第一类是股东大会，这是铁路股份有限公司最高权力和决策机构。要发挥股东大会的作用，要有组织制度保证，否则无人来投资。第二类是董事会。董事会应该由股东大会选举，负责两件事，一是法人财产支配权，因为股东出资，形成了铁路公司的财产，董事会代表法人；二是对铁路公司重大运营决策作出反应，起决定作用。第三类是经理机构。董事会为保证其决策能够执行，还要聘任经理，负责铁路公司日常运行工作，符合国家法律，贯彻国家政策，能够反映投资者的利益，能够维护铁路职工的利益。

三是管理制度建设。包括两方面的内容：一方面，铁路公司管理工作的目标是开拓市场、扩大市场、提高市场竞争力。这一点跟过去的公司不同，过去铁路公司要对上负责，完成上级布置的运输任务。另一方面，对现在的铁路公司管理工作要改进。现在的铁路公司的管理跟不上市场用户的要求，跟不上科技的进步，跟不上信息时代以及知识经济时代的要求。虽然这些年铁路在这方面有所改进，但步伐不大，且缺乏制度性创新。

（原载《中国改革》，2006（3），记者：晓宇）

● 工作研究与职业化趋势

——在国家信息中心办公室工作研究培训班上的讲话

很高兴有机会和国家信息中心办公室的同志们进行交流。这次我们讨论工作研究，主要想讲三个问题，第一，工作研究的含义和意义；第二，工作研究的步骤；第三，工作研究的方法；第四，再谈谈工作研究的目标要求。

一、工作研究的含义和意义

所谓工作研究，是运用标准的程序和方法确定一项工作或一个职务的工作任务、工作性质、具体内容、工作环境、任职资格和其他基本要素的系统工程。

进行工作研究，首先要把一项工作讲清楚，在此基础上，再把工作规范化、最优化，从而把工作由一种科学认识，落实为一种科学实践。工作研究的结果是形成一份具备下述两项功能的规范的工作说明书：（1）明确这项工作的任务、职责的有关信息；（2）明确完成这项工作所必需的要素和条件。

工作说明书，既是一个组织进行岗位设置的基本依据，又是人事部门进行人员管理的最重要的工具，在人员选拔、培训、员工的职业设计、工作报酬确定、工作设计、纠纷仲裁、工作满意度分析以及工作调动中有着广泛的用途。

工作研究对于规范并优化工作流程，从而创造标准化的工作成果，最终提升工作效率有着极其重要的作用。工作研究在国外已经有100多年的历史，起源于美国人泰罗。

泰罗是19世纪末20世纪初美国著名的工程师和管理学家，科学管理理论的创始人，泰罗科学管理思想的根本内容是提高生产效率。他所做的著名的搬运生铁块试验和铁锹试验，通过对生产过程进行细致的研究，大幅度地提高了工作效率，泰罗第一次系统地把科学方法引入管理实践，使管理成为一门科学。泰罗也因此被称为“科学管理之父”。

泰罗认为，企业效率低的主要原因是管理部门缺乏合理的工作定额，工人缺乏科学的指导，因此，必须把科学知识和科学研究系统运用于管理实践，科学地挑选和培训工人，科学地研究工人的生产过程和工作环境，并据此制定出严格的规章制度和合理的日工作量，采用差别计件工资调动工人的积极性，实行管理的例外原则。总的说来，泰罗的科学管理思想具有实践性、科学性、规范性、协调性、效率性等显著特点。它用于企业管理中，使得许多企业生产效率成倍提高。泰罗靠科学的方法在不增加工人劳动量的情况下提高工效的观点，突破了前人只能靠提高劳动强度和延长劳动时间来提高效率的思想界限，使企业的生产效率和财富飞速增长。在泰罗制基础上发展起来的管理科学，要求对工作进行细致入微的研究，这一特征在今天仍有着重要的意义。

第一，当前的信息社会并不是凭空产生的，是建立在高度工业化的社会存在的基础上，而工作研究是组织提高工业化水平的必要途径。党的十六大提出了信息化带动工业化，走新型工业化道路的要求。开展工作研究有助于理清工作流程，实现工业化与信息化的对接。

第二，随着经济一体化和我国加入 WTO，要求我们应对全球化的挑战，我们的产品和服务就必须符合国际化、市场化的要求。工作研究在通过优化业务流程提高工作效率的过程中，可以促进产品和服务的标准化，从而符合国际惯例。

第三，当前的体制改革要求由“人治”变为“法治”，进行工作研究，有助于明晰业务流程，减少人为因素对工作的影响，促进体制改革的深入。

第四，通过工作研究，可以把每个组织成员积累的知识转变为组织整体的知识，有助于经验和技能在组织内部传播，有利于优秀人才的成长。

二、工作研究步骤

工作研究的步骤见图 1：

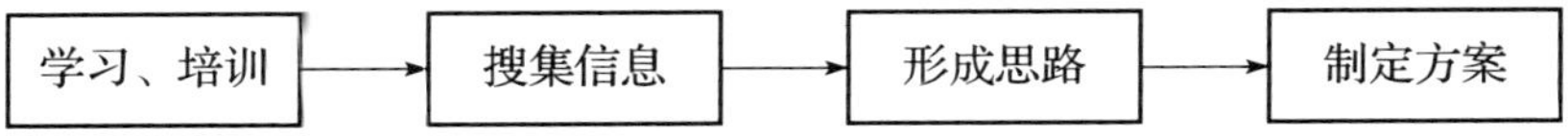

图 1　工作研究的步骤

第一，学习与培训的目的，不仅是获取关于工作研究的知识，更重要的是在培训过程中，使组织成员形成对工作研究的共识，以便于工作的推进。不要小看这个步骤，我们常说：开展一项工作，首先要有点子，有了点子就有了路子，有了路子就有了班子，有了班子就有了银子。这个共识的取得对工作起着至关重要的作用。

第二，搜集信息的时候，既可能搜集到同行业成功的经验，又可能搜集到某些企业失败的教训。在对待其他组织的相关信息时，我们要注意宽以待人、严于律己，多看别人长处，找自身与他人的差距，从而取人之长，补己之短。深圳万科集团的董事会主席王石曾提出万科的两个经营原则：（1）在当前房地产泡沫膨胀的市场环境下，超过25%的利润不赚；（2）企业要不断寻找同国际房地产行业的差距。王石的理念集中体现了一个杰出企业家在对待其他企业信息时的正确态度。

第三，了解别人之长处，最终是要形成解决自身问题的思路。这就需要从事工作研究的整个团队全部参与进来，不仅要求全体成员一起动手、动脑，还要求全体成员实现互动，交流在不同岗位、不同角度上的观点、看法和立场，才能形成切合实际情况的解决问题的思路。

第四，经过以上三个阶段的研究，最终要形成未来工作的方案，作为工作研究的成果。

三、工作研究的方法

工作研究的方法主要有：调查分析法、专家论证和咨询法以及学习借鉴法。

第一，调查分析法。

要进行调查分析，首先要对工作进行描述，形成工作研究方案的书面摘要，包括对现有工作职能描述，以及提出如何改进工作，改进后的工作知识要求、职责大小和其他条件的描述；其次，根据工作描述，对职能性的工作进行分析，着重要搞清楚工作服务对象对工作有何要求；之后，还要对关键性的工作进行重点分析，最后，对每一个具体工作岗位进行分析，研究每个岗位的工作特点和上下工序的关系，不同岗位、不同工序是如何起作用，人员知识结构、才能和能力要求如何。

第二，专家论证和咨询法。

专家论证和咨询法（Delphi法）在20世纪50年代初由兰德公司

首创并应用到咨询研究中，之后迅速普及，为美国各大咨询机构广泛使用。该方法首先将评价内容列成含义明确的若干条问题，再由专家在独立的环境下对各问题做出书面回答，然后将回收的专家意见进行统计归纳，并将统计结果反馈给专家再行修订。经过 3 ～ 4 轮类似的反馈过程，最终取得相对统一的意见。Delphi 法主要依靠人的经验和综合知识进行评测，具有匿名性、反复性、统计性三大特征，因而能较好地克服工作研究过程中主观因素的影响。

第三，学习借鉴法。

主要是学习同行业或类似行业的经验教训。对于其他组织的优秀经验，可以取人之长、补己之短；对其他组织失败的教训，也不妨以前车之辙，作为后车之鉴。

四、对工作研究所达成目标的要求

第一，要形成合理的组织结构。

组织为了适应不断变化的环境，就必须适时地调整内部运行机制、经营模式和运作流程。要想有效地进行上述调整，就必须建立合理的组织结构。

所谓“合理”，有两个含义：一方面，组织内部各部门职位的设立要合理。仅仅以自身为出发点建立的组织结构，并不能形成合理的组织结构，只有面向客户、面向市场、面向社会设计的组织结构，才能做到关注客户诉求、贴近市场需求、符合社会要求，实现组织快速反应，才能称得上合理的组织结构。同时，在组织结构内部还要设置合理的岗位，使其符合因事设职、因职设人、人事相符、权责相当、责利一致的原则。

另一方面，组织内部各个层次的权限、职责划分要合理。组织内部要把集权和分权结合起来，做到集权有道、分权有序、授权有章、用权有度。如果过度集权，就容易使决策权限过于集中于高层，事事请示必然降低决策效率，使组织难以适应快速变化的外部环境，错失发展机遇。而如果权力过于分散，容易拉长决策链条，加大决策成本，使组织难以形成统一的指挥，就会影响组织的高效运作。

第二，培养优秀的组织行为。

合理的组织结构可以对组织行为起到约束作用，而优秀的组织行为可以有效促进组织结构趋于合理化。组织行为包括个体行为、群体行为和组织行为三个层次。工作研究要以塑造个体行为为起点，以建设群体行为为基点，最终培养形成优秀的组织行为。

第三，建立科学的人力资源管理制度。

人力资源是组织最重要的战略资源，也是组织发展最关键的因素。人力资源管理制度是培养优秀的组织行为、促进组织不断发展的重要保证。人力资源管理的过程主要包含吸纳、成长、激励、流动四个环节。

所谓吸纳，并不仅指员工的录用或是吸收某个人的才能，更主要的是吸纳人的素质，而才能只要基本够用即可。通过对人的素质的吸纳，变个人的素质为组织的素质，从而促进组织的发展。

所谓成长，是指一个组织不仅仅是成员工作的场所，还应该形成有利于员工成长的环境，也就是当前信息社会所要求建设的组织是学习型组织。学习型组织，是以信息和知识为基础的组织，这种组织实行目标管理，成员能够自我学习、自我发展和自我控制。由于组织中的信息流是自下而上的，因此要想使以信息为基础的组织发挥作用，必须要求每个人和每个部门都为其各自的目标、任务和联系沟通承担起责任。每个人都必须自问：我能为组织贡献什么？我必须依靠谁来获取信息、知识以及专门技能？反过来，谁又依靠我获取信息、知识以及专门技能？这样的组织才能促进成员的自我学习和自我发展。

所谓激励，就是组织应用各种有效的方法去调动员工的积极性和创造性，使员工努力完成组织的任务，实现组织的目标。激励包括物质激励、精神激励和信息激励。通过综合运用多层次、多渠道的激励机制，可以满足员工多层次的心理需求，从而激发其积极性和创造性，促进组织发展。

所谓流动，是指成功的人力资源管理要把组织建成人才的河流，而不是人才的水库；对各类人才实行动态管理，而不是静态管理，使组织中的每个人都处在竞争的动态的机制下，使其受到激发和触动，从而促进人才不断挖掘潜力和进行自我开发。

第四，建立绩效考核体系。

绩效考核是对组织或个人的工作成绩和效果进行全面的考察与核定的程序、方式、方法的总称。工作研究的目的，是为了促进组织目标的实现。而使用系统化方法建立的绩效考核体系，有助于使组织成员自发地规范自身行为，使其统一于组织目标；通过恰当的绩效考核，还可以促进组织上下级信息的沟通、交换，促进组织掌握更多的员工与绩效信息，了解组织的人力资源状况。可以说，绩效考核体系是提高组织经营管理水平，实现组织活动良性循环的必经途径。

但是在现实中，很多组织建立的绩效考核体系，并不能有效地促进企业目标的实现，甚至有可能使员工误入歧途，使管理偏离方向。这主要是由于在实践中绩效考核容易陷入两个误区。首先，绩效考核通常被认为是人力资源部门的事情，而实际上，只有组织的各个层次、各个部门全员参与，才能够发挥绩效考核的作用；其次，绩效考核往往要么因为流于形式而不能切实起到作用，要么因为非常繁琐而影响了正常的工作。

在实际工作中，要切实发挥绩效考核的作用，避免进入上述的误区，就需要坚持客观公正的原则、民主公开的原则、严格认真的原则和激励为主的原则，这样才能调动组织中全体人员的积极性，真正发挥绩效考核的作用。

最后，希望国家信息中心办公室的各位同志，能够按照上述方法，认真做好工作研究。

（2006–04–15）

图书在版编目（CIP）数据

论企业 / 邓荣霖著 . —北京：中国人民大学出版社，2019.10
ISBN 978-7-300-27401-0

Ⅰ. ①论… Ⅱ. ①邓… Ⅲ. ①企业发展 - 研究 - 中国 Ⅳ. ① F279.23

中国版本图书馆 CIP 数据核字（2019）第 189905 号

论 企 业
邓荣霖　著
Lun Qiye

出版发行	中国人民大学出版社		
社　　址	北京中关村大街 31 号	**邮政编码**	100080
电　　话	010–62511242（总编室）		010–62511770（质管部）
	010–82501766（邮购部）		010–62514148（门市部）
	010–62515195（发行公司）		010–62515275（盗版举报）
网　　址	http://www.crup.com.cn		
经　　销	新华书店		
印　　刷	涿州市星河印刷有限公司		
规　　格	160mm × 230mm　16 开本	**版　　次**	2019 年 10 月第 1 版
印　　张	24.75　插页 5	**印　　次**	2020 年 2 月第 2 次印刷
字　　数	310 000	**定　　价**	80.00 元